Guangdong Tese Lyuyou Jiaoyu Yu
Quyu Lyuyou Jingzhengli Yanjiu

广东特色旅游教育与区域旅游竞争力研究

陈建斌　主　编
皮平凡　张　玲　副主编

本书受到广东省特色专业——旅游管理（粤高教函〔2010〕96）建设项目经费资助，是广东省特色专业——旅游管理专业建设项目及广东教育教学成果奖培育项目"协同机制下'三能两创'导向的旅游管理类专业实践育人模式探索与实践"的阶段性成果。

·广州·

版权所有　翻印必究

图书在版编目（CIP）数据

广东特色旅游教育与区域旅游竞争力研究/陈建斌主编；皮平凡，张玲副主编．—广州：中山大学出版社，2015.3
ISBN 978 - 7 - 306 - 05208 - 7

Ⅰ. ①广… Ⅱ. ①陈… ②皮… ③张… Ⅲ. ①游游教育—研究—广东省 ②区域旅游—旅游市场—市场竞争—研究—广东省 Ⅳ. ①F592.765

中国版本图书馆 CIP 数据核字（2015）第 041225 号

出版人：	徐　劲
策划编辑：	吕肖剑
责任编辑：	赵丽华
封面设计：	林绵华
责任校对：	思　思
责任技编：	黄少伟
出版发行：	中山大学出版社
电　　话：	编辑部 020 - 84111996，84111997，84110779，84113349
	发行部 020 - 84111998，84111981，84111160
地　　址：	广州市新港西路 135 号
邮　　编：	510275　　　　　传　真：020 - 84036565
网　　址：	http://www.zsup.com.cn　　E-mail:zdcbs@mail.sysu.edu.cn
印刷者：	广州中大印刷有限公司
规　　格：	787mm×1092mm　1/16　17 印张　350 千字
版次印次：	2015 年 3 月第 1 版　2015 年 3 月第 1 次印刷
定　　价：	32.80 元

如发现本书因印装质量影响阅读，请与出版社发行部联系调换

编委名单

组　长：唐晓春
成　员：皮平凡　阎伍玖　陈建斌　张　玲
　　　　胡　林　陈　玲　袁亚忠　李　星

目录

上编　协同创新教研成果

论广东旅游管理专业人才培养环境与四大关系　陈建斌　/2
广东财经大学培养旅游管理硕士的可行性分析　陈建斌　皮平凡　/8
旅游管理类本科专业协同创新发展的初步研究　皮平凡　/16
关于"旅游学概论"课程教学的若干思考　张　玲　/23
会展经济与管理专业实践教学改革与创新探索　袁亚忠　/28
如何打造特色专业的专业特色
　　——酒店管理专业"3+1"模式探讨　胡　林　/35
"校景合一"促进旅游管理专业校园实践教学基地建设　秦　学　/41
基于以赛促学对"会展策划"课程实训教学改革的探讨　于　丹　/47
中美旅游高等教育师资国际化水平比较研究　肖　璇　/54
旅游管理专业卓越人才培养体系的构建　黄　燕　/60
基于BB平台的旅游人力资源管理教学改革　李　萍　/67
旅游管理本科应用型课程体验教学方法的探索研究　桂清波　/74
浅论中国澳门地区旅游高等教育及其对中国内地的启示　吴开军　/78
加强旅游管理本科专业实践教学的措施探讨　陈　玲　/86
旅游管理专业学生跨文化交际能力培养　李秀斌　/92
旅游管理"产、学、研"相结合的综合化实践平台浅析
　　——以我校旅游管理专业为例　刘玉玲　/101

从第三方视角审视现代旅游高等教育 高颜超 /106
关于××大学旅游管理人才培养的思考 胡观景 /112

下编　协同创新结佳果
2014届旅游管理专业优秀学士学位论文

深圳市旅游公共信息服务满意度研究 李雪雯 /120
广州动物园游客满意度研究 赖考贞 /139
互联网对大学生自助游决策影响研究 苏霜 /156
西樵山旅游景区游客满意度研究 高绮华 /169
旅游目的地游客满意度及影响因子分析
　　——以清远牛鱼嘴风景区为例 杨霞 /181
旅游目的地形象影响要素评价
　　——以汕头市旅游区为例 赵琳 /197
基于因子分析的越秀公园游客满意度调查研究 何亦好 /211
基于因子分析法的广州城市公园满意度研究
　　——以广州海心沙公园为例 黄思敏 /225
可园游客满意度研究 陈昭艳 /237
广州地区女大学生出游影响因素研究 陆绮玲 /250

后记 /263

上编

协同创新教研成果

2010年,经广东省教育厅批准,广东财经大学(原广东商学院)旅游管理专业开始了广东省特色专业的建设历程。几年来,在上级领导的正确指导下,旅游管理专业全体师生以社会需求为导向,努力实现学科协同、产学研协同,在旅游管理人才培养方面做了有益的探索。在旅游管理人才培养模式的探索中,广东财经大学努力处理好国际化与本土化、大众化教育与精英教育、政府指令与市场需求及学术训练与就业需要四大关系,对体验式教学、旅游管理国际化比较、新技术手段在旅游管理人才培养中的应用进行了有益的探索,也总结出了以赛促学、"3+1"、三层四阶段等教学模式,对国内旅游管理人才培养不无参考价值。

论广东旅游管理专业人才培养环境与四大关系

陈建斌

摘　要：笔者在对国际化与本土化、大众教育与精英教育、政府管制与自主办学、市场化导向的四个影响中国高等教育的因素分析及广东旅游管理高等教育的外部环境分析的基础上，论证了广东旅游高等教育要处理好国际化与本土化、政府指令与市场需求、学术训练与就业需要及大众化教育与精英教育四大关系。

关键词：国际化与本土化、政府指令与市场需求、学术训练与就业需要、大众教育与精英教育

改革开放三十余年，是近代以来中国高等教育发展的第二个黄金时代[1]。经过三十余年的发展，中国高等教育有了长足的发展，在这个阶段，中国高等教育环境和以前相比，其国际政治、经济、文化、技术环境有鲜明的特色，对这个时代的环境特点进行思考与总结，对未来十年甚至更远时间段的中国旅游高等教育有重大的意义。

1　国际、国内中国高等教育外部环境的特点

1.1　国际化和本土化

改革开放以来，中国教育的国际化步伐一直没有停止，主要的显性表现为师资的双向交流越来越普遍，出国留学和到中国留学的规模不断持续增长，中外合资办学的形式越来越多。

而教育的本土化努力是和国际化相辅相成的另一种表现。对中国旅游高考教育来讲，中国的政治、文化传统与制度都对中国旅游高考教育产生了和产生着广泛而深远的影响。对国内游客的市场研究及其产品设计、跨文化素质的需求、服务国际市场的本土化理念，都是本土化的一种显性表现。

而国际化的显性影响则在于国际、国内在旅游高考教育方面的互动及由此产生的中国旅游高等教育观念的不断调适。

1.2　大众教育与精英教育[3]

2013年，中国高等教育在校生达3 460万人[1]，毛入学率已经达到35%，

中国高等教育处于从大众教育向普及教育转变阶段。然而，精英教育永远被市场所需求。除了重点大学与非重点大学的区别，政府开展诸如"挑战杯"创业大赛、各种名目的"创新实验区"教学、分层分类教学、双学位和硕士博士教育等都是市场上精英人才需求的表现。

1.3　政府管制与自主办学

中华人民共和国成立以来，中国共产党领导下的人民代表大会制度是中国的国体。改革开放以来，中国政府一直对高等教育进行改革，一个总的趋势是政府的指令比例越来越低，高等教育的自主性越来越高。虽然政府的指令比例越来越低，但是"党委领导下的校长负责制"的基本制度没有变。高等教育的自主性越来越高，再高也不能偏离高等教育的社会主义方向，不能偏离为人民办高等教育的方向。

1.4　市场化导向

"二战"后，市场配置资源在国际上占的比例越来越高。中国的改革开放就是社会主义市场经济，社会主义市场经济要求旅游管理人才的培养既要有学术能力的训练，又必须适应市场对所培养人才的职业与应用的素质及能力的要求。学术能力和职业与应用的素质及能力的要求是相辅相成的两个方面，学术训练格式及思维习惯的养成是职业与应用的基础，有利于一个人全面及长远的发展，有利于攻读硕士、博士学位及学术能力的提高；而职业与应用的素质及能力为旅游管理专业学生直接就业，有利于其与市场需要的对接，有利于毕业生的职业生涯及其成长。

2　广东旅游高等教育的外部环境

2.1　中国的改革开放前沿

改革开放以来，广东一直是中国改革开放的前沿，"十二五"以来，广东是综合改革实验基地，这一政治优势还将持续很长时间。改革开放的前沿使得各种改革与创新具有制度优势。

2.2　一地两府的地缘优势

广东省、香港特别行政区、澳门特别行政区共处珠江三角洲，一地三府，广东是实行"一国两制"的前沿，是中国境外游客主要入境口岸，特别是港、澳、台游客的主要入境地。（图1）

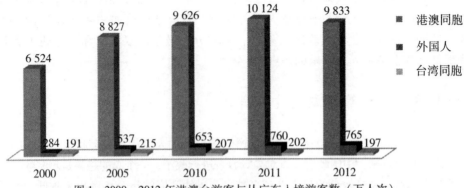

图 1　2000—2012 年港澳台游客与从广东入境游客数（万人次）

数据来源：广东统计年鉴，2013。

历年来从广东入境的港澳游客占境外游客数的 90% 以上。

2.3　广东省是中国旅游主要客源地之一

作为中国改革开放前沿，广东是中国最富庶的地区之一，广东特别是珠三角地区是中国乃至世界上最大的旅游客源地之一。无论是国内游还是出境游，广东都是举足轻重的旅游客源地之一。（图 2）

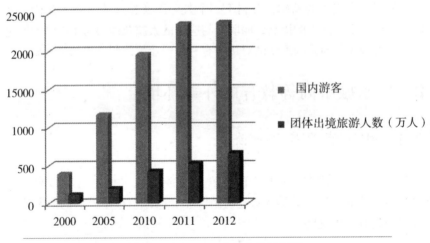

图 2　2000—2012 广东出境游规模

数据来源：广东统计年鉴，2013。

2.4 广东省旅游业规模大，是我国旅游发达省份之一

广东省是我国旅游业发过省份之一，旅游业收入巨大，旅游外汇收入多年来占全国旅游外汇收入的四分之一左右。（图3）

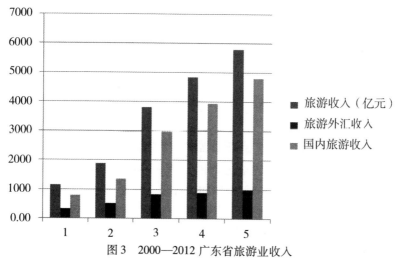

图3 2000—2012 广东省旅游业收入

数据来源：广东统计年鉴，2013。

3 广东旅游高等人才培养的几个主要关系

在国际国内高等教育的外部环境影响下，综合考虑广东省旅游业的总体特点，广东省旅游高等教育应积极适应外部环境的变化，要处理好以下几个关系。

3.1 国际化与本土化的关系

广东旅游高等教育就积极主动适应国际化的挑战，转变教育教学思想，应在教育教学理念、学生素质与能力标准等方面和国际接轨，向发达国家旅游高等教育看齐，树立人人成才的观念，立足国际视野和学校办学实际，促进学生个性发展，不断提高办学的国际化水平。

同时根植中华文化与广东本土文化，在管理模式及人才培养模式上，加强本土化的探索，在旅游管理高等人才培养方式上，积极探索"3+1"与"2+2"的国际化合作办学模式。

3.2 大众教育与精英教育的关系

适应大众化的教育要求，旅游管理教育通过通识课程、学科基础课、专业必修课、专业选修课及综合运用课等，培养旅游管理本科毕业生的基本素质，适应市场对旅游管理高等人才大众化教育的基本能力与素质需求。而适应精英教育的需求，"挑战杯"、"国际大学生数学建模竞赛"等项目为引领，为学有所长的学生提供发展相关才能的平台；同时，鼓励学生攻读双学位、硕士学位、博士学位，有利于在学术方面有潜力的学生在学术上进一步成长。

3.3 学术训练与职业成长的协调

市场化的导向要求在进行旅游管理高等人才教育时，既要注意学生学术能力与素养的提高，又要加强职业养成方面的培养，协调学术训练与职业养成的关系，加强素质教育，促进学生自主构建知识体系，优化学生的个性化发展与综合创新能力的培养。因此，广东财经大学在制订旅游管理本科培养计划时，从大二结束时间的社会实践报告、大三的学年论文到大四的毕业论文，重在培养学生的学术训练，循序渐进，不断提高；而社会实践、专业实习、毕业实习，重在学生职业习惯的养成，而课堂教学、"挑战杯"竞赛、"国际大学生数学建模竞赛"是二者的有机融合。

3.4 政府指令与市场需求的关系

党委领导下的校长负责制符合我国国情和高等教育发展规律，必须毫不动摇、长期坚持并不断完善[2]。而社会与市场的需求特别是旅游市场的需求又是高等学校的生命线，因此，旅游高等教育必须在政府指令与市场需求之间协调，必须同时满足二者的基本要求和需求。无论是旅游高等人才的培养目标、素质养成、课程体系的设置等，都既要满足政府的指导性要求，也要满足市场对旅游高等人才的能力与素质要求。

参考文献

[1] 别敦荣，易春．中国高等教育发展的现实与政策应对［J］.清华大学教育研究，2014(1).

[2] 中共中央办公厅．关于坚持和完善普通高等学校党委领导下的校长负责制的实施意见，2014-10-15.

[3] 徐小龙，孙力娟，季一木，等．高等教育系统中大众教育与精英教育的有机结合研究

Macro-Environment and Four Relations for Talent Nurturing in Higher Education of Tourism in Guangdong Province

Chen Jianbin

Abstract: Based on the analysis of four relations influencing China higher education, namely globalization and localization, mass education and elite education, government governance and autonomous operation, market orientation. Based on the analysis of macro-environment of tourism education of Guangdong province, the author puts forward that balance must be kept between globalization and localization, between government governance and market demand, between mass education and elite education, between academic and professional training.

Key words: globalization and localization, government governance and market demand, academic training and employment needs, mass education and elite education

广东财经大学培养旅游管理硕士的可行性分析

陈建斌　皮平凡

摘　要：中国旅游业的发展、我国高等教育的发展、广东省对高层次旅游管理人才的需求及广东财经大学目前的办学条件，都对培养旅游管理硕士的培养提出了要求。广东财经大学旅游管理类专业教育的历史长、社会影响显著，与企事业单位建立了长期广泛的合作关系，有良好的业界合作平台与完善的办学设施。广东财经大学长期以来以需求为导向，办学实力强，师资力量雄厚，是广东管理类人才培养的重要基地，有良好的开展旅游管理硕士培养的条件。

关键词：旅游管理硕士、需要、优势

经过三十余年的改革开放，中国各项事业发展迅速，中国旅游业、中国高等教育事业的发展和广东省对高层次旅游管理人才的需求都对旅游管理硕士的培养提出了要求。

1　旅游产业、旅游教育与学科发展需要开展旅游管理硕士项目

1.1　中国旅游产业发展需要大量旅游管理硕士

旅游业已经成为全球经济发展中势头最强劲和规模最大的产业之一。根据国家"十二五"规划和《国务院关于加快发展旅游业的意见》，国家旅游局制定并实施了《中国旅游业"十二五"发展规划纲要》和《中国旅游业"十二五"人才发展规划》，紧紧围绕把旅游业培育成为国民经济的战略性支柱产业和人民群众更加满意的现代服务业两大战略目标。面对旅游业"十二五"发展的要求，我国旅游行业对人才需求的紧迫程度前所未有。作为国民经济的新兴产业，改革开放以来，中国旅游业的产业规模、地位和经济作用逐步增强。面对旅游业的快速发展，对旅游人才的需求，特别是高端旅游人才的需求越来越大。

2009年，在旅游骨干人才队伍中，旅游行政管理人才有6万人，仅占总数的2.2%。具有研究生学历的旅游人才有1.7万人，仅占旅游人才总数的0.7%（中国旅游人才发展现状与趋势报告）。"十二五"期间，伴随着旅游市场需求的多样化，对旅游高层管理人才的需求将急剧增加。然而，产业对高端应用型人才的需求与学校培养专门人才供给不足的矛盾在旅游业中也凸显出来。

我国自2011年开始MTA教育以来，招生数量以年均35%的速度增长，全国MTA在校生1 338人，正处于快速增长期。

1.2 我国高等教育发展需要大力发展专业硕士项目，包括旅游管理硕士项目

中国高等教育的博士、硕士层次的教育在经历了20世纪80年代主要为高校培养人才服务、20世纪90年代为21世纪第1个10年培养学术型人才的时代以来，亟须转向为产业需求培养适用型人才（表1）。美国、欧洲等发达国家硕士层次以上的专业学位占授予同等学位总数的70%以上，教育部、国家发展改革委员会、财政部发布的"关于深化研究生教育改革的意见"，对此做出了具体的部署，广东财经大学申办MTA响应了市场的需求和中央的号召。

表1　中国博士、硕士毕业后流向高等学校及科研机构的比例

学生类别	年度	毕业生总人数	高等科研机构的就业比例
博士	2010	46 947	34.7%
	2012	53 146	29.9%
硕士	2010	332 992	7.9%
	2012	425 025	5.7%

资料来源：国家教育部，2013。

1.3 广东省旅游业需要高层次旅游管理人才

作为我国对外开放的重要窗口，广东省旅游业必将随着世界旅游业的稳步发展而步入快速上升周期。广东旅游业的发展可以从两个战略定位得到充分显示。一是旅游业在广东经济社会发展中的定位："广东国民经济的战略性支柱产业，广东现代服务业的龙头产业和产业结构转型升级的重要引擎；幸福广东建设的强有力抓手，人民群众更加满意的现代服务业；广东对外合作与扩大开放的重要窗口。"二是广东旅游在全国和国际旅游业中的定位："中国旅游发展的排头兵、主力军、试验田、风向标。国际知名的（粤港澳）旅游圈，重要的商贸会展旅游和高端度假旅游目的地。"目前，随着国务院批复的《珠江三角洲地区改革发展规划纲要（2008—2020年）》的全面实施，广东旅游强省和文化强省战略步伐的加快，特别是广东省对四大主体功能区划分的逐步明确，广东旅游发展的宏观战略支撑已经形成。2011年，广东实现旅游总收入6 443亿元、增长20%，占全省生产总值的5.18%；2012年，广东旅游总收入7 389亿元，年增长14.3%，

居全国第一。广东省旅游外汇收入多年雄居全国之首，旅游业的支柱产业地位初步确立，成为全国重要的旅游经济体。同时，广东是全国旅游综合改革示范区，是全国首个国民旅游休闲试点省份，也是中国最大的旅游客源地之一。广东省对旅游管理高层次人才有着巨大的需求。

1.4 广东财经大学建设和发展需要发展旅游管理硕士项目

广东财经大学是省属重点财经院校，是华南地区经济、管理、法律应用型人才的重要基地。旅游管理硕士（MTA）专业学位教育注重培养能胜任现代旅游业实际工作的复合型管理人才，是能力培养重于知识传授的学位。广东财经大学的发展定位为教学型大学，在教育教学上注重理论与实践的结合，在师资建设上鼓励教师走出学校，用理论指导实践，同时聘请大量兼职教授到学校指导学生，力求在这种办学模式下培养的学生能够做到学以致用。因此，在广东财经大学增加旅游管理硕士专业学位，不仅可以丰富我校的办学层次和学位种类，而且会使我校各层次教育的办学特色更加突出，进一步促进广东财经大学的建设和发展。

2 广东财经大学开展旅游管理硕士培养的优势条件

2.1 以需求为导向，办学实力强，师资力量雄厚，是广东管理类人才培养的重要基地

广东财经大学始建于1983年，2013年6月经教育部批准更名为广东财经大学。经过30年的发展，学校已建设成为全日制本科生、硕士生23 000多人的省属重点建设院校，是广东和华南地区重要的经、管、法人才培养基地和科学研究基地。

现有专任教师1 181人，其中正高职称教师210人，副高职称教师342人，具有博士学位的教师383人。享受国务院政府特殊津贴专家11人，教育部高等学校教学指导委员会委员3人，省学位委员会委员1人，省学科评议组成员3人；2人入选教育部新世纪优秀人才支持计划，1人入选财政部全国会计领军（后备）人才培养工程，17人次入选广东高校"千百十工程"省级培养对象；广东省、广州市"十大中青年法学家"各1人。

学校坚持以教学为中心，紧紧围绕"培养适应地方经济社会发展需要的应用型高等专门人才"的目标，以先进教育理念为指导，以素质教育改革为着眼点，以实验实践教学改革为突破口，以现代教育技术为支撑，积极推进"知识传授、能力培养、素质提升"三位一体的应用型人才培养模式创新，并形成自

身特色。广东财经大学建有国家级特色专业5个，国家级人才培养模式创新实验区、国家级实验教学示范中心、国家大学生文化素质教育基地、国家级实践教学基地各1个，国家级教学团队1支，国家级精品课程1门、国家级双语示范课程2门。近十年毕业生总体就业率稳居全省高校前茅，其中本科生就业率连续十年保持在99%以上，研究生就业率在2012年达到100%。

广东财经大学现有应用经济学、工商管理和法学3个一级学科，是省级优势重点学科。有应用经济学、工商管理、法学、统计学、管理科学与工程、马克思主义理论6个硕士学位授权一级学科点，覆盖了32个硕士学位授权二级学科点，拥有工商管理（MBA）、法律（MJ）、金融（MF）、保险（MI）4个硕士专业学位授权点。经济学、管理学连续5年进入全国高校前20%优势学科行列，2011年法学进入全国高校前20%优势学科行列。

2.2 广东财经大学旅游管理类专业教育的历史长，社会影响显著

广东财经大学开展旅游类高等教育始于1994年，经过近二十年的发展，目前旅游管理专业具有研究生和本科生两个教育层次，旅游管理硕士学位授权点于2006年获得批准，并于2007年正式招生，该硕士学位授权点下设旅游企业管理等3个方向，目前已有4届共14名毕业生，在校生三届共10名，专职硕士生导师8位，旅游管理本科专业每年维持在2个班的规模；2006我校在全国第一批获权招收第一批会展与经济管理本科生；2007年我校是全国获批酒店管理本科专业第一个学校，也是当年的唯一高校；目前在校旅游管理类研究生和本科生近千人，该校已形成旅游管理类专业齐全、办学层次较高、办学规模较大的格局，在广东乃至整个华南地区有较高知名度和影响力，是广东旅游管理类人才培养的重要平台。近几年，我校旅游管理专业发展迅速，并取得了一系列成绩与荣誉。2007年，我校旅游管理学科获得广东省重点（扶持）学科；2010年，旅游管理专业获批广东省特色专业。

我校现拥有8名硕士生导师，6名骨干教师，其中教授6人、副教授12人，1人入选广东省"千百十工程"省级培养对象，5人入选广东省"千百十工程"校级培养对象。近年来，地理与旅游学院共承担各级各类旅游科研课题55项，其中国家级课题4项、省部级课题6项、市厅级课题9项。此外，旅游规划与GIS方向有国家自然科学基金项目2项，省部级以上项目科研经费89万元，地方及企业课题项目总经费360余万元，学术成果发表在《旅游学刊》、《经济地理》等刊物上，累计发表论文139篇、核心期刊论文65篇、CSSCI期刊论文49篇，出版专著4部。

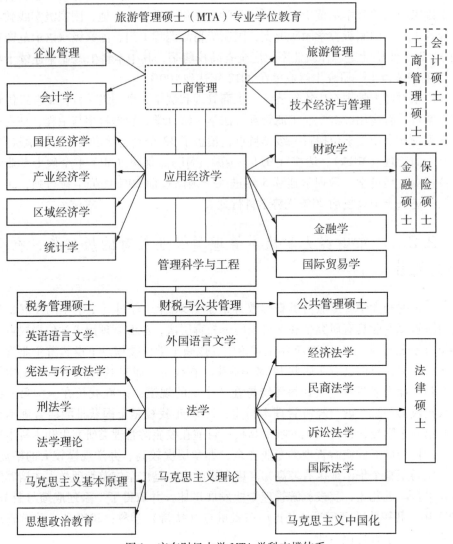

图1 广东财经大学MTA学科支撑体系

2013年资料显示，广东财经大学旅游管理学科在广东排名第3（表2），在全国财经类院校排名第2（表3）。

广东财经大学旅游管理学科的办学实力受到了社会的肯定，2011年，受广州旅游局委托，旅游学院为广州市处级以上旅游管理干部举办了培训班，得到社会的良好赞誉。

表2 广东财经大学旅游管理学科科研论文在广东高校的地位与影响

排　名	笔者机构	等　级
2	中山大学	AAAAA
11	暨南大学	AAAA
26	广东财经大学	AAA
37	华南师范大学	AA
44	华南理工大学	AA
46	广州大学	AA

资料来源：《旅游学刊》，2013年第10期。

表3 广东财经大学旅游管理学科科研论文在全国财经类院校的地位与影响

排　名	笔者机构	得　分
24	浙江工商大学	114.74
26	广东财经大学	108.82
27	江西财经大学	103.35
55	湖南商学院	61.25
58	中南财经政法大学	59.25
60	上海财经大学	58.42
76	云南财经大学	50.08
84	西南财经大学	45.50
100	贵州财经大学	39.33

资料来源：《旅游学刊》，2013年第10期。

2.3 广东财经大学与企事业单位建立了长期广泛的合作关系，有良好的业界合作平台

近年来，我校注重校企合作，与广州及周边地区的多家企事业单位建立了良好的协作关系，搭建校企合作资源共享与交流平台，建立学生实习基地，实现了学校为区域经济建设服务的职能。地理与旅游学院多年来一直注重与企业的合作，建有多个实习实训基地，如与中国出口商品交易会、广州四季酒店、美国喜达屋集团属下的广交会威斯丁酒店、广州W酒店、长隆酒店、花园酒店、富力君悦酒店、利兹·卡尔顿等国内外著名的旅游和酒店集团建立了长期的合作关系，上述企业为学生提供实习基地和就业机会，还派企业管理者来校举办讲座，保证了学生在校期间高质量的实习以及将来的就业。

2.4 广东财经大学具备完善的培养旅游管理硕士的办学设施

2.4.1 实验室建设备

广东财经大学拥有一批先进的实验室，目前我校已建立的经济与管理实验室是国家示范性经管实验中心，在国内具有极高的知名度和影响力。另有电子商务实验室、管理创新实验室、经济科学基础实验室、工商管理模拟实验室、资源环境综合实验室、法学实验室等多个先进的专业实验室。地理与旅游学院正在申请筹建餐旅实验中心，按照国际一流酒店实验教学标准，包括教学观摩实验室、餐饮实验室、模拟导游和景区管理实训中心、模拟前台与客房、展台设计实验室、宝玉石鉴赏中心、酒店管理信息技术实验室7个实验室和1个旅游管理案例研究室。这些实验室为我校旅游管理专业硕士人才的培养提供了强有力的硬件支撑，一流的教学条件使旅游管理类人才的培养具备了坚实的物质基础。

2.4.2 其他办学条件

（1）有足够的案例教室。

（2）有足够的多媒体教室数字化教学和学习手段，数字化推行在全国高校领先。20世纪90年代，我校就已开始全面推行电子课件和多媒体教学。每个多媒体教室至少可以容纳70人以上，大的可以容纳200余人，多媒体教室占全部教室总数近95%。目前，旅游管理硕士（MTA）专业学位的9门核心必修课程和主要的方向选修课在我校旅游管理研究生硕士点、旅游管理与酒店管理本科生中均有开设，且都有多媒体教学课件。对于我们拟开设的MTA所有必修和方向选修课，课堂教学均将采用多媒体教学课件。

（3）有丰富的专业图书资料。我国拥有3.2万多平方米的图书馆，图书馆中外文藏书达235.9万册，中外文期刊1 800多种，我校还有清华同方全文期刊数据库、中国科技期刊数据库、中国学位论文全文数据库、人大复印报刊资料全文数据库、中国数字图书馆 Elsevier Science（SDOL）、OCLC First search EBSCO、德国 Springer、BIOSIS Preview、World SciNet、电子期刊 Britannica Online CSA、剑桥科技文摘数据库、超星外文数字图书馆、万方外文文献数据库等多种中外文电子数据库，这些图书资料足以满足MTA教学与研究的需要。

综上所述，开展旅游管理硕士项目是中国旅游业大势所趋，是高等教育发展的自然要求，是广东省经济学会的需要，广东财经大学完全有条件开展旅游管理硕士培养项目。

Feasibility of Master of Tourism Administration Program by Guangdong University of Finance & Economics

Chen Jianbin

Abstract: It is inurgent need for the Master Tourism Management training due to the development of China tourism and higher – education and the demand of high – quality tourism management talents of Guangdong province. Guangdong University of Finance& Economics (GDUFE) boasters of long history of tourism management education and of corresponding significant social impact, of extensive long – term friendly relations of cooperation with enterprises, of industry cooperation platform and good facilities. Market demand oriented and with strong education and faculty, GDUFE is an important base for management talents of Guangdong Province, being well qualified to undertake the programs of it.

Key words: Master of Tourism Management program, market demand, strength

旅游管理类本科专业协同创新发展的初步研究*

皮平凡

摘　要：旅游管理类本科专业的独立设置是适应我国旅游高等教育发展的必然结果。本文提出了旅游管理类本科专业协同创新发展的初步设想。即确立旅游学科体系及研究内容、旅游管理类专业协同发展的必要性和可能性。同时分析旅游管理类专业协同创新发展的具体路径，即明确旅游学科的内涵与外延，凝练旅游学科内三个专业的共性与个性，旅游管理类专业协同创新发展的保障体系等，通过科学整合，探索旅游管理类本科人才培养的新途径。

关键词：旅游管理类、本科、专业协同、创新

1　旅游管理类本科专业设置对旅游学科的意义

我国旅游高等教育始于改革开放，旅游高等教育经过 30 多年的不断发展，从无到有，特别是本科专业从单一到多个专业共存的局面专业目前已经形成了比较完善的旅游教育体系，为旅游业提供了强大的人力资源支持。根据教育部《2012 年普通高等学校本科专业目录和专业介绍》，旅游类本科专业已从工商管理类本科专业独立出来，业已成为与其他本科管理类专业共同发展的管理类专业，旅游管理类本科专业的设置丰富了我国管理类本科专业的种类，也是我国经济发展的必然趋势和结果。目前我国旅游管理类本科专业已包含旅游管理、酒店管理和会展经济与管理三个本科专业，旅游管理类本科专业的设置对旅游学科的意义笔者以为至少体现在以下三个方面：

1.1　旅游学科体系

旅游管理类三个本科专业的设置可以进一步完善旅游学科的理论体系，旅游学要置身于高等教育和科研之列并顺利发展，就必须建立起独立的旅游学科体系，提出具有方法论内涵的旅游学基础理论体系。旅游学科不仅要研究旅游活动的起源、结构与形态及其发展规律，还要研究旅游活动引起的现象、关系和问题，在研究中可以进一步完善旅游学科理论的三个层级理论体系。酒店管理和会

---

* 基金项目：2014 年度广东省高等教育教学改革综合类项目（项目编号 GDJG20141156）。

展经济与管理专业的设置，可以进一步完善旅游学科的应用理论。

1.2 研究对象

三个旅游类专业的设置可以增强旅游学科的深度和广度，由于旅游学科发展时间不长，缺乏许多公认的关键性概念，旅游学科往往成为其他相关学科的其他分支学科，缺乏有效的整合，不利于旅游学科的发展。笔者认为，其他学科的发展成果可以为旅游学科借鉴，但是，必须以旅游学科为主，吸收其他学科的"养料"，只有这样，才能进一步完善旅游学科。由于旅游活动是一个庞大复杂的社会现象，涉及社会各方面诸如经济、文化、环境等领域的问题。为突破旅游管理作为工商管理一级学科下的二级学科的限制，许多旅游院校做了积极探索，比如，旅游学科不断向休闲、娱乐、会展、目的地管理，旅游体验，旅游电子商务，旅游竞争力等领域拓展，因此，三个专业的设置有利于拓展旅游学科的研究领域和对象，有利于旅游学科向纵深层次发展。

1.3 实践教学和社会服务

旅游管理类三个本科专业的设置可以进一步拓展旅游学科实践教学的全面性和综合性，笔者认为，旅游管理类三个本科专业可以考虑旅游学科的综合实习，从学科的角度提升原有专业类实习的广度和深度，强化人才培养的综合实践环节，提高人才培养质量。旅游管理类三个本科专业自身较强的实践性经过专业协同，将进一步促进整个旅游学科体系实践层次和内涵的提升，有助于旅游学科更好地服务于经济和社会的发展。

2 旅游管理类专业协同发展的必要性与紧迫性

旅游学科系主要是在社会科学、人文学科和自然科学相互渗透融合而成的交叉学科、过去旅游管理类三个专业在各自的轨迹上发展，随着我国旅游业快速发展，大旅游时代来临，旅游类三个本科专业有必要站在旅游学科的角度来做专业协同。一方面，由于旅游管理、酒店管理、会展经济与管理三个专业在专业性质、理论支撑、培养目标、培养方法方面还存在着一定的差异，三个专业的发展历程及背景也不相同，2012年教育部本科专业目录调整之前，并没有明确这三个专业为一个整体，特别是会展经济与管理专业放在公共管理学科，2012年教育部本科专业目录调整，旅游管理类与工商管理类并列，至少在本科专业层次获得了较大发展空间，为避免在原有"工商管理"框架下各自独立发展的局面，真正将旅游管理类专业做大、做强，就必须从专业门类学科角度科学规划三个专业，有效整合，实现旅游管理类专业的协同发展显得尤为必要。另一方面，实践上，旅游业、酒店业、会展业的迅猛发展，行业的关联度相当高，互为因果，高度对接，特别在信息技术的快速发展，为现代服务业的融合提供坚实的技术支撑，因此，外部环境对旅游院校提出了旅游管理类三个专业协同发展的紧迫性要求。旅游管理类专业协同创新发展，提高人才培养质量，促进我国旅游业、酒店业、会展业的持续健康发展。

3 旅游管理类三个专业协同发展的路径分析

3.1 明确旅游学科的内涵与外延

学科的成熟在于本学科成系统的知识体系及核心概念及方法论。过去，由于对本学科认识的缺陷，而旅游消费需求及旅游产业业已成为全球特别关注的领域和极为看好的朝阳产业，于是其他学科的学者纷纷瞄准了旅游领域，学者们也从自己原有的学科背景出发研究旅游领域的问题，从积极方面看，学者们的关注和研究为旅游学科发展做出了贡献，也延续了许多学者的学术生命力；但是，由于受到原有学科限制及知识背景的局限，真正独立的旅游学科体系没有建立起来，旅游学科事实上成了其他学科的分支学科或衍生领域，"旅游是个筐什么都往里装"。笔者认为，旅游学科体系要真正建立起自己独有的知识体系，就必须厘清旅游学科的核心概念和旅游学科的边界，为旅游学科的独立、健康发展创造知识储备和必要条件。具体做法是，在旅游管理、酒店管理、会展经济与管理专业基础上构建旅游学科框架，进一步凝练和归纳旅游学科本质属性，凡属于三个专业的范围内的均可视为旅游学科，而与三个专业关系并不密切的可视为非旅游学科。旅游学科应重点研究旅游学科内部的事情，逐步形成旅游学科核心和独特的理论体系与方法论体系，实现旅游学科的真正成熟。

3.2 进一步凝练旅游学科内三个专业的共性与个性，科学整合

旅游学科要尽快成熟和发展，除了要厘清学科核心概念及学科知识体系边界外，必须在"旅游"学科的框架内对三个旅游管理类专业进行有效整合，找出三个专业的共同特点及各自特点，三个专业关联的内在逻辑，只有这样，共同实现旅游管理类专业在知识创造方面的分工，同时在人才培养方面形成各自鲜明的特色。具体做法可依次分三步走：

3.2.1 明确旅游管理类专业各自特点及专业定位

要实现旅游管理类三个本科专业的协同创新发展，明确各自的研究对象和内容就显得尤其重要。特别是旅游管理和酒店管理的各自侧重点。基于我国旅游高等教育的现状及旅游产业对本科人才需求的要求，笔者认为，旅游管理专业主要着眼于相对宏观为主，微观为辅，比如研究旅行游览活动的规律性问题，旅游吸引物、旅游需求与供给、管理制度及其相互关系等多方面的问题，还包括对旅游人力资源、旅游公共管理、旅游目的地以及对旅游经济的发展目标、预测、决策、计划、监督和信息研究等。酒店管理专业在欧美发达国家有非常成熟的商科培养模式，以微观为主、宏观为辅，研究应该更多地借鉴企业管理、营销学、服务运营管理、人力资源、战略管理等相关学科知识来关注经营管理现象，把握现代酒店管理的内涵、市场竞争、质量管理控制等方面的内容。会展经济与管理专业以会议、展览、节事活动及其相关的社会经济活动为研究对象，其主要目的是让学生了解国内外会展发展概况，熟悉大型活动策划、项目管理、会展评估、会展计划与监控等内容。

3.2.2 从学科角度构建旅游管理类专业核心课程

要实现旅游管理类三个本科专业的协同创新发展目标，从专业课程设置的角度考虑，提炼出旅游管理类专业共同的核心课程是必不可少的。事实上，2014年教育部旅游管理类专业教学指导委员会已在论证相关课程结构，大致有了一个"7+3"核心课程提纲，笔者以为，从现有旅游类专业实际以及人才培养角度出发，旅游管理类专业共有平台课程可考虑设置管理学原理、会计学、财务管理、西方经济学、服务管理、项目管理、旅游市场营销、旅游消费行为、旅游资源开发与管理、旅游目的地管理等课程。

3.2.3 基于专业特点设置专业必修课和专业选修课程

本科课程体系一般由公共必修课、学科基础课、专业必修课和专业选修课四个层级构成。要实现旅游管理类三个专业的协同创新发展，在三个专业共同核心课程的基础上根据专业特点及人才培养目标各自延伸，建立独立的课程体系，自然是十分必要的。见表1。

表1　旅游管理类专业课程体系

课程类别	课程名称
旅游管理类专业学科基础课	管理学原理、会计学、财务管理、西方经济学、服务管理、项目管理、旅游市场营销、旅游消费行为、旅游资源开发与管理、旅游目的地管理
旅游管理专业	
专业必修课	旅游学概论、旅游地理学、大型活动策划、旅游投资学、旅游经济与产业政策、旅游法学、旅游战略管理、酒店管理概论、旅行社经营管理、景区经营管理、旅游规划、导游学、旅游美学、旅游文化学、旅游人类学、旅游社会学、旅游英语、生态旅游、旅游环境学、公共关系学、统计学
专业选修课	俱乐部管理、游船经营管理、客源国概况、休闲与体育旅游、文化创意开发、运动与保健管理、节事会展业管理、金融学、服务业人力资源管理、世界遗产概论、旅游人文艺术欣赏、会展旅游
酒店管理专业	
专业必修课	旅游学概论、酒店管理概论、前厅与客房管理、餐饮管理、酒店英语、酒店管理信息系统、酒店康乐管理、大型活动策划、饮料与酒吧管理、会展概论、服务业人力资源管理、收益管理与定价策略、酒店布局与设计、酒店战略管理、统计学
专业选修课	菜单与宴会设计、公共关系学、食品营养与卫生、中外饮食文化、俱乐部管理、游船经营管理、休闲与体育旅游、文化创意开发、运动与保健管理、度假酒店开发与管理、跨文化交流、旅行社经营管理、客源国概况、旅游地理学、酒店管理调研与业务数据分析、金融学、第二外语、旅游人文艺术欣赏
会展经济与管理专业	
专业必修课	会展现场管理、会展客户关系管理、会展概论、会展经济学、会议策划与管理、展览策划与管理、会展旅游、会展信息化管理、服务业人力资源管理、场馆经营与管理、会展礼仪、会展文案写作、会展传播和设计、会展英语、展示空间设计
专业选修课	广告学、公共关系学、俱乐部管理、参展理论与实务、展览工程实务、酒店管理概论、旅游学概论、文化创意开发、旅游人文艺术欣赏、旅游地理学会展物流管理、休闲与体育旅游、商务谈判

3.3 旅游管理类专业协同创新发展的保障体系

3.3.1 教学指导体系

作为教育部领导下的专家组织,教学指导委员会可以通过研究制定与三个专业相关的教学文件、召开相关研讨会、组织开展相关教育教学研究、开展相关教师培训等活动,发挥在三个专业协同发展方面的桥梁与纽带作用,努力提升三个专业在教学、科研、人才培养方面的质量。

3.3.2 师资队伍体系

高等教育核心竞争力和可持续发展的关键是师资水平,旅游管理类专业要实现协同创新发展,就务必加强对现有师资队伍的培训,使其掌握旅游类专业的共性,同时强化教师对自己从事专业的个性特点的认识,学科基础课要整合三个专业的教学资源,同时充分发挥个人专长,使教师从整个旅游类专业角度组织教学科研,提升人才培养质量。

3.3.3 教学大纲及其教材体系

教学指导委员会及其相关的教育行政部门应组织相关专家制定更科学合理的教学大纲,特别是学科基础课要明确并规范教学内容,在此基础上编写符合旅游类专业协同发展的高质量教材,将旅游类专业协同发展落到实处。

3.3.4 教学评估体系

高等教育教学质量的保证很大程度上取决于科学管理水平,各级教育主管部门及其教学指导委员会可以在旅游管理类专业办学资质评审、教育质量提升、教学水平评估和教学信息交流等方面发挥积极作用。通过制度建设优化教学管理,建立符合旅游管理类专业特点又遵循教育规律的教学运行监控机制。

参考文献

[1] 教育部高等教育司. 普通高等学校本科专业目录和专业介绍 [M]. 北京. 高等教育出版社,2012.

[2] 陈海明. 澳门高校旅游管理课程设置比较研究 [J]. 嘉应学院学报:哲学社会科学版,2013(12):90-95.

[3] 汪晶晶,章锦河. 旅游管理专业全日制本科课程设置研究 [J]. 安徽师范大学学报:自然科学版,2010(7).

[4] 胡朝举,高雪,吴雁彬,廖春花. 旅游管理应用型本科多元协同培养路径创新与实践 [J]. 经济研究导刊,2014(17).

[5] 白凯, 倪如臣, 白丹. 旅游管理专业的学科认同: 量表开发与维度测量 [J]. 旅游学刊, 2012 (5).

[6] 皮平凡, 黄燕, 肖璇. 基于职业经理人目标导向的酒店管理本科人才培养模式创新研究 [J]. 价值工程, 2014 (9).

[7] 李丽娜. 中国旅游高等教育的反思与重建 [D]. 济南: 山东师范大学, 2012.

Initiative Research on Collaborative Innovation in Bachelor Programs in Tourism Management

Pi Pingfan

Abstract: It is the inevitable result to adapt the development of China higher education in tourism that tourism management specialties have been taken established as independent bachelor specialties. The initiative design has been put forward for the collaborative innovation in tourism management specialties by the author, namely the discipline system and research content in tourism management, the feasibility and possibility of the collaborative innovation in tourism management specialties. The approaches to realize the corresponding goals have been analyzed, including the intention and extension of tourism management, the differences and similarities between tourism management specialties and corresponding support system. New approaches must be explored through academic integration for talent cultivation in tourism management specialties.

Key words: tourism management specialties, bachelor programs, specialty collaboration, innovation

关于"旅游学概论"课程教学的若干思考

张 玲

摘 要：在分析旅游管理专业基础课程旅游学概论教学中存在问题的基础上，论文提出了改进该课程教学效果的具体措施。

关键词：旅游学概论、课程教学

1 引言

旅游学概论是旅游管理专业的一门重要的专业基础课程，是国家教育部指定的旅游管理专业课程之一。作为旅游管理专业导入性基础课，旅游学概论主要使学生全面地认识旅游者、旅游资源和旅游业以及它们的相互关系，认识旅游活动以及由其而引发产生的各种现象与关系的本质，为学习其他相关的专业基础课和专业课奠定牢固的基础。对该课程的学习，深刻地影响着学生对专业的理解、对培养体系的把握、对知识体系的掌握，以及对未来职业的选择[1]。因此，如何最大限度地增强该课程教学的有效性、实现该课程的教学目的，是旅游学科教育工笔者必须认真思考的问题。

2 "旅游学概论"教学中存在的问题

自 20 世纪 80 年代初期我国一些高等院校设立旅游管理本科专业以来，旅游学概论一直作为该专业基础必修课程。在业界多年教学实践的基础上，旅游学概论的教学取得了显著的成绩，但也存在一些问题。

2.1 在知识体系构建方面，旅游专业的综合性体现不足

旅游学科是一门综合性的边缘学科，其研究内容涉及经济学、管理学、市场学、心理学、历史学、地理学、社会学等多学科，但是，我国目前旅游学教学内容多为旅游管理专业各后续专业课程的简单集合，课程泛泛地对专业中所涉及的各个课程进行介绍，孤立了专业的各门课程，忽视专业中各学科知识体系的关联性，使学生对于旅游业相关知识的整合应用能力得不到应有的培养。

造成该问题的主要原因可能来自两个方面：

一方面，国内学者在对旅游学科理论体系认识上的分歧，导致旅游学概论基

础课程知识体系的差异。20世纪90年代以来，旅游学术界对旅游学科体系、基本理论框架、学科建设方面的研究投入了大量的精力，得出了一些有价值的结论。如申葆嘉[2]提出3个层级构成的旅游学科理论体系，依次为基础理论、专业理论和应用理论；龙江智[3]从体验角度提出了一个由四大方向八类分支学科构成的旅游学科体系框架；等等。但至今也没有形成一个公认的旅游学科理论体系，因此，急需建立起旅游管理基础理论体系[4]。

另一方面，国内旅游学概论教材内容也存在相当差异。陶卫宁[1]提出，旅游学概论教材名称较多，教材内容的选取与安排随意性极强，比较杂乱；对于同一问题的研究，也在论述的角度、范围和程度上存在着很大的差异。田磊[5]认为，旅游学概论教学中存在课程内容不完善、教材不统一等问题。因此，以上原因造成旅游学概论知识体系方面综合性表现不足。

2.2 教学方法重视理论知识的传授，忽视学生实践能力的提高

旅游学概论为旅游管理专业基础课，多数旅游院校沿用的仍是普通教育所采用的传统教学模式，即强调教学活动以课堂讲解为中心，教学过程以教师为中心，教师讲解以教材为中心，讲解教材以应付考试为中心。该教学方法造成重理论轻实践，理论与实践相分离的矛盾。如何将实践教学内容融于旅游学课程的教学之中，培养学生创造性地解决实际问题的能力是目前我国高等院校的旅游类专业教学亟待解决的问题。

2.3 教学评价方式比较单一

从我国高等院校来看，旅游学概论成绩考核分为平时考核和期末考核两项，虽然不同院校二者之间比例存在一定差异，但是期末考核比例占有绝对优势。期末考核大多通过集中闭卷形式来检验学生对知识的掌握情况，这种方式注重对知识的考核而忽视对能力的检验，达不到旅游学概论课程的教学要求。合理的教学评价不仅要重视对学生掌握知识这一结果的检测，同时还应重视对学生学习过程以及综合能力的评价。

为了使旅游管理专业的学生建立起对旅游学概论的整体认识，了解后续课程选修方向，培养学生专业素质的形成，并使现在的旅游学概论成为旅游管理专业最为基础和重要的导入性课程，有必要对旅游学概论课程的一些教学内容进行更新和优化，对教学手段和方法进行更新。

3 提高"旅游学概论"教学效果的主要途径

3.1 实施"以学为主,以教促学"的新型教学模式

根据我国培养应用型、实用性人才的目标,在教学方面,强调充分发挥教师的主导作用和学生的主体作用,坚持开拓创新,加强教学的实践性,使教学由封闭式向开放式转变,确立由单一课堂教学向多维教育教学转变的理念。

为推进从"知识传授型"向"能力培养型"的快速过渡,我们将对旅游学概论课程体系、知识结构和课程内容分配进行调整。加强该课程的实践环节和课程设计环节,并要求在课程内容的安排上,有意识地留出一定的空档让学生自学。同时,要大量删除旅游学概论课程中的重复部分,使整个课程体系更加科学合理。

3.2 优化和整合教学内容

优化和整合教学内容,是实现"旅游学概论"教学有效性的重要基础。合理设计和组织教学内容,使教学内容既要有明确的指向性,又要有学科体系的价值性,有利于满足学生的求知心理和培养教师解惑意识,更好地实现课程的教学目的。优化和整合"旅游学概论"的教学内容主要从以下三个方面入手:

第一,建成并实施一个满足旅游管理各专业人才培养需要的旅游学概论课程体系,提高旅游管理人才培养对社会需求的快速适应能力。虽然该问题的重要性早已成为大家的共识,但具体怎么做,特别在一些原有各学科都已有比较好的传统基础的教学研究型大学如何实施,目前国内尚无成功先例。我们将在学习、研究国内外大学相关学科课程体系和对国内人才市场进行广泛调研的基础上,结合我国旅游管理本科专业实际,建立了一个能满足相关专业人才培养需要的旅游学概论课程体系,争取在课程内容、知识结构方面走在全国前列。

第二,围绕旅游学概论课程的教学目标,可以把课程体系分成多个层次,分阶段实施。

第三,优化相关旅游学概论课程的内容;压缩重复内容;压缩过于偏、很少在后续专业课用到的内容;压缩属于更高级、可以放到研究生阶段去的内容。调整一些内容在不同课程中出现的次序,加强课程联系。

3.3 建立一个综合性、立体化的实践教学体系

实践教学是深化专业理论知识、提高学生专业技能的有效途径,对培养高层

次人才至关重要[6]。在旅游学概论教学过程中，应适当增加实践性教学活动的比例，认真组织学生开展实践性教学活动，提高学生分析和解决实际问题的能力。如根据旅游学概论教学相关内容布置学生相关作业，组织学生进行旅游市场调查，了解并收集第一手资料，撰写实习报告。通过深度的专业实践，大大增强了学生的服务意识和专业技能，培养了学生的创造能力和组织能力，优化了学生的知识结构，磨练了学生的心智品性。同时，加强对学生课外科技活动的指导和帮助，结合课程作业和课外兴趣小组的活动，开设提高型和创新型实践。鼓励学生自主立项，参与教师的研究计划。

在校外，我们将通过与酒店企业、旅行社企业、旅游景点景区等相关旅游企业的合作，加强学生对旅游学概论在实际中应用能力和创新意识的培养，通过在相关旅游企业的实战训练，缩短学生在旅游企业和相关公司就业的磨合期，增强学生就业的自信心。总之，通过立体化的实践教学体系，使学生在这些活动中得到锻炼，提高他们的综合素质和创新能力。通过实践性课程教学，激励学生创新，鼓励学生自主立项，充分调动学生学习的积极性和主动性。

3.4 积极尝试教学方法和技术的革新

积极探索教学方法的改革和创新，提高学生对本课程学习的兴趣。在保持传统讲授方法的基础上，教学中穿插案例教学法、启发式教学法、互动式教学法、课堂讨论式教学法等教学方法，改变传统教学方法的单一性和被动性，发挥学生在学习中的积极性和主动性。同时，积极加强信息技术在教学中的应用。目前，我校旅游学概论课程依托 Bb 平台，初步实现了教学资源和教学过程的信息化。进一步挖掘信息技术在课程教学中的潜力，充分发挥信息技术优势将成为该课程进一步改造的方向。

3.5 加强国内外学术交流，学习先进经验，促进教学改革

采用"走出去，请进来"的交流模式，积极参加国内外组织的旅游学概论教学研讨，加强该教学团队教师与国内外相关院校、教师学术交流与学术研讨，进一步促进旅游学概论的教学改革。

参考文献

[1] 陶卫宁. 旅游学概论教材体系建设的现状及其合理架构的建立 [J]. 旅游学刊，2005 (7): 98 – 104.

[2] 申葆嘉. 谈旅游高等教育的几个问题 [J]. 旅游学刊，1998 (S1): 31 – 33.

[3] 龙江智. 从体验视角看旅游的本质及旅游学科体系的建构 [J]. 旅游学刊，2005 (1):

21-26.

[4] 杜江等. 面向21世纪旅游管理专业（本科）培养目标的调整与课程体系的变革 [J]. 桂林旅游高等专科学校学报, 1999 (S2):127-139.

[5] 田磊.《旅游学概论》课程教学初探 [J]. 中国成人教育, 2009 (4):158.

[6] 李会琴, 杨湖浩, 周玲, 等. 旅游管理专业课程实践教学体系的构建——以《旅游学概论》为例 [J]. 旅游研究, 2009 (4):80-83.

Suggestions on Improving Teaching Effects of Introduce to Tourism

Zhang Ling

Abstract: Based on analysis of problems that have been in teaching process of Introduce to Tourism, one of very important compulsory subjects for tourism management program, the paper puts forward some suggestions on how to improve teaching effects of this subject.

Key Words: Introduce to Tourism, teaching effects

会展经济与管理专业实践教学改革与创新探索

袁亚忠

摘　要：实践教学是理论联系实际、满足社会和行业岗位需求的有效方式，在高校教育教学中占有十分重要的地位。会展经济与管理专业是实践性非常强的应用型专业，必须注重和加强实践教学环节。本文在明晰实践教学必要性的基础上，以广东财经大学会展经济与管理为例，分析了目前实践教学中存在的问题，提出了构建实践教学的新模式，旨在为会展经济与管理专业的建设与发展提供有益的启示和借鉴。

关键词：会展经济与管理专业、实践教学、三层次四阶段模式；创新

实践是认知的基础、创新的源泉。实践教学是普通高等教育中一个重要的教学环节，在高等教育的整个教育体系和教学过程中占有十分重要的地位，也是培养学生理论联系实际、提高学生综合素质和操作能力的有效方式和必要途径。因此，在加强会展经济与管理专业课堂理论教学的同时，着力探讨实践教学的实效性和创新性，具有非常重要的现实意义。

1　会展经济与管理专业加强实践教学的必要性

实践教学，是指在高等学校日常教学活动中，设置适应行业发展需要并与专业相关的技能性实践教学环节，使学生了解并掌握相关的实践操作知识和流程等专业性技能的教学活动。

一般来说，专业的实践教学活动包括课程实验、学年论文、专业实习和毕业论文等相辅相成又紧密联系的各个环节。这就要求在制订专业教学计划时，必须根据社会和行业发展的需要，以及专业自身发展的需要进行科学、合理的规划与设计，以满足社会对专业人才的职业岗位和技能要求，提高学生适应行业需求的综合素质与技能要求。

1.1　实践教学是高校适应社会需要的必然要求

培养人才是高等院校的根本任务和中心工作。高校培养人才就是要满足社会对各行业人才的需要，服务社会，建设社会，为社会的和谐发展提供大量合格的专业人才。实践教学是了解社会需要的重要途径，只有切实了解社会和行业对人

才的知识和技能的需要，才能有的放矢、系统规划，从而培养出适应社会和行业发展实际要求、适销对路的高素质专业人才。

1.2　实践教学是理论联系实际的有效方式

理论源于实践，是对实践经验的总结、提炼和升华，同时，理论又指导实践并接受实践的检验。高校学生在课堂接受理论知识教育的同时，还必须有与专业相关的实践活动来扩展理论知识，帮助理解和掌握所学的理论知识，提高对实践的认知水平和能力。通过实践教学环节，能有效弥补学生理论知识学习的不足，加深对理论知识的理解，释放学习的内在动力，激发学习热情和创造力，更好地促进学生结合实际掌握专业理论知识。

1.3　实践教学是会展经济与管理专业特性的内在要求

会展经济与管理专业是一个实践性非常强的应用型专业，培养的人才不仅要有扎实的理论知识，还需要具备良好的服务意识和必要的服务技能，以及组织、沟通和协调能力，才能胜任会展行业的岗位需要。会展业服务性和综合性的行业特性，要求学生在认识会展行业特性的基础上，通过实践了解和初步掌握展览、会议、节庆活动等的策划、组织、运作等基本流程、现场服务的对客服务技能与技巧、人际交往的沟通交流艺术，这样有利于学生在毕业后能够顺利地找到适合自己的工作岗位，并尽快适应社会的需要。

2　会展经济与管理专业实践教学存在的问题

我国的会展教育起步较晚，20世纪90年代开始在一些高校设置专业方向。2004年9月，经教育部批准，上海师范大学等高校招收第一批会展经济与管理专业本科学生。据《2013中国会展教育发展报告》统计，截至2013年9月，全国共有220所高校招收会展专业本、专科学生，其中本科院校55所，专科院校165所，共有在校学生37 826人[1]，我国的会展教育进入了快速平稳的发展时期。在教育部颁布的《普通高等学校本科专业目录》（2012年）中，会展经济与管理专业已经由原公共管理类专业调整为旅游管理类的三个专业之一。在我国会展业快速发展正成为国民经济重要产业和第三产业支柱产业的形势下，专业归属的调整，对于构建科学合理的会展经济与管理专业课程体系和实践教育环节提出了新的明确要求。

从目前的情况看，我国会展业的高速发展与高校会展经济和管理专业的人才培养方向及课程体系设计方面存在一定的脱节，反映在专业的实践教学方面，大体表现出如下问题：

2.1 实践教学环节设置目标不明确、层次不清楚

尽管各高校在制订专业教学计划时，按照人才培养目标在教学体系中设置了较为全面的实践教学环节，如实验、实习、论文，但通过实训实习要达到什么目标还不够清晰明确，经过哪些层次来达到不断提升学生的专业技能和水平的目的也比较模糊，一些实践教学环节往往只是课堂理论教学的附属产物，盲目性和随意性比较明显，缺乏各个环节之间必要的连贯性和层次感。

2.2 资金投入少导致实验室建设明显滞后

会展经济与管理专业在我国高校是一个新开办的专业，在众多高校中属于弱势群体。与各高校重视传统优势学科和专业相比，在资金投入方面明显存在不足。由于资金缺少，专业建设必需的实训器材和实验室很多难以落实到位，即便有也只是添加制图工具和数量较少的标准展位及教学软件之类。而对于展览、会议和节庆活动的策划、组织、运作及营销等完整的流程和必要的会展方面的技能技巧，只能通过让学生参与到企业实习学生才能掌握。

2.3 实习基地建设困难制约实践教学的深化

一个完整的展览、会议和节庆活动从策划、组织、宣传到结束，一般需要半年甚至更长的时间，涉及展台搭建、物流、现场服务等内容，而高校的教务管理部门严格按照教学计划来执行年度和学期计划，学生很难完整地参加一次展会的实习实践，很多学生只能参加展会的现场服务，导致学生抱怨实习学不到知识。与此同时，一些实习单位也主要是需要现场服务的临时性工作，而展会的现场服务通常3～5天的时间即可完成，专业性不强，即使非会展专业的学生只要稍加培训即可上岗完成相应的工作。实习的短暂性与高校学习的长期性和稳定性存在较大的冲突，使得实习基地的建设困难重重。

2.4 师资力量缺乏难以满足实践教学需要

教师是教育活动的主体，担负着推动会展专业教育发展的重任。一支理论素养高、实践经验丰富的师资队伍，对于提高会展办学质量和培养高素质的会展专业人才至关重要。但由于会展经济与管理专业是一个新兴的专业，专任教师大多是半路出家，从其他专业转行而来，尽管他们凭着自己的满腔热情投身到会展教

育，也有着良好的教师职业素养和扎实的理论功底，然而避免不了缺乏会展行业实践经验[2]。一些教师只能边教边学，与学生一起成长，在担当课堂理论教学的同时，还要指导学生提高专业技能实在是勉为其难，只好将实践教学活动推给会展企业承担，严重影响了会展专业人才的培养质量。

3 我校会展经济与管理专业实践教学改革的探索

广东财经大学会展经济与管理专业于 2005 年开始在旅游管理专业下设专业方向，2006 年招收第一批会展经济与管理专业本科学生，成为广东省最早招收该专业学生的高校之一。迄今为止，已为社会输送了 5 届共计 300 多名本科毕业学生，很多学生已成为所在会展公司的业务骨干。依托广州发达的会展业和距离中国第一展——广交会举办地琶洲最近的地理优势，充分发挥我校财经类大学的办学优势，坚持自力更生、协同创新的发展方向，大胆创新，锐意进取，在会展专业实践教学改革方面进行了有益的尝试和探索，积累了一定的经验。

3.1 明确实践教学目的，完善教学体系

会展的理论教学和实践教学如同"车之双轮，鸟之双翼"，缺一不可，共同构成了完整的会展经济与管理专业教学体系。会展的理论教学和实践教学相辅相成、相互作用，是会展教育可持续发展的不可或缺的驱动力[3]。在制订专业教学计划和人才培养方案时，我们按照会展专业人才培养目标，在加强理论教学的同时，进一步增加实践教学课时，设置了课程实验、行业调研实习、服务意识实习、服务技能实习、学年论文、管理（毕业）实习和毕业论文 7 个实践教学环节，共计 12 个学分。同时，根据不同的实践环节，制订了相应的实践教学目标和具体实践内容，分别安排在不同的学期进行。例如，作为实践教学环节最基础的部分——课程实验，就是在各门会展专业课程中设置 8～12 个学时，在教师讲授会展专业理论知识时，根据相关课程的要求，以会展活动的过程为导向，在展览、会议、节庆活动等课程中安排相应的实验项目和课时，通过仿真实验和软件操作，加深学生对所学课程理论知识的理解，引导学生掌握完整的展览、会议和节庆活动全过程。

此外，为了提高学生的会展设计水平，我们还积极与我校艺术学院展示设计专业进行了初步洽谈，协商两个专业部分课程的无缝对接，我们将在专业选修课中开设会展设计、展台搭建、品牌设计等课程，提高学生的会展艺术设计能力和欣赏水平。

3.2 尝试构建"三层次四阶段"实践教学模式

实践教学活动不是简单地把学生推给实习单位到岗上班了事，也不是让学生简单地重复同样的工作内容，而是一个经过精心设计、合理安排的教育过程[4]。会展业是一个综合性的服务行业，学生在进入大学开始专业学习时，对会展的认识往往是模糊不清的，经过专业的学习对会展行业有了初步的认识之后，通过专业的实习培养服务意识，提高专业技能和水平，最后经过企业管理实习对会展运作有了比较全面的体会和认识，由此形成一个环环相扣、层层递进的螺旋式关系。在专业实践教学环节设置上，经过多年的探索，我们尝试构建了一个"三层次四阶段"的实践教学模式。第一个层次是行业调研实习，安排在大一第二个学期结束之后进行，要求学生参观一次正规的展览、会议或节庆活动，目的是让学生对会展行业有一个直观的认识，属于认知阶段的实习。第二个层次是专业实习，分为服务意识实习和服务技能实习两个阶段，每一个阶段实习时间均为4周，大三第一学期要求学生全部进入广交会各岗位实习，旨在培养学生的对客服务意识和良好的服务态度；大三第二学期是服务技能实习，学生可以进入广交会实习，也可以选择行业优质展会实习，主要目的是在树立了良好的服务意识和态度的基础上，提高对客服务技能和技巧的熟练程度，包括人际沟通、组织协调、营销传播等；第三个层次是企业管理实习，放在第八学期，结合学生到会展企业求职进行，时间为10周，要求学生利用所学专业知识，完整地参与一次展会的策划、组织、运作等流程，协助企业开展运营管理，在实践中进一步提升管理水平和综合协调能力。经过近几届学生的实践，三层次四阶段实践教学模式已经取得较好反响，学生的服务意识和服务水平有了显著提高，毕业学生受到用人单位的普遍好评。

3.3 依托广交会，大力加强实习基地建设

广交会是世界第二展、中国第一展，在海内外有很高的知名度和美誉度。我校与广交会举办地琶洲展馆仅一墙之隔，充分利用广交会的便利条件，有利于克服实验室建设资金短缺、实习场地有限的困难，为学生创造良好的实训实习机会。在学校领导的大力支持下，我们通过教务处牵线搭桥，与广交会主办方建立了良好的合作关系，广交会琶洲展馆成为会展经济与管理专业的实习基地，每年两届广交会学生都前去实习，学生在广交会的良好表现也受到了组委会的高度肯定，每次广交会实习结束之后组委会都会来函对表现优秀的学生表示表扬。一些优秀学生毕业之后也选择进入广交会的主办方——中国对外贸易中心下属企业就业。

在努力建设好广交会实习基地的同时，我们也尝试走出去，与政府相关职能部门、会展协会和会展企业取得了联系，并进行了有效的沟通，初步达成了一些合作意向，争取再建设一批优质的实习基地，为学生开辟更多的实训实习基地，扎实提高我校在广州乃至全省的影响力。

3.4 健全实习管理制度，提高实践教学效果

俗话说，没有规矩不成方圆。相比于课堂的理论教学，实践教学无论在组织、管理等方面的难度更大，因此，为了保障实践教学的有序进行，我们分别制定了相应的实践教学管理制度，不仅对学生做出了具体的实践要求和纪律约束，也对实习指导教师提出了具体的要求。实习期间，学生在遵守校纪校规的同时，还必须遵守实习单位的规章制度和岗位要求，一旦发现违反纪律的行为，轻则批评教育，重则取消实习学分，学生必须修满全部实践教学环节的12个学分方能毕业，其他理论教学的学分不能代替实践环节的学分。此外，要求学生在实习期间必须完成实习日记，记录实习过程中的经历和点滴感受，在实习结束后还需要提交实习报告，指导教师根据实习日记及其实习单位指导老师的评价和实习报告进行综合评分。

与此同时，我们针对教师从事会展教学、实践经验明显不足的现状，要求所有教师都要跟所随带班级进入实习基地现场指导，配合实习单位指导教师共同管理学生，搞好实习。指导教师通过现场观摩和指导，并通过实习报告的评阅，也积累了大量的实际案例，为课堂教学提供了许多鲜活的实例，丰富了课堂教学内容，提高了课堂教学质量，取得了一举两得的效果。

总之，会展经济与管理专业自创办以来，认真探讨教学规律，积极开展教育教学改革，在实践教学方面进行了有益的尝试和探索，积累了一定的经验，为会展经济与管理专业的进一步发展打下了坚实的基础。我们也希望通过我们的努力，为中国会展教育的全面健康发展提供参考和借鉴。当然，我们在会展实践教学方面的探索远未成熟和结束，还有许多值得改进的地方，这既是我们不懈努力的源泉和动力所在，也是我们不断前进的方向和目标。

参考文献

[1] 中国会展经济研究会会展教育工作委员会. 2013中国会展教育发展报告［R］. 2013 (12).
[2] 薛萌. 我国会展专业教育存在的问题及对策［J］. 硅谷, 2010 (10):183 – 188.
[3] 吴建华. 论会展理论教育与会展实践教育的关系［J］. 旅游科学, 2008 (6):70 – 73.
[4] 刘大可. 中国高等会展教育发展态势分析［J］. 北京第二外国语学院学报：旅游版, 2006 (5):81 – 84.

Exploration of Teaching Reform and Innovation of Practice for MICE Economics and Management Specialty

Yuan Yazhong

Abstract: Practice, as an effective ways to integrate theory and practice, to meet the demand of tourism and specific job requirement, plays an important role in higher education. The practicality is very strong for a applied specialty like MICE Economics and Management Specialty with necessity on it. Based on the clear understanding of the importance of practice, and taking MICE Economics and Management specialty of GUFE as example, the author analyzed the current problems in the practice teaching of MICE Economics and Management specialty, putting forward a new model for practice teaching in order to give some enlightenment and implications for the construction and development of MICE Economics and Management specialty.

Key words: MICE Economics and Management specialty, practice teaching, three-strata-four-phase model, innovation

如何打造特色专业的专业特色
——酒店管理专业"3+1"模式探讨

胡 林

摘 要：建设特色专业，实为打造专业特色。本文从酒店管理专业的"3+1"培养模式的内涵、背景、意义和目标出发，探索"3+1"人才培养模式的历程，尝试性地探讨"3+1"培养模式建设过程中的问题与对策。

关键词：专业特色、酒店管理专业、"3+1"模式

1 酒店管理特色专业建设

尽管酒店管理本科是新专业，但是广东财经大学开展酒店管理的高等教育在全国却比较早。1994年我校申办旅游管理本科成功，酒店管理成为最重要的方向，酒店管理教研室一直在开展相关的教研和科研活动。在2007年招收第一届酒店管理专业本科学生的同时，我们就开始思考酒店管理专业的专业特色问题。至2010年，经过五年的发展，虽然仍存在许多问题，但我们的特色正在形成。

1.1 专业从无到有，成为全国第一

酒店管理专业在广东财经大学既是老专业又是新专业。早在1986年，我校就有酒店管理专科专业，自2005年开始在旅游管理本科专业下设置酒店管理本科方向并进行招生，每届一个班；同时，旅游学院一直保留酒店管理教研室，为旅游管理专业学生开设酒店经营管理、餐饮管理等酒店管理方面的专业课程。2006年为适应广东省社会经济发展对酒店管理专业人才的需要，我校上报国家教育部申请酒店管理本科专业，并于2007年3月得到批准，成为我国第一个酒店管理本科专业，2007年开始招收第一届酒店管理专业本科学生，共41人。至今已招收5届，14个班共600余人。

1.2 专业建设成效明显，形成自己的特色

经过近六年的建设，酒店管理专业建设取得了一定的成效。师资队伍已扩大到8人，其中副教授5人，学历结构、职称结构和年龄结构更加合理，教师的教

学和科研水平不断得到提高。

8年中，专业教师校级以上教研教改立项共16项，公开发表教研论文20余篇，建立了12个实习基地，已购买酒店管理专业及相关专业书籍24 054册，订阅酒店管理专业及相关期刊40余种。

专业课程体系和教学计划逐年调整，更趋合理，截至2014年9月，已建成1门校级精品课程、9门网络辅助课程、1门课程配有专题学习网站、2门双语课程，其他已开出的课程全部配有多媒体课件。完成教学大纲12份；开设实验课程共3门、含有实验课程的课程2门，并对包含在理论课程中的实践教学环节（实验实训等）进行设计，形成合理的子项目；完成实验实训教学大纲和指导书的编写工作。

截至2014年9月，酒店管理专业教师主编、参编教材共31部。目前，我们正积极与出版社联系编写"酒店管理本科系列教材"。

1.3 启动实践教学，突出本专业的标志性成果

截至2014年9月，我们在8年的专业发展中新近建设的实习基地全部都是广东省具有代表性的酒店企业，如四季酒店、花园酒店、富力丽兹卡尔顿酒店、香格里拉的酒店、广州W酒店、富力君悦大酒店、广交会威斯丁酒店、长隆酒店、广州新天希尔顿酒店、南丰朗豪酒店等。2010年2~8月我们集中安排酒店管理专业第一届学生（2007级）进行为期一个学期的专业实习，这是我校专业实习时间最长、集中安排学生人数最多的专业。至今已有5届学生参加了这种有特色的专业实习。这不仅锻炼了学生，也对我们的酒店管理专业应该如何有选择地建立固定的实习基地、确保培养质量等积累了很好的经验。

1.4 成立研究中心

2008年9月，依托酒店管理专业正式成立"广东酒店发展战略研究中心"（以下简称"研究中心"）。研究中心严格执行学校的相关管理制度，酒店管理专业教师都是研究中心的成员，中心起到教学相长的作用，也是产学研一体化的平台，推动了酒店管理专业建设各项工作的开展。借助研究中心这一平台，酒店管理专业开展了"酒店管理专业产学研一体化研究"课题和"校外示范教学基地建设研究——以广州长隆酒店为例"等，得到学界和业界的充分肯定。

2 特色专业与专业特色的认识

2.1 特色专业的建设应以学生利益最大化为基本宗旨

一般来说，我们在考察某个专业是否具备特色专业特点时，主要参考依据是这个专业的办学定位、学科专业发展背景、学科理论建构的成熟程度、社会发展需要，但却很少考虑作为培养对象的学生的需求，甚至根本不考虑学生的问题。而这恰恰是问题所在。因为无论何种特色专业建设，最后都要依赖于受众，即广大学生来学习和接受，没有学生的配合与协助是无法完成特色专业的接受任务的。因此要做到以下两点：

一是在特色专业建设中必须建立对已毕业学生的跟踪调查、反馈机制。因为只有这些已走向工作岗位的学生才能真正了解和体会所学专业在社会上是否能够获得良好评价，以及自己在学校学习四年来所具有的专业知识和技能是否真正能够满足实际工作的需要。

二是建立对在校学生的周期性调查机制。学生在大学的学习需要经过 8 个学期，每个学期的课程设置和教学目标都有所区别，学生在学习中所面临的问题也不尽相同。因此，应针对不同学习阶段设定不同的调查内容，获取不同的调查诉求和目标。

以酒店管理专业为例，针对专业实习的时间跨度和专业实习设置在哪个学期进行，我们就开展了有针对性的调查，并着手回答学生对教学计划的疑问。针对实习和就业同步的问题，我们修改了教学计划，把专业实习由第六学期改为第七学期，使学生在充分了解教学计划的前提下进行学习，达到教学目的。

2.2 特色专业建设必须基础和特色并重

作为特色专业必有其特色之处，这一点自不必言，问题在于如何在体现特色的同时兼顾本科教育的基础特征，绝不能因为要"特色"而忽视"基础"，否则就是舍本逐末。

以酒店管理专业为例，是管理学一级学科中的一个专业，课程设置由三个方面构成：

一是学科基础课程，包括：管理学、财务管理、会计学、统计学、金融学、微观经济学、宏观经济学、经济法学、微积分、线性代数、概率论与数理统计(3.0)。

二是专业基础课程，包括现代服务业概论、旅游学概论、酒店管理概论、餐饮管理、酒店前台与客房管理、服务管理、酒店英语、酒店经营战略、酒店人力资源管理、酒店市场营销、旅游心理学。

三是专业课程，包括社交礼仪、酒店物业管理、食品营养与卫生控制、酒店康乐管理、沟通技巧酒店规划与设计、会议与宴会管理（双语）、旅行社经营管理、会展概论、旅游日语。

因为特色专业的课程设置关系着一个大学生四年的专业素养的建构，如果仅仅强调了"特色"而不重视"基础"，学生的可持续性发展就会受到影响，继续深造也会面临一系列问题。

3 特色专业建设的几点思考

作为新办专业，酒店管理专业建设特色专业的目标是：首先，应与广东财经大学省属重点院校的形象和声誉相吻合；其次，本专业的发展密切联系广东建设"全国旅游综合改革示范区"的方针要求；最后，追求在教学和科研的某些领域达到国内知名。

总之，立足现有学科和专业，通过教学改革、师资队伍建设、课程建设、教材建设和教学条件建设等，突出酒店管理专业的特色，最终将酒店管理专业建设成广东省特色专业，在招生规模、综合实力和办学特色方面走在广东省高校和国内同类院校前列。

3.1 人才培养方案突出职业化教育理念

高校职业化教育是在高等教育步入大众化阶段之后，大学生就业难等现实问题使高等教育面临严峻挑战的背景下提出的。旨在着力解决我国普通高等院校普遍存在的追求创办研究型大学，忽视高等教育职业化属性，一味强调通识性学术人才培养等问题，尽管上述问题并不是广东财经大学存在的突出问题，但是，明确提出并积极强化依然具有重要意义。

因此，我们把酒店管理专业的人才培养目标确定为：以酒店业人才成长的基本规律为指导思想，以德、智、体、美全面发展为基本要求，培养具有扎实的酒店管理、经济、法律等方面的理论基础，同时具有较强的外语沟通能力、现代信息技术的管理能力和酒店经营管理的技能，富有时代特征和创新精神，综合素质高，能从事酒店管理和相关服务企业管理，具有酒店及相关行业高级职业经理人资质的专业管理人才。

根据本专业人才培养的目标与要求，人才培养主要采用以下方法：按需培养，广阔性与针对性有机统一；"3+1"模式，三年国内（校内）学习，一年国外学习或酒店业实习；在稳定的模式中与时俱进。不断修正人才培养计划，满足阶段需求，并具有一定的超前性；夯实基础模式；行业资质模式，组织学生参酒店英语证书和酒店准职业经理人证书的考试。

3.2 依靠教学内容和方法改革培育专业特色

根据教育部"关于全面提高高等教育质量的若干意见"的精神，秉承"以学生为中心，注重能力培养"的教育教学理念，必须重视以课程建设为核心载体，加大应用型、复合型、技能型人才培养力度，扎实推进课程体系改革和建设。

如酒店管理专业的专业限选课程的设置是经过深入的调研，吸取国外同专业知名高校（美国康奈尔大学酒店与旅游学院、香港理工大学酒店与旅游学院）的特色，设置了沟通技巧、社交礼仪、酒店规划与设计等课程，强化特色，注重创新。在专业课程的设置方面，突出专业特色和行业要求，强调外语能力培养，为此设置了酒店英语1，2，3阶梯课程和酒店日语课程。同时，根据专业特色大力建设双语课程，已建和在建的双语课程有"酒店会议与宴会管理"和"酒店前台与客房管理"。

通过教学内容和方法改革解决两大困境："通才"教育与"专才"教育的关系；知识为本还是能力为本。

3.3 以协同创新为纽带，探索专业与行业协同

鼓励高校聘任（聘用）具有实践经验的专业技术人员担任专兼职教师，如酒店管理专业就聘任了广州地区高星级酒店（富力君悦酒店、长隆酒店）的专业人员为本专业的兼职教师，来校为学生进行专业讲座。同时支持教师获得校外工作或研究经历。

探索与有关行业企业联合培养人才的模式。为了充分发挥企业和学校在资源和人才方面的优势，共同培养具有较高职业素质和符合市场需求的酒店行业专业人才，促进酒店专业人才的教育和发展，酒店管理专业目前正在与洲际酒店集团洽谈合作成立"洲际英才学院"。学校和集团将共同对学院的学生进行培训和教育，并对学生毕业就业进行继续跟踪。

同时，为了更好地推进我校酒店管理专业的特色建设，力争成为全国同类院校中的优秀酒店管理专业，酒店管理专业正在尝试与四季酒店集团合作开展实践教学项目。经过半年多的调研和准备，本学期计划在2011级酒店管理1班和2班开展与四季酒店为期3个月的实践教学合作项目，这是教学改革的第一步。此次实践教学活动由地理与旅游学院直接负责，酒店管理专业和四季酒店具体实施，具体分为5个模块，其中3个模块在酒店开展，2个模块在学校进行。

How to Create Specialty Characteristics in Hospitality Management Specialty with the Discussion of "3 + 1" Model

Hu Lin

Abstract: Based on the discussion of the content, background, value and objectives of training pattern of hospitality management specialty, the author introduces the history of "3 + 1" training pattern for hospitality specialty in Guangdong University of Finance & Economics and tentatively puts forward the problems and corresponding countermeasures during the implementation process of "3 + 1" training pattern for hospitality specialty

Key words: characteristics of specialty, hospitality management specialty, "3 + 1" training pattern

"校景合一"促进旅游管理专业校园实践教学基地建设

秦 学

摘 要：笔者在介绍"校景合一"的含义、现实表现、必要性与可行性的基础上，提出了校园可作为旅游管理专业的校内实习基地的观点，并对广东财经大学"校景合一"提出建议。

关键词：校景合一、旅游管理校内实习基地、广东财经大学

改革开放以来，随着我国旅游业的高速发展，旅游高等教育和人才培养的规模也达到了空前的水平。据不完全统计，目前我国兴办有旅游管理专业的高校超过1 000所，旅游管理专业教育的模式和特色呈现出"百花齐放、百家争鸣"的局面。许多高校的旅游管理教育改革积累了丰富的经验，其中，创建校园（校内）实践教学基地是一些高校旅游管理专业建设的重要内容，这项举措不仅促进了专业建设和人才培养，也很好地挖掘了校园历史文化，优化了校园环境，提升了学校形象和知名度，可谓"一举多得"。

近五年来，在旅游管理专业建设与教学改革方面，国内高校对这方面的总结性的文章仅发表在中国学术期刊网上的就有1 500多篇。学者们主要从专业建设和人才培养的定位、课程和教学计划设置、教材与教法、课堂教学与改革、实践教学、教学基地、师资队伍建设等方面进行了有益的、开创性的探索。也有学者从"校园旅游"角度探讨了如何开发校园旅游以服务于（旅游）产业发展、学校（校园文化）建设、社会（成员）交流[1-5]，其中涉及校园旅游的开发所形成的校园文化环境对大学生"养成"教育的功能，但鲜有从校园旅游与旅游管理专业建设结合——校内实践教学基地创建方面进行探讨。

本文拟结合笔者的教学与研究实践，探讨"校景合一"促进旅游管理专业校园实践教学基地建设的相关问题，期望为旅游管理专业实践教学提供一种新的思路。

1 "校景合一"的含义

所谓"校景合一"，是指在学校的校园建设中融入"旅游"的元素，最终把学校建设成为"景区式校园"，校园与景区高度融合，校园即景区；或者把学校的校园按照旅游景区的目标和标准进行规划、建设和管理，最终形成"景区式

校园"。"校景合一"模式中，校园是"体"、景区是"用"，核心功能和价值是"教书育人"，附加功能和价值是"旅游观光"，两种功能的实现方式有差别，但都具有"育人"的功能。虽然目前学界还没有提出"校景合一"的确切概念，但现实中具有"校景合一"模式的校园早就存在，并且为人熟知，通常是以"校园旅游"方式出现，尤以国内外著名的大学校园为多。

2 "校景合一"的现实表现——高校旅游

高校旅游是指以高等院校（主要是著名高等院校）作为旅游目的地的一种新兴的旅游活动。它是现代蔚然成风的城市旅游及文化旅游的重要组成部分。英国的牛津和剑桥作为世界著名的大学城，早已是闻名四海的旅游热点地区。瑞典的隆德城也因隆德大学而久负盛名。另外，如哈佛大学、麻省理工学院、斯坦福大学、西点军校等，无一不以其独特的魅力、超然的吸引力、无数历史俊杰的摇篮和众多的名流轶事，在世界范围内产生广泛的影响力，再加上校园古朴、典雅的建筑及独特的校园文化氛围等因素，令众多游客留恋、驻足，从而也使高校校园成为其所在城市旅游发展中重要且必不可少的吸引物。

在我国，长期以来城市中高校更多是被看做人才培养的基地、科研教育的中心、精神文化的象征、思想理论的源泉。在与社会的交往中均具有较大的封闭性和功能的单纯性，高校本身与旅游一直未发生任何关联。但近年随着国内旅游业的蓬勃发展和众多家长对孩子教育、素质培养等方面重视程度的增加，高校，特别是那些具有悠久历史、美丽校园和重大影响力的著名高等院校日益成为人们心目中向往的旅游景点（区）。如清华大学、北京大学校园已经成为首都旅游中新的亮点，黄金周及寒暑假，北大、清华校园里挤满了望子成龙的父母及其子女，这也使高校校园旅游成为现今城市旅游和文化旅游中最具活力的一种新型旅游项目。此外，像面海临山的厦门大学、春天樱花盛开的武汉大学、岭南名校中山大学等都成为所在城市最为靓丽的风景。可以说，高校旅游作为一种新兴的旅游类型和高校"营销"方式，已成为一种客观事实而存在。

高校旅游是一种典型的"校景合一"运营模式，其有益之处已被人们广泛认可。从高校旅游自身的资源特点和条件来看，其内容包括观光游览、文化旅游、会议旅游、修学旅游、体育旅游及科技旅游等。

3 "校景合一"——旅游管理专业实践基地建设的必要性和可行性

古人云："近朱者赤，近墨者黑。"有位哲人也曾说过："对学生真正有价值的东西，是他周围的环境"。学校的校容校貌，表现出一个学校整体精神的价值取向，是具有强大引导功能的教育资源。高校校园文化是学校发展的灵魂，是凝聚人心、展示学校形象、提高学校文明程度的重要体现。校园文化对学生的人生观、价值观产生着潜移默化的深远影响，而这种影响往往是任何课程所无法比拟的。高校校园文化是一所高校综合实力和办学质量的反映，校园文化的核心主要表现在文化的凝聚力和创造力。优秀的校园文化能赋予师生独立的人格、独立的精神，激励师生不断反思、不断超越。健康、向上、丰富的校园文化对学生的品性形成具有渗透性、持久性和选择性，对于提高学生的人文道德素养，拓宽同学们的视野，培养社会主义事业的建设者和接班人具有深远意义。

大学校园文化不仅在人才培养中具有极其重要的地位，而且在人类文化传承和促进社会发展方面起着不可替代的作用。特别是近代世界旅游业大发展以来，不仅仅是国内外历史悠久的著名高等学府，就连环境优美、特色鲜明的一般高校，都成为越来越多的旅游者青睐的旅游吸引物（地），比如国外的哈佛大学、耶鲁大学、斯坦福大学、加州大学伯克利分校、牛津大学、剑桥大学、洪堡大学等，国内的清华大学、北京大学、武汉大学、中山大学等。以高校及其校园文化为依托的修学旅游已经成为当今一种重要的旅游方式。

从学校教育看，高校旅游的内容和形式是旅游管理专业教育的重要内容，是旅游管理专业人才培养的极好平台。它把培育人才的高校校园的各类景观、文化、教育、科技和事件资源，按照旅游活动的方式经过加工、设计，形成旅游吸引物，吸引各方游客。如果具备校园旅游条件的高校兴办有旅游管理专业、学科，那"高校旅游"无疑会成为该学科专业教育和人才培养的天然、独特、活生生的教材。而且现实中，确有不少条件非常好的高校其校园旅游开发得相当好，例如上文提到的几所国内外知名高校，其校园本身就是"校景合一"的特殊环境空间，"校景合一"成为该校旅游管理专业、学科的首选实践教学。

但是，对于占大部分比例的不具备开发"高校旅游"或者难以产生知名度和规模效益的众多非名校，就存在能否以"校景合一"作为其旅游管理专业校园实践教学基地的问题。实践证明，一些非名校，包括办学历史不长、文化底蕴不厚，但校园环境优美、设施现代化的民办高校，都在积极挖掘校园资源以服务于（相关）专业教育和人才培养的有效途径，并且取得了宝贵的经验。我国的旅游景区包括两类：一类是符合国家或行业标准的规范性的"景区"，在我国业内称之为"等级景区"，即指从A级到5A级的景区；另一类则是具有旅游景区的属性和功能、正在运营但暂时不具备"A级景区"条件或尚未被官方或行业认定等级的旅游景区。因此，"校景合一"的"景"就有两类含义："校（A级到5A级）景合一"和"校（无A级）景合一"。我国越来越多的高校跻身国家A级景区行列，成为旅游景区大家庭中的"后起之秀"，越来越受到旅游者的青睐。例如，2006年中国地质大学成为我国首家4A级校园景区，2012年国内首个5A级景区落户广西师范大学，2012年西北农林科技大学博览园获得国家4A

级景区资质，2012 年山东旅游职业学院获得 3A 级景区资质，2013 年四川旅游学院获得国家 3A 级景区资质，2014 年浙江旅游职业学院成为国家 3A 级景区，2014 年黑龙江农业经济职业学院成功获批为国家 3A 级景区。从这些景区型高校的分布看，历史悠久、个性特色鲜明的高校居多，纯粹旅游类高校"得旅游之近水楼台"走得更快。

4 "校景合一"建设旅游管理专业校园实践教学基地的目标和思路

"校景合一"规划建设，就是以旅游景区为标准，以校园文化建设和人才培养为目标，以旅游、修学、文化为特色，展现校园景观和文化特色，弘扬大学校园文化及核心价值观，建设集专业教学、体验修学、感受校园文化、市民休闲、高校校园游览等功能于一体的、对（旅游管理）专业教育起支撑作用、对市场具有一定吸引力的、独具特色的宜学、宜游校园旅游景区、景区式校园。让学生可以在多元化、真实场景的教学实训基地进行实训、体验、学习，游客游览校园风光、感受校园文化等，把教育教学、文化传承、旅游观光、生态建设等高校应有的价值功能充分体现出来，更好地服务于社会、造福于人类。

根据笔者在相关高校的"景区建设与申报"工作实践中的经历，拟从两个方面探讨"校景合一"建设旅游管理专业校园实践教学基地的内容和方法。

4.1 "校景合一"规划建设的内容和思路

4.1.1 规划设计

结合相关学校的具体情况，按照景区的标准（包括 A 到 5A 级景区）规划校园，设计"校景合一"的总体建设方案、"校景"标识和导示系统及其工艺材料与制作。

4.1.2 施工建设

（1）重要校园设施、景观的建设、装饰和展示，包括校门、图书馆、博物馆、展览馆（校史馆）、体育馆（艺术馆）、实验室、教学大楼、学术交流中心（招待所或酒店）、校史名人故居或古建筑、广场、河流、山体等。

（2）"校景合一"旅游标识和导示系统工程建设，包括大型户外立牌、户外索引牌、路牌、指示灯箱、LED、校园整体导示牌等导示系统的空间布局、各导示项目（设施设备）形体设计、材质选择、制作工艺的详细说明，以上各项设施设备的制作和安装。

（3）"校景合一"项目景观绿化、道路、建筑（含小品建筑、环境艺术设施）等的设计、建筑安装、装修装饰等工程。

4.1.3 "校景"运营管理

学校自行承担或寻找有景区经营管理经验的品牌企业，合作开展"校景"的经营管理。具体的经营运作内容和方式包括：

（1）以本校旅游管理专业系部为核心，相关部门合作成立专门的"校景旅游发展部"，专事校园（景区）的教育教学（专业实训）、旅游观光（青少年修学旅游、市民观光旅游）、文化交流（各项重大的校内外教育教学及文化交流活动）。以整个"校景"为旅游景区；根据条件，以旅游院系或专业的师生力量组建校园旅行社（模拟或实体）；以"校景合一"中以学术交流中心（或招待所或酒店）开办酒店接待服务。校园（景区）实行半公共性的开放，部分场馆设施免费开放，部分实行收费。

（2）设立"学校旅游发展基金"，多方筹集资金（包括校园景区开放收费），专门发展校园（景区）的旅游，专款专用。

（3）面向不同的游客群体，开发系列化、专门化的旅游产品类型，如本校非旅游专业学生的文化休闲旅游、所在区域中小学生的修学旅游、本市市民的观光休闲旅游、国内兄弟院校的（教育教学）考察观摩旅游、其他群体的文化体验旅游等。面向游客的不同需求，除了学校正常的教育教学活动外，组织开展系列化的校园文体（旅游）活动，设计成为事件旅游产品系列。

4.2 旅游管理专业校园实践教学基地建设——基于"校景合一"

4.2.1 课程教学实践

充分利用"校景合一"的条件，将旅游管理专业的相关专业课置于"校景合一"的环境空间中，如以整个校园景区为载体，开展旅游景区管理、旅游地理学、旅游资源开发规划、旅游策划与规划、旅游心理学、旅游市场营销、旅游景观设计、旅游文化学、导游业务等课程的认知、理解、应用的教学。可以开展校园（室外）现场观察（考察）、观摩、设计等。

以校园旅行社、学术交流中心（或招待所或酒店）、饭堂等为依托，开展旅行社管理、酒店经营管理、前厅和客房管理、导游概论（或导游业务）、餐饮管理等课程的认知、理解、应用的教学。可以开展校园（室外）现场观察（考察）、观摩、实训等。

4.2.2 专业或行业实习

以"校景合一"为专业或行业实习对象，对旅游景区、旅游企业、旅游市场、旅游线路、旅游服务、旅游消费行为等方面的内容进行全面的认知和实习，做到足不出户（校）就能够全面接触、了解、研究旅游专业或旅游行业。

5 广东财经大学旅游管理专业校园（内）实践教学基地建设思考

广东财经大学是广东省最早开办旅游管理专业的高校，目前拥有旅游管理本科专业及相关的酒店管理、会展经济与管理两个本科专业，是省内少数几所拥有全部旅游管理类本科专业的高校，在近三十年的办学历程中积累了丰富的教学经验。由于本专业的办学历史和知名度及学校的地理位置因素，该专业的校外实践教学基地建设成绩斐然，但校园（内）实践教学基地建设相对薄弱，无论从理论上还是现实方面看，都需要引起重视。学校拥有广州校区和三水校区（佛山市三水区云东海旅游经济区）两个校区。三水校区自然环境优美，具备"校景合一"建设的可行性；广州校区毗邻广州国际（琶洲）会展中心，具有开办旅游管理、酒店管理、会展经济与管理的优越条件。但由于学校历史短、校园建设方面的投入不足，离"校（等级）景合一"的建设标准还有一定的距离，但不是没有可能性。根据学校的地理位置、办学定位和特色，笔者认为，可以按照"校景合一"的思路把广东财经大学建设成为国内唯一"外向型、开放式的会展旅游景区校园"。旅游管理专业完全可以依托"校景合一"，建设一个特色鲜明的开放型校园教学基地，成为国内唯一培养顶尖的会展商贸型旅游管理高层次人才基地。笔者将另文探讨。

"Campus and Landscape in One" Improving the Construction of Campus Practice Teaching Base

Qin Xue

Abstract: Based on the introduction of the meaning, practice, necessity and feasibility of Campus and Landscape in One, the author put forward that university campus could be designed as campus practice teaching base, giving some suggestions for the Campus and Landscape in One program in Guangdong University of Finance and Economics.

Key words: campus and landscape in one, campus practice teaching base for tourism management specialty, Guangdong University of Finance and Economics

基于以赛促学对"会展策划"课程实训教学改革的探讨

于 丹

摘 要：以往会展教育出现了高校毕业生的能力素质与用人单位的实际需求存在一定差距的问题。究其原因，是由实训教学保障条件不到位、学生学习积极性难以激发所导致。要提高实践教学效果和教学质量，在会展策划课程中开展"以赛促学"的实训教学模式是种有益的尝试，而且目前已经具备了实施"以赛促学"实训教学改革的条件，由此应在指导思想、教学设计、教学资源保障等方面推行落实"以赛促学"的理念。

关键词：会展策划课程、实训教学、以赛促学

进入21世纪，我国会展业蓬勃发展，带来了对会展人才的巨大需求。同时，国家教育部也顺应社会需要陆续批准多所高校开设会展专业，为会展业的发展培养和输送人才。高校历来以课程作为专业人才培养的基础单元，而会展策划即是会展专业的核心必修课程，其目的在于培养学生具备会展项目策划方面的专业技能。然而，当一批批会展专业高校毕业生进入社会，受到会展行业对高校培养的策划人才的检验时，现有以在校学习为主体的课程教学模式逐渐暴露出问题，无法适应会展业对于人才素质的现实需求。在这一背景下，本文根据高校人才培养已有条件，对会展策划课程的实训教学模式进行创新性探索，提出"以赛促学"的教学模式改革建议。

1 问题的提出

会展教育是以培养面向会展运营第一线的实用型、技能型人才为目的。然而，以广东财经大学为例，作为广东省最早开设会展专业的高校，广东财经大学会展经济与管理专业已有几届毕业生走上工作岗位，接受会展行业的实践检验。据用人单位反馈，高校毕业生的能力素质与用人单位的实际需求之间还存在着一定的差距。会展策划工作需要具有扎实的知识功底、丰富的策划经验的人员担纲，这不是目前刚刚走出校门的高校毕业生所能胜任的。

会展行业的工作特点就是实践性较强，所以其要求会展教育的重点也应强调实践性。而作为应用型本科院校，广东财经大学更是应将加大各类实践环节的设置力度视为己任，不断提高实践教学质量。目前，作为专业核心必修课程的会展策划，已经在教学思路的设置方面加强学生会展项目策划能力的训练和体验，但

在经历了现实工作的检验后,学生走上工作岗位的实际感受与其在学校所学所感还存在较大差距,学生无法直接担纲会展项目策划工作。供需矛盾的凸显,促使会展专业教师必须认真思考"如何对会展策划课程进行教学改革,从而不断提高会展专业学生的行业适应性"这一问题。

2 《会展策划》实训教学效果不理想的原因

2.1 实训教学保障条件迟迟不到位

会展策划的实训教学环节需要具备一定的硬件和软件条件才能很好地开展。如展览展示及策划设计的训练需要配备有装饰材料、非固定桌椅、地插式电源、多媒体的实验室,并且该实验室不仅要上述功能齐全,还要规模恰当、布局可多变,即可以供两个专业班级(80～120人)的学生使用,经过简单布置,同时还可作项目工作展示区、小型活动举办地等变换使用才能满足需要。而软件则需要能够模拟会展策划具体工作流程的应用程序,通过实践训练,帮助学生快速地掌握展览会的立项策划、文档制作、招展招商、场地规划、摊位划分安排、现场运营管理、展后评估统计等诸多业务流程的操作理论和实践技能[2]。上述软、硬件的配备需要高校投入一笔非常可观的经费,并集合多方人力,才能实现。遗憾的是,虽然广东财经大学会展教研室经过多年的努力,已与会展软件开发公司达成合作意向,但经费预算却迟迟未能落实。因此,目前并没有可供会展策划实训教学使用的实验室。由于学生无法通过实际操作来对课堂学习的理论知识进行融会贯通,所以教学效果不够理想。

2.2 学生学习积极性难以激发

由于没有实验室,目前会展策划课程的实训环节只能在课堂内完成,由此造成一系列不良后果。首先,无论是理论学习还是实践训练,都是在同一间教室内进行,学生没有变换学习环境的新鲜感,也就难以提起学习的兴趣;其次,实验材料的欠缺使得学生自己动手操作无法实现,所谓的实践训练也就失去了令学生身临其境的吸引力;最后,由于教室条件的限制,教师布置的实训任务不得不简化,学生在完成实训任务时很容易草草了事,难以产生参与感。因此,学生对课堂学习的主动性日渐匮乏,难以体会课堂知识学习的乐趣。学生是教学的重要参与者,如果一门课程的教学设计不能满足大学生的身心特点和需要,就无法引起学生的学习兴趣和心理共鸣。所以要改革会展策划实训教学模式,从"要我学"向"我要学"转变,促使学生更为积极、自主地进行学习与实训。

3 实施"以赛促学"实训教学改革的可行性

要想提高实践教学效果和教学质量,"以赛促学"的实训教学模式可能是一种有益的尝试。因为"以赛促学"的教学模式可以很好地利用比赛的竞技平台,训练学生各种实践技能,不但能激发学生的竞赛热情,调动学生学习的积极性,还便于操作和推广[2]。考虑到会展策划课程的性质特点及现有的竞赛平台,目前已经具备了实施"以赛促学"实训教学改革的条件,具体操作细则可在实践中不断地摸索和探讨。

3.1 已有实训教学环节具备与"以赛促学"衔接的基础

为了达到会展策划课程旨在培养学生实际具备策划展会项目能力的目的,该课程的实践教学应该包括三个渐进的阶段,即策划思维训练阶段、会展行业调研阶段和策划全真模拟阶段[2],才能完成学生对知识学习的深化、应用和检验。目前会展策划课程的实训教学环节已经在推行前两个阶段,其中,策划思维训练阶段,选取会展策划中重要的环节,如展会主题策划、展会题材策划等作为训练内容,因为该实训环节对软硬件设施要求不高,可在多媒体课室内完成;会展行业调研阶段,引导学生开展利用互联网进行二手资料搜集整理的调研活动,并鼓励学生利用节假日亲临周边地区举办的展会进行现场考察,这个实训环节主要靠学生在课外完成,所以也没有占用学校实验室资源。以上两个阶段的实训教学都因不太占用软硬件设施等实验室资源而得以推行实施,欠缺的恰恰是策划全真模拟阶段。

经过前两个阶段,学生基本可以完成创意策划方案,而该策划方案需要经过实践的检验才能令学生真正体会、了解自己策划方案的亮点和不足,但目前的现实条件无法令学生的策划方案真正付诸实施,而参赛可以使策划方案得到一定程度的实践检验。因为只要竞赛主办方在评比规则上注重听取具有丰富策划经验的业界精英人士的专业意见,就相当于得到一定程度上的市场检验。

3.2 当前教学计划的课程安排能为学生参赛提供知识保障

按照广东财经大学会展经济与管理专业的教学计划,会展策划课程作为会展专业的核心必修专业课程,在四年制的学业中一般在大二上学期开设。在此之前,已有先学课程,如会展概论、现代服务业概论、经济学基础、管理学等。通过学习,学生已经了解什么是会展等会展基础知识,以及会展经营管理的流程等知识。而会展策划课程教学的重点就是让学生学会什么是策划,如何开展会展项目的整体规划。与此同时,学生在大二期间还要学习会展营销、会展服务与现场管理等核心必修专业课程,通过对以上课程的教学,学生可以完成会展立项策划、主题策划、招展招商策划、会展宣传与推广策划、实施过程计划、会展评估等知识的学习,这些足以涵盖学生参加大学生会展策划大赛所需的专业知识,保障学生顺利参赛。

3.3 国内已经出现在业界有较大影响力的会展策划大赛

目前,全国性规模较大的会展专业比赛主要有两场,一是中国商业联合会、中国会展经济研究会和教育部高等学校高职高专旅游管理类专业教学指导委员会联合举办的"全国商科院校技能大赛会展专业竞赛",自2009年开始,至今已举办了6届;二是由中国会展杂志社、中国国际会展文化节申办城市的人民政府、国际会展产业促进会联合主办,中国会展经济研究会、中国国际贸易学会会议与展览专业委员会共同支持的"中国会展院校大学生专业技能大赛",自2009年开始,至今也已举办了6届。上述两场大学生会展策划大赛都得到了会展教育高校和会展业界人士的一致认可,每届都能吸引数十所高校会展专业学生参赛,经过激烈的角逐竞技,最终优秀参赛作品往往受到会展企业的垂青,伸出合作的橄榄枝。

3.4 往届学生参赛和获奖经历有助于激发学生学习参赛热情

2009—2011年,学校曾组织会展专业学生参加"全国商科院校技能大赛会展专业竞赛"和"中国会展院校大学生专业技能大赛",均取得了较好的成绩,见表1。这充分说明了本校培养的学生完全有能力与来自全国其他高校的会展专业学生一决高下。不过可惜的是,当时本校没有认识到"以赛促学"的重要性,仅仅是单纯组织学生参加比赛,并没有将比赛与教学相融合。后来,随着学校办学思路的调整,使得本想组织学生连年参赛的机制断裂,导致近几年不再组织学生参赛。如果能够实施"以赛促学"的教学改革,重新组织学生参赛,相信以往届学生参赛和获奖的经历,必能激发学生参赛热情,提高学习的积极性,变"要我学"为"我要学",有望能够提高实践教学的效果和质量。

表1　广东财经大学会展专业学生参赛获奖情况一览表

赛事名称	奖项级别	获奖学生	时间
首届全国相关高校大学生会展策划技能大赛*	一等奖	2007级方思扬等	2009年12月
第三届中国会展院校大学生技能大赛	二等奖	2008级潘晓丽等	2011年8月
第三届全国商科院校技能大赛会展专业竞赛	三等奖	2009级苗扬等	2011年11月
第三届全国商科院校技能大赛会展专业竞赛	一等奖	2011级梁淑怡等	2011年11月

注：*该项比赛后改名为"全国商科院校技能大赛会展专业竞赛"。

4 "以赛促学"实训教学改革措施的设计

4.1 树立"以赛促学"的教学指导思想

为提高"会展策划"课程的实训教学效果，确保课程教学目标的实现，应该确立"以赛促学"的教学指导思想，具体可以阐释为"学为基础、训为提高、赛为导向、用为目标"四个方面[4]。所谓"学为基础"，就是要确保理论知识教学的根本地位，以教导学生熟悉会展策划基本流程、理解会展策划知识体系为根本。不能因为要参加会展策划大赛，就以参赛训练为主，只注重竞赛技能的强化训练，而忽略了专业知识的教学，毕竟会展专业的培养目标不是把学生训练成"竞赛机器"。同时，专业知识的学习也是确保学生能够顺利参赛、拥有足够的知识储备，因为会展策划大赛本身也是对学生各方面知识和技能的考核、比拼和检验。"训为提高"是对"学为基础"的进一步深化，通过学习和实训，培养学生形成团队合作、组织管理的职业素养，并通过对会展策划基本操作技能和方法的切身体会，提高学生对所学知识的感性认知，真正掌握会展策划技能。"赛为导向"即以竞赛内容为驱动，将竞赛任务引入到学生实训的教学设计中，引导学生逐渐由易到难、循序渐进地完成竞赛轮次，取得最后的荣誉，这样能够激发学生学习和实训的积极性与主动性，使学生学得更有目的、练得更有方向。"用为目标"是指无论怎样"以赛促学"，都是为了使学生能将在会展策划课程中所学到的知识、所锻炼出的能力在未来工作中得以应用，真正实现专业培养目标。因为培养出符合会展行业需求的人才是高校教育的根本，失去这一目标的引导，所有的教学和实训都会无的放矢。

4.2 教学设计应加强竞技性

落实"以赛促学",需要在教学设计中考虑加强竞技性。首先,将会展策划大赛与课程教学相结合,将实训内容作为一个完整的竞技性工作任务布置,在本班范围内开展竞赛,并与推荐参加全国会展策划大赛相结合,定级为选拔赛,令学生提前领略现实社会的"优胜劣汰"。其次,教学引导可采用学生分组式对抗,鼓励组员内部的团队成员的分工合作,并营造团队间的竞争氛围,令学生提前体会会展行业现实工作的性质特点。最后,将竞赛结果作为课程考核的平时成绩,而考核的评定标准是会展策划项目的创新性与可行性。这样学生的学习过程与考核过程相重叠,就可以充分调动学生的积极性,防止部分学生产生不认真的学习态度。

4.3 切实保障有关教学资源的供给

要使"以赛促学"的实训教学改革真正得以实现,还需要学校方面对资源的支持和保障。首先,院系在学院级竞赛的组织方面能够提供相应的人力、财力和物力资源,扩大学生的参与范围,提高学生参与竞赛的积极性。其次,院校还应鼓励并大力支持学生代表本校参加国家会展策划大赛,并安排指导教师带队。这不仅可借由学生参赛获奖向社会宣传学校、扩大影响力和知名度,还可促进本校教师与其他院校之间交流、切磋;既是对自己教学水平和教学效果的检验,又是提升教学水平的机会。再次,邀请往届获奖的参赛学生回校举办经验交流会,向在校学生宣扬参赛既是竞争的过程也是相互学习的过程,既可以检验所学知识技能,又可拓展视野,进一步提升专业能力素养;参赛还有与会展行业企业精英接触和合作的机会,从而激发学生参赛和学习的热情。最后,在学生大四毕业找工作时,学校向用人单位优先推荐获得过奖项的学生,由此激发学生学习与实训的积极性。

参考文献

[1] 苑振柱."以赛促学、以赛代训"课程教学模式研究[J].哈尔滨职业技术学院学报,2012(4):87-88.

[2] 彭慧翔.高职会展策划课程实训环节设计[J].科教文汇,2013(246):116-117.

[3] 闵祥晓.高校会展专业课程实践教学方法探讨——以中山学院会展策划课程为例[J].黑龙江教育学院学报,2012(9):65-68.

[4] 史晋娜.四位一体理念下"会展策划"课程教学设计——以四川旅游学院"会展策划"课程为例[J].四川旅游学院学报,2014(4):81-84.

Study on Practice Teaching Reform on Exhibition Strategy and Plan Course Based to Improving Learning Effects by Contest

Yu Dan

Abstract: MICE education used to cause the disparity between graduate's quality and exhibition enterprises' requirement. The reason is the absence of practice teaching's guarantee and university students' enthusiasm. In order to promote the teaching quality, it will be suggested to promote learning by contest in the practice teaching of exhibition strategy and plan course. That means to implement the Promoting-learning-by-contest idea into guiding ideology, teaching design and resource guarantee, based on these conditions.

Key words: exhibition strategy and plan course practice teaching, promote learning by contest

中美旅游高等教育师资国际化水平比较研究

肖 璇

摘　要：旅游专业教师是旅游教育的主要实施者，也是旅游研究的中坚力量，其国际化水平直接影响旅游教育的国际化进程与最终结果。本文将中美旅游高等教育师资队伍的国际化水平进行比较，并运用问卷调查的方法进行实证数据收集与对比分析，探讨提高我国旅游高等教育师资国际化水平的途径。

关键词：中美、旅游高等教育、师资国际化水平、比较研究

随着世界经济一体化进程的加速，国际合作与交流日益频繁，高等教育国际化已经成为不可逆转的潮流。旅游高等教育作为其重要分支，为实现自身的可持续发展，也必须将国际化作为今后的发展重点。然而，经过十几年的发展，中国旅游高等教育的国际化水平与发达国家相比仍存在较大差距。旅游专业教师是旅游教育的主要实施者，也是旅游研究的中坚力量，其国际化水平直接影响旅游教育的国际化进程与最终结果。因此，本文拟从师资的角度对中美旅游高等教育的国际化进行对比分析，运用问卷调查的方法进行实证数据收集，以探索提高我国旅游高等教育师资国际化水平的途径。

1 旅游高等教育师资国际化概述

高等教育国际化是伴随着全球经济一体化、文化一体化、生活方式一体化不断发展的必然趋势，也是全球化在高等教育领域的体现。联合国教科文组织（UNESCO）下属的大学联合会 IAU（International Association of Universities）将高等教育国际化定义为："把跨国界和跨文化的观点和氛围与大学的教学、科研和社会服务等主要功能相结合的过程，这是一个包罗万象的变化过程，既有学校内部的变化，又有学校外部的变化；既有自下而上的，又有自上而下的；还有学校自身的政策导向变化。"

便是要将国际化的理念贯彻到旅游高等教育教学、科研和社会服务活动中，培养具有国际竞争力的、高素质的旅游专业人才。中外学者就其内容提出了不同的观点，如 Baker Ayoun 提出包括学生来源、课程结构、师资队伍、科研互动、网络组织与组织支持六个方面的内容框架；杨卫武提出包括办学理念国际化、合作伙伴国际化、学术科研国际化、人才培养国际化、师资队伍国际化、课程体系国际化、学生来源国际化以及活动平台国际化八个方面的内容框架；尽管目前学

界对此还未形成普遍接受的界定，但学者们一致认为，师资队伍的国际化是旅游高等教育国际化必不可少的内容之一。[1]

旅游高等教育师资国际化，指的是建设一支具备国际知识和经验，以及国际交往能力的高素质的专业教师队伍。具体来说，应包括以下三个方面的内容：

第一，要树立国际化教学的理念，积极了解国际旅游高等教育的前沿问题，能够向学生传达世界旅游学科的前沿知识和信息，培养学生的全球观念，促使其成长为具有国际竞争力和国际就业能力的高素质专业人才。

第二，在教学方面，能借鉴国外先进的教学方式和方法，针对本国专业课程特点，采用灵活多样的教学方式，如案例讲授、实地考察学习、行业热点探讨等，增强课堂教学效果。

第三，在学术研究方面，能积极参与学术国际交流和科研国际合作，通过加入国际性专业研究组织、创办与投稿至国际旅游学术刊物、参加国际性学术会议和开展国际性课题研究和科研项目等途径，与国际学界互通有无，实现资源共享、优势互补。

第四，师资评估方面，应做到师资评价指标国际化，即通过构建一系列相应的标准来衡量、测评专业教师的国际知识与国际交往的能力。

2 中美旅游高等教育师资国际化水平对比

随着国际旅游业的发展，旅游专业人才培养的规模不断扩大，对其素质的要求也不断提高，在此背景下，旅游高等教育也逐步发展壮大。截至2012年底，中国高等旅游院校已有1 097所，在校生57.62万人，专职教师2.47万人。尽管我国旅游高等教育的师资队伍建设在国际化的进程中取得了一定成效，但相对于欧美等发达国家仍存在相当差距。

Baker Ayoun等曾对美国旅游高等院校的国际化水平做过问卷调查（2010），笔者也将问卷翻译后，发放给国内5家旅游高等院校的专业教师共350份，回收有效问卷254份，其中华北85份、华中39份、华南130份。由于条件所限，发放问卷的数量有限，地区分布也以华南地区偏多，但调查结果仍具有一定的代表性。

本次问卷调查采用5分制，即根据相符程度从1~5分打分（1分表示"几乎不"，5分表示"经常"）。本次调查结果对比如表1所示：

表1 中美旅游高等专业院校师资国际化水平调查问卷结果

序列号	指标名称	美国			中国		
		问卷数量	均值	标准差	问卷数量	均值	标准差
1	被鼓励以国际化的视野讲授课程	52	3.96	0.989	254	3.75	0.692
2	认为参与国际学术活动甚有裨益	52	3.92	0.987	254	4.40	0.621
3	参与国际学术活动对教师的评估有积极的作用	52	3.10	1.107	254	2.16	0.804
4	本学院的教师们大体上都能都较为积极主动地使自己的教学及研究国际化	52	3.06	1.290	254	2.00	0.681
5	有国际学者来本学院教学，共同进行课题研究或项目合作	52	2.98	1.393	254	1.20	0.439
6	国际知识与国际交往能力是教师招聘中需考察的项目	51	2.71	1.285	254	3.53	0.977
7	有专项资金支持开展国际化教研或拓展教师国际交流技能与知识	52	2.71	1.258	254	1.28	0.531
8	是某个国际化性质的在校学生俱乐部或协会的成员	52	2.52	1.336	254	1.26	0.596
9	策划的校园活动具有国际化性质	52	2.29	1.188	254	1.06	0.230
10	所教授的课程会邀请外籍学者或学生做报告展示	52	2.29	1.226	254	1.06	0.245
11	与当地组织或学校一同开展具有国际化性质的项目和课题研究	51	2.29	1.188	254	1.04	0.196
12	曾在其他国家做过访问学者或受教育	50	2.22	1.183	254	1.26	0.582
13	曾在其他国家进行学术研究或参加学术会议、展览	51	2.10	1.300	254	1.85	0.964
14	曾在其他国家大学任教	51	2.04	1.232	254	1.02	0.153
15	曾参与主办或组织国际化主题的研究或学术会议、展览	52	2.02	1.196	254	1.67	0.945
16	曾与其他国家学者共事	52	2.00	1.252	254	1.20	0.439

续表1

序列号	指标名称	美国			中国		
		问卷数量	均值	标准差	问卷数量	均值	标准差
17	为国外某组织提供咨询	52	1.94	1.037	254	1.09	0.420
18	通过网络电视、互联网、网络电话或其他方式，为其他国家学生进行授课	52	1.88	1.231	254	1.02	0.125
19	单纯为研究的目的造访其他国家	50	1.82	1.024	254	1.10	0.435
20	为提供专业服务或开展项目而造访其他国家	52	1.81	1.085	254	1.08	0.431
21	向国外杂志或新闻媒体投稿或发表著作	52	1.79	1.109	254	1.13	0.379
22	参与国际组织资助的项目	52	1.62	0.993	254	1.04	0.196

数据来源：笔者根据有关文献整理，2014。

由以上资料可知，中国旅游高等教育的专业教师普遍接受国际化的教育理念（条目2：Mean = 4.40，SD = 0.621），所在学校也鼓励他们以国际化的视野讲授课程（条目1：Mean = 3.75，SD = 0.692），在招聘时也有这方面的考量（条目6：Mean = 3.53，SD = 0.977）。然而，部分学校只是设立了国际化发展的目标，却只是机械地将其搬到自身的发展战略中，缺乏切实的实施规划（条目3：Mean = 2.16，SD = 0.804）、支持政策与激励措施（条目7：Mean = 1.28，SD = 0.531），从而导致师资队伍国际化水平欠缺，主要体现在以下四个方面：

第一，国际化的理念还停留在喊口号上，没有发动教师积极主动地参与（条目4：Mean = 2.00，SD = 0.681）。

第二，师资队伍的建设的国际化程度低，构成上极度缺乏外籍教师（条目5：Mean = 1.20，SD = 0.439），现有教师队伍中具有海外教育与工作背景的教师比例也很低（条目12：Mean = 1.26，SD = 0.582；条目14：Mean = 1.02，SD = 0.153；条目16：Mean = 1.20，SD = 0.439）。

第三，教学方式和方法不适应国际化发展需求。这体现在：专业教师较少参与国际化性质的项目和课题研究（项目11：Mean = 1.04，SD = 0.196），教学对象基本局限于本国学生（条目10：Mean = 1.06，SD = 0.245），几乎没有通过网络电视、互联网等方式进行远程授课（条目18：Mean = 1.02，SD = 0.125）。陈旧的教学手段极大地制约了旅游教育教学活动的开展和教学质量的提高，就更加难以适应旅游高等教育国际化发展的需求。

第四，教师参与加国际交流的机会有限（条目19：Mean = 1.10，SD = 0.435），进行科研国际合作的机会更少（条目22：Mean = 1.04，SD = 0.196），科研成果的发表也往往局限于本国（条目21：Mean = 1.13，SD = 0.379）。

3 提高旅游高等教育师资国际化水平的途径

在参考国外成功经验的基础上，本文提出提高旅游高等教育师资国际化水平的途径。

第一，确立共同愿景，统一思想，更新观念。教育国际化并不是一句时髦的口号，其最终目的是为了培养国际化高素质的旅游专业人才；而要做到这一点，首先就要求教师本身具有国际化视野、国际化知识结构、能够适应国际环境，进行国际交往。只有明确了培养目标，让教师理解国际化的重要性，才能促使他们更新观念，积极地参与到教育国际化进程中来。

第二，加强教师队伍建设。要实行"内培、外引"并举，面向全球招聘教师，优化师资队伍；同时，要建立派遣教师赴外接受培训的机制，培养现有教师的国际交往能力。

第三，加强国际学术交流与合作研究。应鼓励教师积极参与国际学术会议，迅速地了解学科理论的前沿状态，及时把握本领域的最新研究动态和走向；还应鼓励教师向国际学术杂志投稿或发表著作，以促进学术成果在国际平台上交流共享。

第四，鼓励教师积极参与课程改革。一方面，在课程设置上争取与国际接轨，开设具有国际化倾向的课程，视条件逐步增加双语课程与全英课程的比例；另一方面，在教学方式上鼓励教师采用案例教学、现场教学等方法，辅以信息技术和网络技术，增强教学效果，改善教学质量。

第五，建立合理的评估与激励机制。一方面，要鼓励专业知识扎实、国际交往能力强的教师积极参与教育国际化的进程，在政策和资金等方面给予切实的支持；另一方面，也应注重这部分教师的经验总结与分享，以便为其余教师提供指引，从而提高整个教师队伍的国际化水平。

教师是教育传播的主体。只有建立一支具有国际知识和经验以及国际交往能力的高素质旅游专业教师队伍，我国的旅游高等教育才能真正与国际接轨，从而在国际化进程中带动学术水平、科研能力和教学质量的提升。

参考文献

[1] 薛萌，我国会展专业教育存在的会展专业教育存在的问题及对策 [J]. 硅谷，2010 (10):183-188.

[2] 中国会展经济研究会会展教育工作委员会. 2013 中国会展教育发展报告 [R],2013

(12).

[3] 吴建华. 论会展理论教育与会展实践教育的关系 [J]. 旅游科学, 2008 (6):70-73.

[4] 刘大可. 中国高等会展教育发展态势分析 [J]. 北京第二外国语学院学报: 旅游版, 2006 (5):81-84.

[5] Baker Ayoun, Megan K. Johnson, Melissa Vanhyfte & Martin O'Neill: A Comparison Study of U. S. and Non-U. S. Education Internationalization Practices of Hospitality and Tourism Programs, Journal of Teaching in Travel & Tourism, 2010, 10: 4, 335-361.

[6] 王春雷, 高峰. 2009'中国旅游高等教育国际化高峰论坛会议综述 [J]. 旅游科学, 2009, 23 (3):76-78.

[7] 王晨光, 狄保荣. 旅游职业教育国际化研究综述 [J]. 山东社会科学, 2008 (4):150-152.

[8] 曲波. 论中国旅游高等教育国际化发展战略 [J]. 陕西师范大学学报: 哲学社会科学版, 2008 (37):80-82.

A Comparative Study on Sino-American Faculty's Internationalization Capability of Tourism Higher Education

Xiao Xuan

Abstract: Faculty is the implementor of tourism higher education, as well as the main force of tourism studies. The internationalization of faculty has great impact on the direction and efficiency of the overall internationalization of tourism higher education. The article will give a comparative study on Sino-American faculty's internationalization level and practice through survey and quantitative analyses, and explore the approaches to enhance the internationalization level of Chinese faculty.

Key words: Sino-American; tourism higher education; faculty's internationalization capability; comparative study

旅游管理专业卓越人才培养体系的构建

黄 燕

摘 要：教育部2014年的高考招生改革带动了高校教育和教学的改革，也为旅游管理专业的人才培养提出了更高的要求。本文在研究旅游管理专业面临的问题后，提出了旅游管理专业卓越人才培养的思路，并探讨卓越人才培养体系的建设框架，以期提升旅游管理专业人才的市场形象和教学管理水平。

关键词：旅游管理专业、卓越人才培养、体系构建

2014年9月教育部出台新的高考招生改革方案，对人才的选拔提出了新的方向，也触动了高校人才教育和教学改革的神经，特别是对如何打造拔尖创新人才提出了更高要求。旅游管理作为年轻的学科门类，在市场风云变幻的背景下，高校的人才培养体系建设尤为重要。

1 问题的提出

1.1 旅游市场的需求旺盛没有带来高校旅游专业的高就业

旅游一方面表现为旅游市场需求旺盛，国内旅游人数从2011年的26亿人次跃升为2013年的32亿人次，入境旅游市场也在7 000万人次以上，出境旅游人数更是达9 000多万人次，呈现两位数增长；但另一方面表现为市场的旺盛却没有带旺旅游高校人才的就业。教育部2014年10月公布近两年就业率较低的15个本科专业名单中就有旅游管理专业。中国旅游业统计公报的数据来看，2013年的旅游院校和在校生的数据下滑趋势（图1）。从宏观数据来看，出现了供需不平衡现象，这个变化足够引起我们的重视。

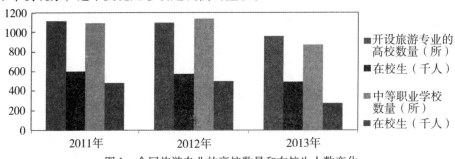

图1 全国旅游专业的高校数量和在校生人数变化

（数据来源：中国旅游业统计公报）

1.2 一些高校旅游专业的入学志愿与录取也不尽人意

以广东财经大学作为普通高校的数据来看,也有不尽人意的地方。从表1可以看出,旅游管理专业和酒店管理专业的新生第一志愿录取的比例不到50%,而且出现实际报到人数与计划招生人数的负值现象,这绝不是2014年仅有,前两年也有出现。其他高校情况不一,但是多数高校的旅游管理毕业生的转行现象却比较普遍。

表1 广东财经大学旅游类专业2014年新生入学情况一览表

专　　业	计划招生数	第一志愿录取	最后报到人数
旅游管理专业	120	36	117
酒店管理专业	120	45	116
会展经济与管理	110	55	119

数据来源:笔者,2014。

2 问题出现的原因

旅游市场的蓬勃发展与高校旅游专业的低就业走势形成了鲜明的反差。高校的旅游教育出现了什么偏差,可能表现为以下三个方面。

2.1 旅游人才培养出现供需错位

我国多数高校本科旅游专业的培养目标是为社会输送旅游管理类的高级人才,经理型的应用型、复合型人才。可现实是本科毕业生进入社会后都是基层岗位,旅游企业要求毕业生离开校门就能顶岗,以节省企业的时间成本和培训成本,与学生的管理岗位期望值错位。而旅游企业需要的高级人才如旅游企业高层管理、高级导游、旅游电子商务、旅游资本运营、人力资源管理与开发、市场营销、旅游娱乐管理、旅游规划等。由于学生的知识有限,对旅游业发展所需要的边缘知识、交叉知识也了解甚少,知识的复合程度达不到旅游企业要求,造成了学生的低不成高不就现象。再加上旅游企业的薪酬吸引力不如其他新兴服务行业,导致刚出校门的毕业生即刻转行的现象。

2.2 旅游专向人才的缺乏

旅游产业的快速发展导致了行业分工的进一步细化,如会展策划与管理、旅游投资分析、旅游人力资源管理、饭店集团拓展与管理、度假管理、多语种导游、航空与游艇服务、探险与漂流、工程保障等。尤其小语种导游（德语、韩语、意大利语、阿拉伯语等）、会展策划、西部旅游、景点开发、外联、环保技术、项目设计与推广、工程维护、电子商务等人才更是紧缺，这些专向人才中，有的是在短时间内无法快速培养的，有的是限于学校目前实力无法拓展的。此外，旅游市场发展迅速，人才需求的变化也较大，特别是专向人才也是近几年才急需，而高校的人才培养具有周期性，同时各高校学校的人才培养体系的建设同质化现象比较严重，在培养目标、教育模式上千篇一律，被传统的"拓宽基础、淡化专业"理念所影响，特色不明显，专向技能不突出。经营类、营销类、规划类的课程都有开设，但都只是蜻蜓点水、面面俱到，学生的专向技能得不到锻炼，培养出来的学生只具备"通才"基础，自然企业对他们的能力也是持怀疑态度，转而求向其他专业的毕业生[1]。

2.3 旅游院校的人才培养体系不合理

培养目标过高是很多院校在人才培养中存在的问题，尤其是本科层次。在本科教育培养方面，国家教育部1998年在重新颁布的普通高等学校本科专业目录中，对旅游管理专业的培养目标是这样描述的：培养具有旅游管理专业知识，能在各级旅游行政管理部门、旅游企事业单位，从事旅游管理工作的高级专门人才[2]。对于学校而言，教育部所制定的培养目标也超出学校的现实培养能力。一些院校总想成为培养"总经理"、"企业家"的摇篮，过高的目标在实际培养过程中无法落到实处，造成学生眼高手低、动手能力差的普遍现象。培养目标过宽也是很多院校在人才培养中存在的问题。一些院校培养目标定位不准，总想培养面面俱到的"全才"，课程设置过宽、专业方向突出、职业针对性差，导致学生的学习目标和就业意向不明确，难以学以致用。但事实上全才并不总是受企业欢迎，大多数企业需要的是能够独当一面的专业人才，而非所谓的"通才"。要按市场需求设置专业，充分考虑用人单位的标准，培养更多的专门、专向人才。研究生、本科、高职、中职的培养目标要准确定位、区分层次，必须面向社会，明确培养方向。

3 旅游管理专业的卓越人才培养的必要性

任何行业都需要拔尖和卓越的人才，而我国的大学本科教育已成为"通才"教育——相对以往"精英"教育模式，更注重就业，单纯地提高学生的岗位就业，而不是能力就业。

3.1 本科学生中至少有5%的潜在优秀人才

以本人的二十多年的教学经验看，旅游管理专业的学生当中，有5%左右的学生的学习能力、实践能力、创新能力都比较超前。他们一入校就表现出专业学习的天分，课堂积极发表自己的观点，积极思考旅游热点问题，对旅游管理专业的兴趣度高，也致力于进入旅游行业。遗憾的是学校没有专门针对这些卓越学生的培养计划，也没有为他们提供更多机会展现能力，很容易流入大众，甚至最后旅游管理专业成为其他行业发展人才的垫脚石。如果把这5%左右的学生纳入卓越人才培养计划，在学校为他们提供更多发展机会和拓展他们的视野，锻炼他们的专业技能，他们毕业后很快就会在旅游企业崭露头角、独当一面，颠覆本科毕业生低不成高不就的印象，树立良好榜样，同时能提高学生报考旅游管理专业的热情，扩大旅游管理专业的影响力，形成良性循环。广东财经大学的创新实验班就是在新生中选拔卓越人才，打造拔尖创新人才，并取得了一定的效果。如果旅游管理专业也在本专业内选拔卓越人才，进行卓越人才培养体系建设，对提升旅游管理专业的教学能力有一定的帮助。

3.2 提高旅游管理专业的声誉

通过卓越人才培养的学生进入社会后，他们的良好素质和专业能力能被用人单位认可，反过来对旅游管理专业学生有更新的认识，形成口碑效应，对旅游管理专业的教学也是一种促进。广东财经大学的旅游管理专业和酒店管理专业就有这样成功的先例。用人单位在选取实习学校时会优先考虑广东财经大学，这对提升学校的声誉有着良好的作用。针对目前我校第一志愿报考比例偏低的现象，可以通过卓越人才培养方案吸引优秀学生入读，也是一种良好的机制。

3.3 促进旅游管理专业发展的良性循环

卓越人才培养方案对学生、教师都是一种压力，可以把压力变为动力，鼓励学生和教师出成果，并形成一种长效机制。教师在科研和实践环节把卓越学生纳入进来，锻炼学生，也通过与学生的互动提升教学水平，达到整体教学效果的提高。

4 旅游管理专业的卓越人才培养体系的构建

旅游管理专业卓越人才的培养体系不同于一些院校的创新实验班——校内选

拔、独立成班的模式。构想框架是在班级里选拔和给予机会，促进其学习能力和实践能力的提高，在班级里形成榜样机制，促进全班学生的专业学习热情，形成良好的学习氛围，并根据学生的发展优先推荐进入优秀旅游企业和研究生的推免，形成梯队建设。卓越人才培养步骤如图2所示。

旅游管理专业的人才培养是个体系，源于专业教师的长抓不懈，需要院级领导的资金和政策扶持，还有对学生的积极引导，多方面的努力，才能形成培养体系，真正把旅游管理专业打造成省级特色专业，形成学校的招牌。

图2　旅游管理专业卓越人才培养步骤

4.1 确定"卓越人才培养计划"的目的

通过实施"卓越人才培养计划"，主动为行业和地方经济建设培养一批高素质的专门人才和拔尖创新人才，提高学校办学声誉。同时，通过卓越人才培养，探索卓越人才培养的新途径，引领人才培养模式改革，提升学校办学整体水平和人才培养质量。

4.2 建立专业卓越人才的选拔标准

卓越人才的选拔在大一进行。这个环节的筛选由教研室的专业教师进行，参考任课教师在大一上课对学生的学习热情和学习兴趣的考察，综合评价学生的基本素质，然后选取班级学生5%的比例作为卓越人才的备选人员。旅游管理专业设立评选的标准，根据三个能力进行：具有清楚的思维、表达和写作的能力；具有主动学习和自主学习的能力；具有独立思考和创新思维的能力。

4.3 提供科研机会和了解社会机会

这个环节在大二和大三进行。有专门的专业教师形成导师制，给予学生专业上的指导，并为学生提供各种机会，参与教师的课题研究，积极辅导学生参加校内创新课题的申报。鼓励学生突破语言关，并要求学生掌握多门外语。申请一定的学校基金为学生进行旅游市场调研和考察社会提供资金的帮助。根据学生的特长，与其他相关专业合作，进行第二专业的深造，利用学校其他专业优势为学生提供学习条件，打造学生的专业拓展能力，让学生迅速成长并能了解社会和市场。融入社会,优先提供管理岗位实习机会,为用人单位打造适合的旅游人才,树立学校的旅游管理专业的良好形象。

4.4 优先推荐就业和更高层次深造

大四时,为学生能进入旅游行业,优先推荐卓越人才进入校企合作的企业或名牌公司,先到岗位基层实习,然后协商进行轮岗锻炼,改变原来基层毕业后留在管理岗位的模式,共间教师积极与合作企业沟通,并积极给予学生鼓励和指导。对于有意考研和出国深造的学生积极进行研究生推免工作和提供出国留学通道。

4.5 积极反馈和跟进

反馈和跟进很重要。了解学生的需要,并经常邀请卓越学生回校为新生开讲座,在专业教育上让卓越学生现身说教,形成良好互动,促进新生对专业的热情。根据卓越学生在旅游行业工作的体会,改进教学方法。而且卓越学生毕业后在行业内还可以为大学新生提供实习和学习机会,打造旅游管理专业的良好信誉,改变学生不能适应旅游行业发展的印象。

总之,针对旅游专向人才缺口较大的市场环境,在旅游管理专业的班级里实施卓越人才培养方案,可以实现旅游人才结构的培养适应旅游产业结构的发展,旅游人才素质提高与旅游业快速发展的要求同步,实现旅游人才资源持续开发与旅游业长期稳定增长的良性互动。

参考文献

[1] 纪培玲,路军. 基于人才资源需求的旅游教育分层培养模式研究 [J]. 旅游学刊,人力资源教育特刊,2006.
[2] 教育部. 教育部关于印发《普通高等学校本科专业目录(1998年颁布)》、《普通高等学校本科专业设置规定(1998年颁布)》等文件的通知 [Z]. 教高〔1998〕8号,1998-07-06.
[3] 贡福海. 高校有效实施卓越人才教育培养计划的三个向度 [J]. 华中师范大学学报:人文社会科学版,2013(9).
[4] 李先跃. 旅游管理本科专业创新型人才培养探讨 [J]. 教育与职业,2011(5).
[5] 汪剑明. 面对旅游企业人才"饥渴",高等院校何去何从 [N]. 中国旅游报,2004-05-21.
[6] 谌文. 论我国旅游本科教育导航体系的构建 [J]. 当代经济,2009(8).
[7] 唐建兵. 旅游本科教育萎缩的重要出路——旅游创意人才培养 [J]. 教育与教学研究,2009(4).

Construction of Systems for Excellent Talent Cultivation of Tourism Management Specialty

Huang Yan

Abstract: 2014 by Ministry of education reform of college entrance examination led to the reform of education and in universities, but also professional cultivation in tourism management are put forward higher requirements. Based on the study of tourism management specialty in question, idea of excellence cultivation of tourism management was presented and excellent talent cultivation system frame are discussed. The paper aims to enhance the marketing image of tourism management specialty and the level of teaching management.

Key words: specialty of tourism management, excellent talent cultivation, establishment of systems

基于 BB 平台的旅游人力资源管理教学改革

李 萍

摘 要：旅游人力资源管理是旅游管理专业和酒店管理专业的专业必修课，具有很强的实践性和应用性。教育信息化建设是提高教学质量的一个重要手段，如何利用 Blackboard 平台提高旅游人力资源管理的教学效率、学生的学习能力和理论联系实际能力，提升学生的综合素养对旅游人力资源管理的教学至关重要。文章探讨如何在 Blackboard 平台的基础上进行教学改革，更好地挖掘 Blackboard 平台的桥梁作用，使之充分发挥线上课堂和线下课堂，理论和实践相结合的纽带作用，进而提高教学质量。

关键词：Blackboard 平台、实践教学、旅游人力资源管理

1 前言

随着我国经济的飞速发展和高等教育体制改革的不断深入，高等教育人才培养模式发生了很大的转变，学校愈来愈重视个性教学和办学特色。应用型本科人才培养应运而生。如何提高本科生理论联系实际能力、动手能力，使之能更好地适应行业要求进而为行业发展做出自己的贡献是目前研究的热点之一。本项目的提出正是基于旅游管理专业的特点和人才培养模式的转变。旅游人力资源管理是旅游管理专业的专业必修课程，同时也是一门理论性和实践性很强的课程。通过课程学习培养学生理论性、实践性的统一，使学生毕业后能够更好地胜任旅游业的人力资源管理工作，使学生真正学会人力资源管理理论和实务技能，教师在教学中多辅之以典型案例，用实际的和当前的资料和经验，对学生进行理论分析和实务操作技能的训练。但在多年的教学过程中，存在理论联系实际不够，在教学之中我们发现 BB 平台可以极大地提高教学效率、提升学生的学习能力和理论联系实际能力。

教育信息化建设是提高教学质量的一个重要手段，BB 平台是由美国 Blackboard 公司开发的支持百万用户的在线教学管理平台，该平台以教学、交流、共享为核心目标，以教学为中心结合了网络教学优势[1]。

旅行人力资源管理作为专业必修课，为提高教学效率，积极响应学校的信息化建设的号召第一批申请建设网络课程，然而在使用的过程中存在使用效率不高的情况。如何提高学生的学习主动性和积极性，转变传统的以教师为中心的一言堂，同时也提高 BB 平台的使用效率，而不是教师和学生运用 BB 平台进行上传

下载资料的简单操作，充分发挥 BB 平台的教学、交流、共享桥梁作用，故尝试结合旅游人力资源管理的课程特点对 BB 平台进行相关建设。

2 基于 BB 平台旅游人力资源管理教学建设

BB 平台具有信息量大、信息共享沟通迅捷的优点，故结合旅游业的实际首先把旅游人力资源管理课程模块化，分为选、用、育、留四大模块，每个模块由不同章节组成，每个章节又细化为不同层面的知识，如必须掌握、一般理解的知识点和每个章节的重点、难点。同时，每个章节又增加了人力资源管理技能，这样有助于学生知识的系统化，方便学生自学和自查。更重要的是能够让学生学以致用。课堂教学中充分利用 BB 平台信息量大的优点把线上课堂和线下课堂有机结合起来，从而有效地缓解课时不足的矛盾，进而提高教学效率。线下学学可以先进行相关内容的预习和预热，课堂上重点解决同学们学习中的疑惑和行业中的应用。通过线上课堂和线下课堂相结合，一方面使学生掌握相关的人力资源管理理念和理论，另一方面培养学生认识旅游业特点和掌握从事人力资源管理相关工作时解决实际问题的方法和思路。

2.1 BB 平台资料库建设

加大 BB 平台资料库建设，BB 平台拥有强大的知识共享功能。在原有的旅游人力资源管理网络辅助课程的基础上进行更新和重建，增加了很多行业的相关资料。BB 平台现建设了旅游人力资源管理课程基本信息包括 PPT 课件、教学文档等，重点建设了案例库、行业资料库、留声园作业版和留声园讨论版等。尤其在留声园版块开辟一个部分给学生展示他们的小组作业，当然小组作业都是经过多次修改的供学生参考学习，留声园另一个版块是给学生、教师和行业人力资源管理者一个平台让三方进行交流互动。积极鼓励学生参与这个版块的学习和交流，加大学生参与力度，鼓励学生在这个版块自由发帖，比如一些学习资料的分享、实习感悟、旅游业人力资源管理最新动向等。同时开启在线交流和沟通功能。赋予学习委员一部分教师管理权限学习委员可以补充学习资料。

2.2 基于 BB 平台教学实践

2.2.1 基于 BB 平台线下和课前学习（教师引导和学生自主学习）

BB 平台具有强大的知识共享和沟通功能。由于旅游人力资源管理课程的实践性强、应用性强的特点，需要学生了解行业实际，同时，为了提高学生的学习积极性引入 PBL 教学模式。PBL 教学模式是基于问题的学习，在每一章的开篇案例中针对每个版块中的内容设计相关问题,这些问题的设计都与行业实际有密切联系,要求学生分小组进行讨论(线下进行)。

因此,BB平台有拓展学习版块,里面有课前案例和行业相关资料供学生阅读学习。同时,课程文档模块有相关知识点的提示,如本章节的教学目标和本章节重点难点等,要求学生在提前预习时进行简单归纳总结,如有疑问可以反馈在BB平台讨论版块。同时要求小组组长归纳、总结学生学习中的疑问。教师课前先进入BB平台浏览讨论版块留言,了解基本情况进而在课堂上做到有的放矢。

2.2.2 基于BB平台的线上课堂教学(学生探究式学习和教师讲授)

BB平台具有教学功能。学生经过线下的提前预习对学习内容有了基本了解,课堂上教师要真正发挥"传道授业解惑"的角色。教学中进入BB平台,一方面进行课前案例的回顾解答学生的疑问,另一方面重点进行专业知识的讲解。讲授中不要教师一言堂,要引导学生积极参与到课堂教学中,鼓励学生可以对某个知识点提出质疑,也可以就BB平台中的问题提问。

2.2.3 基于BB平台的线下学习和课后学习(学生自主学习和教师辅导)

BB平台具有共享和沟通功能。由于课时所限,课堂上的学习是远远不够的。因此,学生在课后可以登录BB平台进行相关知识点的回顾和学习。特别是对一些学有余力同时又对旅游人力资源管理感兴趣的学生可以利用BB平台进行深入的思考和学习。BB平台的拓展版块中有专业的学习网站和学术期刊,供这些学生参考学习。比如在教学中有些学生就明确将来在行业就业或者进一步深造,那么拓展版块中的材料阅读网站链接和学术写作链接就发挥了积极的引导作用。同时利用BB平台在线沟通功能,及时解答这些学有余力的学生的疑问。

通过课下登录BB平台课后相关案例分析,同时BB平台中每一章又有人力资源管理实践技能,让学生可以理论联系实际,能够运用所学理论解决现实中旅游业人力资源管理中存在的问题。

2.2.4 BB平台线下辅助性拓展学习(行业从业者参与)

基于旅游人力资源管理课程的行业性和应用性,同时邀请行业人力资源管理总监、人力资源管理经理和人力资源管理从业者及学生进行交流沟通。在BB平台留声园和讨论版这个版块定期回答学生的一些问题和学生进行互动。特别是广东财经大学地理与旅游学院有不少毕业生从事旅游人力资源管理或者人力资源管理相关工作,邀请他们定期与学生在BB平台进行在线交流与沟通,这样学生可以获得直观的第一手相关资料和知识。

2.3 基于BB平台的旅游人力资源管理的期末考核体系

传统的教学评价注重单一的闭卷笔试模式，注重知识点的识记，对学生的分析问题能力考查较少，尤其是学生的学习质疑能力通过一张试卷很难得到全面的考查。学生不仅要对相关理论有所掌握，能够理论联系实际，更重要的是要有质疑精神。在对考试方式进行改革方面，BB平台刚好提供了一个平台：学生是否进行了课前学习，是否参与小组讨论，是否参与资料库建设，是否参与设计问题、解决问题，是否进行了课下、课后学习与复习等一目了然。从而对学生的全面表现有个综合的衡定和评价，鼓励学生积极参与BB平台实践教学环节，同时积极开拓学生视野、了解行业最新状况，培养学生独立思考和质疑的能力。管理是一门科学更是一门艺术，旅游人力资源管理尤其如此，故在利用BB平台学习的过程中学生可以就行业管理热点、难点（比如如何降低员工流动率）畅所欲言、各抒己见。如果观点有创新、有思索，那么平时成绩就会增色不少，从考核体系上对学生进行积极引导。旅游人力资源管理不仅培养理论和技能的掌握者、使用者，更希望培养一些有质疑、有创新的人力资源管理者。

3 基于BB平台旅游人力资源管理课堂学习和网络学习成效

3.1 学生利用BB平台学习积极性和学习能力得到提高

从建设旅游人力资源管理网络辅助课程开始已经有四届学生，学生普遍反映BB平台和课堂教学结合得比较完美，能够提高学生的学习兴趣和学习能力。通过线上线下课堂的有机结合和补充使学生对行业的把握，对专业知识的掌握和理论联系实际能力、学习能力都有了较大的提高。学生的学习积极性和主动性都有了很大的提高。比如通过对2011级酒店管理专业学生进行问卷和深度访谈，学生认为"旅游人力资源管理课程对比其他课程，在BB平台上的资料、资源多很多，讨论版块活跃很多，同学们留下的足迹比较多，达到了一个平台应有的效果"，"往届小组作业能共享，给了我们很多启示和借鉴"，"师兄师姐的留言能保留，分享学习心得"，"两个班的资料作业、评论可以及时共享"，"多了一个交流学习的地方，其他同学对自己观点的看法能分享"，"同学们学习的积极性有了很大的提高"，"学会了如何学习和思考，特别是质疑"，"知道写学术论文的注意事项"，等等。

3.2 基于BB平台旅游人力资源管理教学中存在的不足

BB平台具有共享、教学和沟通的功能，而在旅游人力资源管理的教学中，BB平台的知识共享功能尤其是BB平台知识库经过师生多年的共同建设已经形成功能较为齐全的理论和实践相结合的知识平台。知识共享功能得到一定的发挥。但是BB平台的沟通功能，尤其是在线沟通功能还没有得到足够的重视和应用。经过访谈得知"登录BB太麻烦了，不如QQ群分享方便，而且QQ手机也能登录和下载，但BB手机登录下载不了"，"校园网BB登录很慢，一般都是由学委和组长下载相关课件、资料然后共享"，"BB平台虽偶有看到师兄师姐的足迹，但看不到习惯的传承，一届一届的文化应该可以在BB反映出来的，但是这种文化还没有成型"。由于客观原因所限，登录BB平台确实不是非常快捷和通畅，于是教师和学生在BB平台沟通上面做得很不够，尤其是在线沟通方面。

3.3 BB平台中行业从业者沟通方面建设存在不足

由于旅游业人力资源管理从业者的工作特点，很难有整段时间和学生进行完整的沟通和交流。但是，虽有一定的客观困难存在，还是可以利用各种渠道和媒介与学生进行交流，然后把相关内容分享到BB平台上，供学生学习参考。

4 基于BB平台旅游人力资源管理教学改进建议和措施

4.1 学校相关部门出台相应措施大力宣传，鼓励BB平台的使用

很多学生和教师不愿意使用BB平台的一个原因是网速较慢。加强校园网的建设使BB平台使用更加快捷方便，尤其是智能手机的普及，不仅使BB平台可以通过手机登录，而且可以使用手机下载相关的学习资料。同时加大宣传，鼓励教师、学生使用BB平台，把BB平台使用列为期末考核的参照体系之一。

4.2 教师应注重BB平台功能的全面开发和使用

由于广东财经大学BB平台建设较早，相当一部分课程利用BB平台建设了信息化课程，取得了比较好的教学效果。现代社会知识更新速度较快，尤其是应用性学科。因此，BB平台中知识库的知识更新速度也要和行业发展同步，要定

期更新，为学生提供第一手的学科前沿和行业知识。如何在教学中使线上和线下课堂有机结合使新生代学生更加乐学，如何更加高效地发挥 BB 平台的在线沟通功能都是值得我们教师和学生共同思考的问题。

4.3 定期举办一些 BB 平台知识师生培训和分享会

BB 平台功能强大，并且有很多功能在不断演进，比如新增 BB 手机版，因此，需要定期开设一些形式多样的 BB 平台培训课程，面对的对象不仅有一线教师还要有广大学生。只有这样才能有更多的学生加入到 BB 平台学习中。从而使 BB 平台的功能得到最全面的应用，取得最佳的教学效果。

4.4 加强和旅游企业交流合作

旅游企业目前需要高素质的管理人员，而高等院校是人才培养基地，应加强与旅游企业的合作争取双赢。旅游企业人力资源管理从业者有丰富的行业知识和经验，但局限于工作时间的限制不能经常到学校给学生开设相关专题讲座，利用 BB 平台的在线沟通功能赋予他们一定的权限，让他们在 BB 平台上与学生进行沟通和交流，从而为学生打开一扇通往行业的窗。

参考文献

［1］王润兰，黄献卫．基于 Blackboard 平台的精品课程开发问题探究［J］．中国远程教育，2011（10）:83－85.

［2］黄丽君，吴敏艳．基于 Blackboard 的会计学网络课程存在的问题与对策［J］．常熟理工学院学报，2011（12）.

［3］张一春．精品网络课程设计与开发［M］．南京：南京师范大学出版社，2008.

Teaching Reform on Tourism HR Management Based on Blackboard

Li Ping

Abstract：Tourism HR Management is one of major compulsory courses for both tourism management specialty and hospitality management specialty with strong practicality and applicability. Educational informationization is one of the important means for improving teaching quality. It is of great significance for the teaching of Tourism HR Management to increase teaching efficiency, to improve students' ability to learn and to integrate theories and practice, and to upgrade students' comprehensive qualities. The author discusses how to implement teaching reform based on Blackboard for bridge effect between offline and online, between theory and practice, improving teaching quality.

Key words：Blackboard, practice teaching, tourism HR management

旅游管理本科应用型课程体验教学方法的探索研究

桂清波

摘 要： 旅游管理本科应用型人才的培养需要应用型课程来支撑，应用型课程建设的改革需要创新的教学方法。体验教学法为应用型课程建设的改革提供了一种思路和方向。本文首先确定了体验式教学改革的目标和具体内容，就体验式教学改革的几个关键性问题进行了讨论，并对改革的实施方案进行了初步设计。

关键词： 旅游管理、应用型课程、体验教学

应用型人才的培养需要科学完善的应用型课程教学体系来支撑。在高校本科层次的旅游管理专业，应用型课程约占学生实际修读课程总数和学分总量的45%。旅游管理类本科毕业生面对职场竞争时，应用型课程的实践能力也是最重要的求职砝码之一，同时应用型课程的教学质量也是反映各高校旅游管理专业特色和专业实力的主要依据之一。

长期以来，旅游管理本科应用型课程教学较为普遍地存在教学方式单一、课堂理论教学为主、单向灌输为主的问题，这影响了学生创新能力、实践能力的培养；同时，课程内容更新较慢，难以对接旅游市场对高校人才不断变化的需求。换言之，旅游管理类专业本科毕业生进入职场后不知"管理什么，怎么样去管理"成为较为集中的问题。如何针对以上问题引入创新的教学方法，并以此为核心构建新的应用型课程教学体系，是旅游管理专业本科教学改革的核心问题之一。

这一教学方法创新的主要方向就是体验教学方法。目前，对体验教育的研究和应用在国内外教育界方兴未艾。体验教育是以体验为基础，让被教育对象在实践体验中认知、明理与发展能力的教育活动，是教育者引导被教育者的实践体验过程。体验教学法就是贯彻这一理念的教学方式。它能较好地解决管理类应用型课程教学中存在的上述问题，有增强教学互动，提高学生的上手能力，使学生在校提前熟悉行业环境和规则，养成创新管理思维方式，以及提高教师成绩评定的客观性等优点。管理学家德鲁克说"管理是实践的艺术"，没有实践就无从管理，同样，没有体验也就无从实践。

旅游即体验，旅游管理是多学科交叉的管理学分支。旅游管理应用型课程非常适合体验式教学实践的开展，其实践经验也容易推广、辐射至其他管理应用型课程。目前，国内体验教育的理论研究较多，实践开展却相对滞后。原因有多方面，主要是体验条件（体验对接的政企单位或实验条件）不具备、课程教学管

理难度增加、教学内容和过程需要重新设计等。教学实践的滞后极大制约了体验式教学在本科旅游管理专业中的发展。通过体验教学实践活动的开展来探索旅游管理类应用型课程体验教学的实践模式符合"协同创新"的高等教育改革发展理念，是这一教学方法创新必由之路，也是旅游管理本科专业改革升级的必由之路。

1 旅游管理本科专业体验教学改革的具体改革和目标

1.1 改革目标

按"协同创新"的思路和要求，以体验教育为核心理念，对管理类应用性课程教学方法进行系统性改革，通过教改探索管理类应用性课程体验教学法实施的路径和模式，并构建旅游管理应用性课程体验教学体系。

1.2 改革内容

（1）管理类应用性课程教学方法的改革。包括按体验教育理念对课程重新进行教学过程和内容的设计，编写示范应用性课程教学设计书及其配套的体验实践手册等，并付诸教学实践。

（2）可复制、操作性强的体验教学法实施的路径和模式的探索。包括探索应用性课程的课堂外教学组织，不同体验方式的合理搭配，针对体验教学法客观有效的成绩评定模式，以及教学对被体验者的外部溢出效应等。

（3）构建旅游管理专业应用性课程体验教学体系。包括核心应用性课程的体验教学法的改造，其他应用性课程的推广衔接制度安排等。

2 旅游管理本科专业体验教学改革拟解决的关键问题

2.1 课堂外教学的组织与实践

在综合考虑成本、安全、合作等因素的前提下，如何获得更大的体验教学效果？这需要精细的过程设计，并需要在体验教学实践中进行检验和不断总结调整。

2.2 体验教学中创新主体（特别是校企、校政，也包括校内相关部门）间壁垒的突破

如何与被体验者良好互动？除了需要大量组织化地沟通工作外，如何使得作

为被体验者的创新合笔者（单位）从教学过程中获得满意的外部溢出效应也是需要解决的关键问题之一。

2.3 体验教学法课程体系的构建

体验教学法在各门应用性课程中的综合应用是本课题的最终目标。也唯有此，才能发挥出整体专业最佳的教学效果。如何协调课程之间的相互关系，特别是体验项目和体验方式的配合衔接，以及为保证此衔接的制度性安排，是关键问题之一。

3 旅游管理本科专业体验教学改革实施方案的设想

3.1 理论设计阶段

选择服务管理这门核心应用性课程，以体验项目设计为主体特色，对课程教学过程和内容进行重新设计，编写示范性教学设计书及配套体验实践手册。服务管理不但是旅游管理专业的核心课程，而且对所有管理类专业而言均为重要，其理论性和应用性都很强。对该课程进行体验教学法改造，体验对象选择面较宽，既可行成果又易于推广。在此阶段，同时做好体验教学项目协作主体（被体验者）的联系沟通工作。

3.2 体验教学法实践应用阶段

根据编写的《"服务管理"体验教学法教学设计书》及其配套体验实践手册开展体验教学法实践应用。应用中，平衡校内校外体验，平衡课堂内外教学，在实践中找到教学成本和效益的最佳结合点，从而摸索出体验教学法在应用性课程中实践的最佳路径和模式。

3.3 旅游管理应用性课程体验教学体系构建阶段

以服务管理为范例，总结前期体验教学法实践成果，推广至旅游管理本科专业其他主要应用型课程如旅游资源开发与管理如旅游营销学、旅游英语等，形成体验教学法课程体系基干。重点研究基干课程之间的体验教学的协调与配合，以及今后新增课程纳入这一体系的要求和程序。

Exploration on Experiential Teaching Method for Applied Courses of Tourism Management Specialty

Gui Qingpo

Abstract: The applied personal training of Tourism Management Majorities need the applied courses. The reform of applied courses needs innovation of teaching method. Experiential teaching method gives a new idea and a direction of the innovation. First, the paper defined the purpose and detailed content of experiential Teaching. Second, the paper discussed the key issues of innovation of experiential teaching, and finally, the corresponding reform plan implanting experiential teaching has been initially designed.

Key Words: Tourism Management applied courses experiential teaching

浅论中国澳门地区旅游高等教育及其对中国内地的启示[*]

吴开军

摘　要：本文梳理了澳门旅游高等教育的发展历程、课程设置，总结出其有专业层级的逐步完善化、专业方向和课程设置的多元化、培养模式的多样化、专业质量的认证化、发展视野的国际化等经验，提出内地旅游高等教育在借鉴澳门经验的基础上，可从培养目标要实际可操作、培养方案设计要注重专业能力素养、培养质量把控上要引进第三方成熟的认证体系、培养模式上要探索和借鉴不同的可行模式、专业发展上要有国际化的视野等方面加以提升。

关键词：澳门、旅游高等教育、经验、启示

中国内地和澳门同属中国的一部分，有着共同的血缘、人缘、地缘优势。随着两地经贸和政策的发展，旅游交流也呈现出持续的井喷之势。2013年，中国内地赴澳门旅游2 523.94万人次，内地居民赴澳门人数占出境游人数的29.38%，澳门同胞到内地旅游达到2 074.03万人次，澳门到内地旅游人数占内地入境游总人数的14.07%。2013年末，内地开设有旅游管理专业的高校有959所，在校生达到49.44万人，而澳门开设旅游管理专业的高校有6所，在校生近2万人。

目前，我们对于澳门高等旅游教育人才培养的研究不多，梁文慧等[1]就澳门旅游教育的本土化和国际化发展策略进行了研究。陈海明等[2]对澳门四所高校旅游管理专业的学士课程的课程结构、课程内容和课程维度进行了比较研究。曾韬等[3]研究认为，澳门旅游高等教育的发展经验是内涵的丰富化、方向的多元化、策略的多样化、途径的综合化和评估的认证化等方面。本文拟就总结提炼澳门高等旅游教育方面的经验，以让内地在发展高等旅游教育方面借鉴运用。

1　澳门旅游高等教育的发展历程和课程设置

由于内地和澳门在政治经济发展背景有些差别，旅游业的发展也存在着一定的差异，呈现出不同的发展阶段、不同的特点，课程设置上也有些许差别。

---

[*] 基金项目：本研究受广东省教育研究院规划基金（GDJY—2014 - C - b009）资助。

1.1 发展历程

1991年,附属于澳门大学的理工学院开办了酒店管理及旅游业管理课程,这标志着澳门旅游管理教育的萌芽,1995年,成立了旅游学院,隶属于澳门特别行政区社会文化司,专门提供旅游、文化遗产、酒店及旅游会展、节庆管理学位课程和专业培训,培养层次以专科和成人培训为主,澳门的旅游管理教育逐渐兴起。1999年,伴随着澳门回归祖国的春风,澳门旅游业迎来了蓬勃发展的春天,澳门旅游教育事业也步入了质量型发展的新阶段,澳门旅游学院与欧盟合作成立了澳门—欧洲旅游高等研究中心。2002年,新开设的中西创新学院进一步丰富了澳门旅游教育的主体。澳门科技大学行政与管理学院于2003年成立国际旅游管理系,正式开设旅游管理专业课程,并与澳门旅游学院先后开设了旅游管理专业的学士学位课程。2006年,澳门科技大学开办国际旅游管理硕士学位课程,使澳门旅游管理专业教育更上一个层次。2007年,澳门科技大学国际旅游管理学士学位获得联合国世界旅游组织的"旅游教育素质认证";同年9月,澳门科技大学国际旅游管理系升格为国际旅游学院;2008年、2009年,该学院获得了"中国旅游饭店十佳教育培训基地"称号,同时该学院获得澳门第一个旅游管理博士课程的授予权;2012年,国际旅游学院更名为酒店与旅游管理学院。2011年,澳门城市大学正式成立国际旅游与管理学院,并于同年获得旅游管理专业学士、硕士学位和博士学位[4]。在短短的二十几年时间里,澳门旅游教育就形成了从短期培训到正式高等教育,从专科、本科到硕士和博士的多层次结构。(表1)

表1 澳门旅游管理专业发展历程简表

办学机构	办学时间	办学主体	办学性质	所属院系	办学层次	学位/学历
澳门旅游学院	1995	特区社会文化司	公立	—	专科/本科	高等专科学位/学士学位/相应资格证书
中西创新学院	2002	澳门博彩娱乐公司	私立	商学系	本科	学士学位/副学士文凭/相应资格证书
澳门科技大学	2003	澳门科技大学基金会	私立	酒店与旅游管理学院	本科/研究生	博士/硕士/学士学位及文凭和相应资格证书

续表1

办学机构	办学时间	办学主体	办学性质	所属院系	办学层次	学位/学历
澳门大学	1991	附属理工学院	公立	—	—	—
	2005	特区社会文化司	公立	工商管理学院	本科/研究生	硕士/学士学位/文凭和相应资格证
澳门城市大学	2011	澳门城市大学基金会	私立	国际旅游与管理学院	本科/研究生	博士/硕士/学士学位及文凭和相应资格证书

1.2 课程设置

澳门各高等教育机构在旅游管理专业的课程设置上有很大的相似性。以旅游管理专业学士课程为例（图1），从课程结构角度看，主要包括通识教育课程、核心课程、专业选修课程和毕业实习及毕业报告五个部分，其中学分、学时设置最高的部分是核心课程部分，占总学分的一半左右。从课程内容角度看，多数院校在课程设置上紧密结合澳门以博彩业为主的现状，强调实用性，开设有会展管理、博彩业管理、酒店管理、文化旅游管理、电子旅游、服务素质和零售管理、世界文化遗产方向的相关课程，课程内容的拓展使得澳门旅游教育更加适应本地旅游经济的发展。

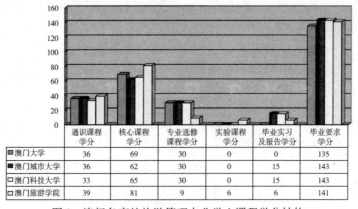

图1 澳门各高校旅游管理专业学士课程学分结构

2 澳门旅游高等教育发展的经验

澳门高等旅游教育虽然起步较晚，但在近二十多年的发展历程中，从无到有，从有到强，中西结合形成了自己独特的发展经验。

2.1 旅游教育专业层级的逐步完善化

虽然澳门旅游教育起步于1991年，但在发展过程中，逐渐形成了从旅游技能的培训到专科、本科、硕士及博士的较完善的教育层级。但严格来说，澳门旅游高等教育是在1995年澳门旅游学院成立时才开始专科性质的教育。澳门回归祖国后，进入21世纪，随着内地居民赴澳门旅游的逐步开放，澳门旅游迎来了前所未有的发展机遇，澳门旅游高等教育也迎来了发展的高峰期，中西创新学院、澳门科技大学、澳门大学、澳门城市大学先后开始了本科阶段的旅游高等教育，澳门科技大学和澳门城市大学更先后开展了硕士和博士阶段的旅游高等教育。

2.2 旅游高等教育专业方向及课程设置的多元化

从图1可以看出，所选择的四所高校旅游教育专业在课程结构主要包括通识教育课程、核心课程、专业选修课程和毕业实习及毕业报告五个部分，其中核心课程学分占整个学分的近一半，专业课程中不仅包含旅游管理的相关课程，也涉及会展、酒店、餐饮等相关方向的课程，培养学生的基础技能、文化和人文科学、专业知识和科学、国际视野、职业识别、职业道德、艺术与创造意识、语言、服务、管理、独立思考和终身学习的精神等各方面的知识和能力，从而使学生通过在校学习到毕业时能和社会无缝对接，走上工作岗位后能很快进入角色。澳门科技大学国际旅游管理学士、硕士、博士学位课程中已设立了会展管理、酒店管理、博彩管理、文化遗产旅游管理、电子旅游、服务素质和零售管理等专业，让学生做到一专多能，增强竞争力和就业能力。澳门城市大学开设了会展管理、酒店管理、博彩和俱乐部管理、休闲和水疗管理、餐饮管理、智慧旅游管理、旅游企业管理、旅游教育和旅游产业可持续发展等方向的学士、硕士、博士学位课程。澳门大学开设了款客服务和博彩业管理专业，下设会展及款客服务管理和博彩业管理两企划方的学士和硕士课程。澳门旅游学院还设有世界文化遗产专业导赏员培训及认证计划，课程内容的拓展使得澳门旅游教育更加适应本地旅游及社会经济发展的需求。

2.3 旅游高等教育培养模式的多样化

由于澳门形成了政府、企业、行业协会、民间投资者和慈善机构为主体的多样化的办学主体，在人才培养模式上也紧密结合市场，形成了几种可借鉴的培养模式。

第一，"产学研"一体化模式。旅游行业是服务性很强的行业，也是理论和实践结合很密切的行业，澳门的旅游高等教育在"产学研"一体化方面得到了很好的发展，研究服务于教学和地方产业，教学和地方产业的发展也促进新的研究，三者已形成良性循环、互动发展的良好局面。

第二，学习就业"直通车"模式。澳门各旅游高等教育机构在课程设置上有很多学分是放在专业实习上，并且在各门课程的设计中也分为理论学习和实践两部分，在校内建设有良好的仿真实训室，使得学生在学习过程中能感受到就业后的真实工作环境，这种"直通车"模式已成为教育发展的一种趋势。

第三，教学"校企协作"模式。澳门旅游高等教育在这方面主要表现在师资运用上，各教育机构在加强自有专任教师能力和素质的基础上，大量聘请校外行业内有经验的人员来校开展多种途径的教学活动，如开展讲座、对实践课的教学、指导实习等，同时要求学生毕业到相关协作企业进行一定工时的真实实习。

2.4 旅游高等教育专业质量的认证化

目前，澳门旅游专业高等教育引进了国际性的质量评估认证，包括国际标准化组织 ISO 评估和世界旅游组织 TedQual 质量认证。澳门科技大学酒店与旅游管理学院是世界旅游组织（UNWTO）、太平洋亚洲旅游协会（PATA）、亚太旅游教育及培训院校网路（APETIT）及旅游及休闲教育协会（ATLAS）等国际组织的成员，在 2007 年获得联合国世界旅游组织颁发 TedQual 优质旅游教育认证，并在 2010 年成功连续更新。澳门旅游学院 1997 年被联合国亚太经济及社会事务委员会（UNESCAP）全力支持组成的亚太旅游教育及培训院校网路（APETIT）选为亚太地区的导师培训及顾问服务中心，也获得太平洋亚洲旅游协会颁授"教育及培训"金奖。2000 年，该学院成为澳门首间获联合国世界旅游组织"旅游教育质素认证"的教育机构。2002 年，该学院与欧盟合作为澳门旅游及服务业界制订了"澳门职业技能认可基准"（MORS）。2003 年，该学院应"联合国教科文组织"（UNESCO）及"国际文化财产保护及修复研究中心"（ICCROM）的邀请，成为"亚洲文化遗产管理学会"的创会会员，推动及加强澳门文化遗产管理的专业培训。

2.5 旅游高等教育发展视野的国际化

澳门是一个国际化程度很高的城市，旅游专业高等教育在国际化方面也有充分的表现，如加大与各国旅游高等院校交流与合作，加强教师、学生、教材与办学环境方面的合作，同时在学生的实习上也加强与国外旅游企业的合作。在学术方面，澳门城市大学与美国知名高校（如佛罗里达国际大学）签署合作协定，澳门科技大学与德国慕尼克科技应用大学和香港理工大学签署合作协定。在学生实习方面，澳门科技大学与美国迪士尼公司签署协议为学生提供海外实习机会。

3 对中国内地提升高等旅游教育的启示

中国内地高等旅游教育经过近二三十年的发展，虽然取得了很大的提升和进步，但在有些方面还是可以借鉴澳门地区的经验以不断充实和发展的。

3.1 在培养目标的设置上要实际、可操作，避免空洞化

中国内地很多高校对旅游人才的培养提出的是高级专业人才，并且专科、本科、硕士、博士的培养目标边界有些模糊，不利于不同层级学生的自我定位，尤其是本科阶段学生会有过高的期待。澳门科技大学旅游管理博士学位提出培养对旅游管理具有创新性和前瞻性研究的人才，掌握旅游相关的前沿知识，成为旅游业界的高级管理人才；国际旅游管理硕士学位提出培养高级旅游管理人才，重视理论和案例教学，着重学生实际能力和素质培养，适应未来国际化的发展趋势；国际旅游管理和酒店管理学士学位明确提出培养澳门旅游博彩的专业人士，提升旅游博彩专业人士的专业素质、服务水准及整个行业的竞争力；餐饮管理学士学位明确提出培养受过专业培训的厨师和餐饮服务的领导人员及餐厅经营者。中国内地范围广阔，旅游资源又相当丰富，处于不同地域的高校可充分根据当地经济的特色，提出适应当地经济发展的切实可行的、可操作的培养目标。

3.2 在培养方案的设计上要注重专业能力素养的培养

人才培养方案中科学合理地设计课程是关键，影响着人才培养的质量。内地很多开设旅游管理专业的高校在人才培养方案的设计上严重脱离实际，有些虽然在形式上分了素养课程（如政治）、专业必修课程、专业选修课程、专业实习及毕业论文等，也设定了相应的学分，但在实际操作过程中随意性很大，这关乎师资、教材、教学条件等方面的问题。澳门地区各培养机构在培养方案中设计的课

程以培养学生的基础技能、文化和人文科学、专业知识和科学、国际视野、职业识别、职业道德、艺术与创造意识、语言、服务、管理、独立思考和终身学习的精神等各方面的知识和能力。中国内地开设旅游管理专业的高等教育机构在人才培养方案的设计上，也应该注重培养学生的旅游职业道德、职业习惯养成，把旅游思维及服务意识导入课程中，同时在教材的编写上要加强专业知识、职业素养的内容，也要加强对具有扎实专业素养师资的培养。

3.3 在培养质量的把控上要引进第三方成熟的认证

有条件的院校要加强与世界旅游组织（UNWTO）、太平洋亚洲旅游协会（PATA）、亚太旅游教育及培训院校网路（APETIT）及旅游及休闲教育协会（ATLAS）等国际组织的联系，引进国际性的质量评估认证，包括国际标准化组织 ISO 评估和世界旅游组织 TedQual 质量认证。

3.4 在培养模式上要探索和借鉴不同的可行的模式

澳门地区的"产学研"一体化模式、学习就业"直通车"模式、"校企协作"模式都是实际操作过程中较好的模式，其实在中国内地很多高校也都在采用这些模式，只不过效果不佳，多方面原因。如"校企协作"模式在操作过程中多少会出现学校很积极，企业消极接受的局面，互动不够。学习就业"直通车"模式也有过一段时间的热度，并且开设了很多以企业命名的班组，但后来结果不太令人满意。中国内地在借鉴澳门这些模式时，应该加强双方或多方互动，本着教学研究服务地方的原则，积极主动地融入旅游产业的创新中，把握行业发展的最前沿，并借助于学校在理论前沿的优势，在指导旅游企业在做好传统旅游的基础上，不断在各方面开展创新性的工作。

3.5 在专业发展上要有国际化的视野

一方面，中国内地开设旅游管理专业高等教育院校要加强国际化的合作，应尽可能地开展双向或多向交流，与更多国外旅游院校建立合作关系，开展学术交流、师资和学生交流，并借鉴国外知名旅游院校的教材结合本地实际编写适合内地学生的本土化教材。另一方面，尽可能多的和境外旅游企业开展合作，争取学生能到境外合作旅游企业进行相关的实习。

参考文献

[1] 梁文慧，等. 澳门旅游教育本土化和国际化发展策略研究［M］.2011《旅游学刊》中国

旅游研究年会会议论文集，2011 - 05 - 21：283 - 294.

[2] 陈海明，等. 澳门高校旅游管理课程设置比较研究 [J]. 嘉应学院学报：哲学社会科学，2013，31（12）：90 - 95.

[3] 曾韬，等. 澳门旅游高等教育发展的经验及启示 [J]. 教育探索，2014，278（8）：151 - 152.

[4] 梁文慧，等. 旅游教育本土化和国际化互动发展策略 [J]. 北京广播电视大学学报，2012，68（1）：12 - 19.

[5] 张运红，等. 澳门高等旅游教育质量评估实践探索——以澳门旅游学院 TedQual 质量认证系统为例 [J]. 中国高等教育评估，2009，3：67 - 71.

[6] 澳门科技大学官网 [EB/OL]. http：//www. must. edu. mo/2014 - 10 - 31.

[7] 澳门城市大学官网 [EB/OL]. http：//www. cityu. edu. mo/index. php/tw/2014 - 10 - 31.

[8] 澳门旅游学院官网 [EB/OL]. http：//www. ift. edu. mo/2014 - 10 - 31.

[9] 澳门大学官网 [EB/OL]. http：//www. umac. mo/2014 - 10 - 31.

[10] 2013年中国旅游业统计公报. 中华人民共和国国家旅游局官网 [EB/OL]. http：//www. cnta. gov. cn/2014 - 10 - 31.

The Experience of Higher Tourism Education in Macau and Its Enlightenment to the Mainland of China

Wu Kaijun

Abstract: The author analyzed the history of development and the curriculum of higher tourism education in Macau whose some experiences include improvement of the professional levels, the diversification of the major fields and courses offered, the diversification of the training mode, the certification of professional quality and the internationalization of the development of vision. It gives some suggestions for the higher tourism education of the mainland of China, such as the pragmatic training objective, professional-ability-focused the training plan, mature third-party certification system to the quality of training, instructive different practicable mode and the international view on the professional development.

Key words: Macau, the higher tourism education, experience, enlightenment

加强旅游管理本科专业实践教学的措施探讨

陈 玲

摘 要：高等学校旅游管理本科专业的实践教学体系的建设，对于培养的学生能否适应国际旅游业人才需求有着十分重要的作用。本文阐述了旅游管理专业实践教学体系的内涵，分析了我国旅游管理专业实践教学体系的建设现状，探讨了适合我国高校旅游管理本科专业发展特点的、适应社会人才需求的实践教学体系建设的思路。

关键词：酒店管理、实践教学、建设

近年来，我国旅游高等院校旅游管理专业的建设发展是较快的。但是，在旅游管理专业人才培养快速发展的同时，由于学校的培养目标、教学与课程体系设置不合理，忽视实践教学环节，培养的学生的专业观念和实践能力不强，学生毕业后在旅游业就业的比率一直较低。因此，我国高等院校旅游管理专业人才的培养问题，一直备受学校和旅游业界的广泛关注。

1 旅游管理专业实践教学的内涵理解

旅游管理是一个综合型、应用性很强的学科，具有明显的学科交叉和渗透性，旅游管理专业需要学生掌握较强的专业实践能力。高等学校的旅游管理本科教育的培养目标着重在旅游管理人才的培养，但要在实践中实施管理就必须要"内行"，在理论教学的同时应加强对旅游管理专业学生实践能力的培养，以寻求理论与实践相结合，强化旅游管理专业学生分析问题和解决实际问题的能力。

而旅游管理专业实践教学体系就是从实践教学目标、内容、评估和管理来进行构建的系统。实践教学目标就是要结合本专业的特点和行业需求来制定本专业教育方向的总体，也是各个具体实践环节的教学目标的有机联系集合体。实践教学内容包括案例教学、实训、社会实践、专业实习、社会调研、毕业实习等。实践教学评估是指实践教学活动开展的信息反馈和评价的体系。实践教学管理就是指管理机构运用管理规章制度、管理手段来保证实践教学活动的实施。

2 旅游管理本科专业实践教学中存在的问题

各个开办有旅游管理本科专业的高等学校分别根据自己学校的特点和优势来

设计旅游管理专业实践教学活动，逐步完善实践教学管理。但是，在建设旅游管理本科专业实践教学体系的探索中存在以下问题：

2.1 实践教学目标不明确

开办旅游管理本科专业的高等学校对于旅游管理专业的实践教学目标的认识不足，表现在重视培养学生的专业理论知识而忽视了实践教学，忽视了对学生实践能力的培养。这就造成了旅游管理本科专业的实践教学目标不明确，实践教学目标的确立到底是侧重旅行社经营管理、酒店管理、旅游景区规划和旅游景区管理中的哪一个或几个方向呢？要形成一个完整的旅游管理专业实践教学体系，明确旅游管理专业实践教学目标。旅游管理专业的实践教学目标的确立要充分考虑旅游企业的需求和培养学生职业能力素养的要求。

2.2 实践教学内容设计比例偏低

旅游管理本科专业的课程设置主要包括通识必修课、学科必修课、专业必修课、专业选修课等。以广东财经大学旅游管理专业为例，在课程设置中归属于实践教学课时的比例不到总课时的10%，其中包含了课程实验、课程实习、社会调研、行业调研、专业实习和毕业实习等实践项目。旅游管理本科专业的高等教育出现了重理论轻实践的态势。旅游管理专业的实践教学课时设计比例偏低，仅仅靠实习来补充实践教学的不足则不利于学生综合能力的培养。

2.3 缺乏实践教学的师资力量

目前，旅游管理专业教师是从经济、管理、历史、地理等相关专业转过来从事旅游管理专业的教学工作，而且旅游管理专业教师很多是毕业后就从事教学工作，缺乏行业工作经历和实践经验，导致教师实践教学能力不强。虽然旅游管理专业教师理论知识较为扎实，但是实践知识较薄弱，不利于开展实践教学活动。因此，旅游管理专业的教学活动开展多数是重理论轻实践，这样自然不利于培养学生的实践能力和动手能力。

2.4 与校外实践基地缺乏深度的合作和交流

校外实习基地确实是能够满足旅游管理专业实践教学的部分需求，但是学生在旅游企业里的实习岗位的安排要完全看旅游企业的需要来确定，大部分学生在实习期间岗位固定，缺乏流动性，要想实现各个部门岗位的轮换比较困难，想要进入管理层实习更难。目前,许多校外实践基地还未能充分发挥其应有的作用,学校与校外实践基地缺乏深度合作和交流,校企合作只停留在学生实习层面。

2.5 实践教学体系不完善

旅游管理专业人才培养需要完善实践教学体系。目前,旅游管理专业实践教学体系的实践项目较为分散,各自为政,缺乏有效的实践教学评价标准及保障体系。各个实践教学活动的开展只停留在有实践教学项目,能够完成教学任务就行了,没有一个完整的实践教学评价体系,也不是按照教学规律,根据旅游管理本科专业实践教学目标来整体规划实践教学项目。而旅游管理专业实践教学体系的建立需要科学的实践教学理念,构建有效的实践教学体系,从而带动旅游管理专业实践教学活动的发展,提高学生的实践能力和综合职业能力,提升旅游管理专业人才培养质量,解决旅游教育和旅游行业的人才供需矛盾,进一步完善旅游管理专业的实践教学体系。

3 加强旅游管理本科专业实践教学的措施探讨

旅游管理本科专业人才培养需要加强实践教学,提高学生的实践能力与动手能力。针对目前旅游管理本科专业实践教学中存在的问题,笔者认为加强旅游管理本科专业实践教学可采取以下具体措施:

3.1 优化实践教学体系的目标

旅游管理本科专业实践教学体系的建设和优化必须与社会对于旅游管理专业人才的需求相一致,必须符合旅游行业对于旅游管理专业人才的需求。实践教学目标要根据培养方向来确定,旅游管理一般应该从旅行社、酒店管理、旅游景区三个方向来设计教学实践项目。因此,我们认为必须要加强培养旅游管理本科专业学生的实践能力,旅游管理专业的人才培养目标是培养适应现代旅游业发展需要,具备经济学与旅游管理专业知识,掌握科学研究方法和行业实践的基本技能,拥有一定的科学研究能力与良好的国际交流能力,人文素养好,具有国际视野和社会责任,能在各类旅游企事业单位、高星级酒店、相关现代服务业和政府机关从事经营管理、教学和科研等工作的应用型、复合型专门人才。

3.2 完善实践教学内容设计

为了提高学生的专业实践技能和技巧,在专业建设中不断探索实践教学体系的建设和管理。以广东财经大学旅游管理专业为例，我们构建了包括案例教学、社会调研、行业调查、专业实习，以及毕业实习等环节在内的实践能力培养体系。根据旅游管理本科教学计划，旅游管理专业学生分别安排有社会调研Ⅰ、社会调研Ⅱ、行业调研、专业实习和毕业实习。为保证学生顺利开展社会实践教学活动并取得实效，教学实践设计安排有一系列的培训和指导工作。同时，还需要进一步增加专业课程实验与实训的内容，加大旅游管理专业模拟实验室建设的力度，这是提高学校办学水平的一个重要条件，也是重点学科建设的迫切需要。因此，在校内重视培养学生必须要了解实践课程中操作流程及技能的基本要求，从而达到实用性和创新性的统一。故而对于旅游管理本科专业的实践教学也不能够走极端，虽然不能像高职院校一样有那么多的实训实践课，但是也不能没有实训课程，或者不需要实训实验室的建设。另外，旅游管理专业实习和毕业实习主要在校外实践基地进行。

3.3 加强师资队伍建设

实践教学师资的数量和质量决定了旅游高校专业实践教学水平的提高。实践教学不但要求专业教师拥有深厚的理论知识，同时又要有一定的实践经验和能力。高等学校应大力加强实践教学师资队伍的培养，为教师提供外出学习和交流的机会，一方面，鼓励专业教师去旅游企业挂职或实践，积极参加旅游管理专业相关的职业资格考试获取职业资格证书；另一方面，可以聘请业界具有一定理论素养的旅游管理者作为实践教学的兼职教师，利用他们丰富的实践经验来提高学生的专业实践能力。

3.4 重视校内外实践基地的建设

旅游管理专业的实践教学分为校内实践基地和校外实践基地。校内实践基地是指校内的实验室、模拟实训室以及校内实习场所等，主要培养学生的动手能力和基本实践操作技能。当然，目前大部分学校是利用校外实践基地来完成学生的主要专业实践任务的，这就需要建立稳定的校外实践基地，并考虑学生实习时的轮岗或在管理部门安排学生实习等。学生通过校外实践基地的学习和实践，进一步提高了专业操作技能技巧，有利于学生日后的职业发展。另外，通过学校与酒店的合作交流，一方面可以了解酒店的人才需求情况，另一方面也给学生提供了一个实践的平台。校企合作还可以充分利用高校旅游管理专业的人才资源开展专项课题研究，为旅游企业解决一些实际问题，提高旅游企业的效益。

3.5 构建科学的实践教学体系

开设旅游管理专业的高等学校应该构建科学的实践教学体系，重视实践教学体系中实践教学的管理与评估，通过科学的评价技术、客观的评价指标和测评监控过程对学生实践过程中的表现进行评判，并通过对实践教学的激励、导向和诊断来进行调整和指导，确保培养出应用型、复合型的旅游管理专业人才。高等学校旅游管理本科专业应该注重围绕培养学生综合职业能力素质来设计实践教学课程和内容，制定实践教学大纲和实践教学评估标准来实现实践教学质量的控制和管理，不断推广和完善实践教学管理系统，采用适合于综合职业能力训练的实践教学方法，建立科学的旅游管理本科专业的实践教学体系。

4 结语

在我国旅游业蓬勃发展的今天，为了培养适合现代旅游企业发展需要的管理人才，各开办有旅游管理本科专业的高等学校要不断积极探索，旅游管理专业人才的培养要既能满足高校学位教育培养目标，又能符合学生自身发展的要求，并且能够满足旅游业的市场需求。因此，改革和创新高等院校旅游管理本科专业实践教学体系迫在眉睫。我们应该不断创新与开拓，在旅游管理本科专业实践教学体系的建设中，既要注重管理理论的学习与运用，又要重视学生实践能力的培养，在高等院校的旅游管理本科专业教育方面形成一定的特色与规模，以满足旅游业对旅游管理专业人才的迫切需求。

参考文献

[1] 陈玲. 酒店管理专业人才培养模式的创新探索 [J]. 科技视界，2013 (9).
[2] 杨慧. 基于协同创新理念的旅游管理专业立体化实践教学体系研究 [D]. 沈阳：沈阳师范大学，2013 (5).
[3] 刘好强. 加强旅游管理专业实践教学的思路与创新对策 [J]. 郑州航空工业管理学院学报：社会科学版，2012 (2).
[4] 李茜燕. 旅游管理专业实践教学存在的问题及对策研究 [J]. 中国成人教育，2013 (1).
[5] 王斐斐，董志文. 高校旅游管理专业实践教学课程体系构建研究 [J]. 黑龙江教育学院学报，2012 (2).

On Approaches to Improve Practical Teaching for Tourism Higher Education

Chen Ling

Abstract: The practice teaching system is vital for tourism management major students to build their capability to work in global tourism industry. This article illustrates the identification of tourism practice teaching system, with analysis of status quo of practice teaching, and tries to explore approaches for Chinese tourism management colleges to construct practice teaching system which matches tourism industry features and can satisfy the social demand.

Key words: tourism management, practice teaching, construction

旅游管理专业学生跨文化交际能力培养

李秀斌

摘　要：文章在阐述跨文化交际能力及国际化旅游人才内涵的基础上，构建旅游管理专业学生跨文化交际能力构成框架，指出旅游管理专业学生跨文化交际能力的培养目标应该是使学生成为本民族文化的传播使者，同时也成为不同文化间的沟通大使，培养应遵循发展性、系统性、针对性与实践性的培养原则，并提出认知、实践和价值观三个跨文化沟通能力培养模块。

关键词：本科旅游管理专业、国际化旅游人才、跨文化交际能力

在全球化背景下，跨文化交际日益增多，跨文化交际能力已成为现代人才必备的一种素质。2010年颁布实施的《国家中长期教育改革和发展规划纲要（2010—2020年）》就明确提出要"开展多层次、宽领域的教育与合作，提高我国教育国际化水平"，要"培养大批具有国际视野、通晓国际规则、能够参与国际事务和国际竞争的国际化人才"。旅游活动是不同文化背景的族群间进行直接沟通交流的一种主要方式和途径。在旅游活动中，人们不是以文字、图片和其他有形物品等形式，或以他人为代表间接地沟通，而是一种人群和另一种人群直接交往。这种不同文化间的沟通和交流既可能相互取长补短，形成积极的影响，也可能因为忽略客观存在的差异而导致隔阂和冲突。旅游从业人员，无论是导游、策划与经营旅游项目的人员，还是从事发展和促进旅游事业的政府官员，都会直接或间接地影响旅游者在旅游过程中的文化体验效果。譬如，如果向意欲了解中国饮食文化的欧美游客推荐中国人认为大补的"龙虎凤汤"（蛇、猫、鸡一起炖的浓汤），必然会引起他们的反感甚至愤怒，破坏游客对中华饮食文化乃至中国人的印象。"十里不同风，百里不同俗"，即使同一个国家、同一个民族在不同的区域也有不同的风俗。例如，广东人在吃饭前习惯用开水涮杯碗，到了其他城市，就被看做"老广"的挑剔。可见，跨文化沟通能力应当是旅游管理专业学生必须具备的一项基本能力。旅游管理专业学生必须具备跨文化交际能力，才能减少旅游活动对社会文化产生的负效应，促进不同文化的和谐共处。

随着世界经济的全球化和国际旅游业的发展，中国与国际旅游市场的交流与合作不断加强。根据我国的入世承诺，自2006年起，中国旅游业已全面向外资开放。目前，外资旅游企业已大举进入中国内地。全球最大的酒店集团洲际酒店集团目前在大中华区已拥有近200家开业酒店，另有180家酒店在建。据洲际酒

店集团大中华区首席执行官柯明思透露,目前,中国是仅次于美国的第二大市场。预计到2025年,中国将超过美国成为洲际酒店集团全球最大的市场[1]。在国际合作与交流中,形成于特定的社会文化、政治、法律、社会制度等特殊环境下的不同管理思想、理念、价值观、管理模式必然与本土文化之间产生冲撞,导致不同文化背景的个体之间的误解乃至冲突。因此,迈向国际化的中国旅游业从业人员,不仅应具备较好的专业技术知识和丰富的管理经验,更重要的是要具备跨文化沟通的能力,以消除不同文化间沟通的障碍,化解由于文化差异造成的冲突。将文化差异转化为竞争优势,将成为全球化背景下我国旅游管理专业人才参与国际竞争的重要能力。

近年来,我国国际旅游发展迅速,2013年中国成为世界第一大出境旅游客源市场,出境旅游规模达9 819万人次,入境旅游人数1.29亿人次[2]。中国与不同地区、不同民族和不同国度间的相互沟通和交流日益频繁,然而具备跨文化沟通能力的旅游专业人才却相对匮乏。以导游人员为例,各地普遍存在外语导游奇缺的状况,福建2012年外语导游仅约占导游人数3.55%[3],江西省2012年接待外国游客50.38万人次,但英语导游仅千余人[4]。人才缺乏成为旅游业发展的制约瓶颈。

国外著名的旅游院校都非常重视培养学生的跨文化交际能力。洛桑酒店管理学院本科一年级就开设沟通技巧(communication techniques)课程;美国康奈尔大学酒店管理学院则将管理沟通(management communication)作为专业必修课,学时跨2个学期。而我国教育部规定的旅游管理专业9门核心课程中没有与跨文化沟通相关的教学课程。随着我国对外开放的进一步深入,举办各级各类国际性盛会的次数增多,出入境旅游快速发展,对旅游人才的需求也从单纯的专业技能型逐渐向具有国际视野、跨文化意识及能力的复合型人才转变。顺应变化,高校旅游管理专业应将培养具备跨文化沟通能力的国际化人才定为培养目标。

1 跨文化交际能力的内涵

1.1 跨文化交际能力内涵

Barnett等[5]对跨文化交际(intercultural communication)的定义是:来自不同文化的人们之间的文化信息交换。我国学者一般认为跨文化交际是指具有不同文化背景的人从事交流和沟通的过程[6-7]。跨文化交际能力(intercultural communicative competence)融合了跨文化和交际能力两个层面的含义。Sercu[8]、陈国明[9]提出,跨文化交际能力是在交际能力的基础上对交际能力的扩展;陈国明认为二者唯一的区别在于,跨文化交际能力特别强调情景脉络的重要性,即重视人与人之间互动的有效性和适当性，注意人与沟通环境之间的互动与双方的文化认同。Meyer[10]将跨文化能力定义为：当面对来自其他文化的行为、态度和期望时，能够灵活地恰当应对的能力。简单来说，跨文化交际能力是能够降低乃至消弭文化差异进行沟通交际的能力和素质。

1.2 跨文化交际能力组成框架

跨文化交际研究的专家和学者通常从知识、技能、态度、意识层面分析跨文化交际能力的构成，普遍认为跨文化交际能力是项综合的能力。Samovar等将跨文化交际能力归纳为动机（motivation）、知识（knowledge）和技能（skill）3个方面。Oatey等[11]认为跨文化互动能力的组成可分为情感、行为和认知3个层次，分别对应于态度、技能、知识/意识，包括10项内容：开放性、灵活性、自主性、情感、感知力、积极倾听、透明性、文化知识、影响力、综合能力。戴晓东[12]对于跨文化人（intercultural man）的独特品质的描述可以概括为：掌握双重或多重语言能力，具有较高适应能力、实践能力、学习能力；掌握文化知识；具有开放的姿态，平等、耐心的心态，富有理性、同情心；具有丰富想象力、较高灵活性、创新精神。

2 国际化旅游专业人才的跨文化交际能力

2.1 国际化旅游专业人才

为了顺应旅游国际化发展对旅游人才需求的变化，培养国际化旅游人才已成为各级各类旅游院校人才培养的主要方向。在国际化和全球化背景下，学者们从不同角度对国际化旅游人才进行了广泛的研究。李志刚[13]根据分工和职业角色的差异，将国际化旅游人才划分为国际化旅游公共管理人才、国际化旅游企业经营管理人才、国际化旅游专业技术人才和国际化旅游教育人才四大类，强调国际视野、跨文化沟通能力、通晓国际规则与惯例、适应国际环境4个方面的基本素质。张侨[14]从知识、技能和心理3个方面归纳国际化旅游专业人才特征，并构建出评价指标体系。张睿[15]认为国际化旅游人才应该具备国际化意识、知识广博、技能多样、能力灵活、综合素质高，并能够创造良好社会价值。

综合以上观点可以发现，国际化旅游人才除了需要相当语言能力，通晓国际规则，具备跨文化交际能力，还应该兼具国际视野和民族情怀。跨文化交际能力是其中最基本的能力要素。

2.2 国际化旅游专业人才跨文化交际能力构成框架

结合国际化旅游专业人才的特征,笔者认为,际化旅游专业人才跨文化交际能力是指,在跨文化的环境中,以对旅游者文化背景和对旅游客源国/目的地社会文化特征的认识为基础,超越本民族文化,合理运用基本的沟通技巧,以开放、灵活、务实的态度,与来自不同文化背景的人进行有效沟通,协调开展国际旅游活动与交往中的各种关系,将文化差异转化为资源优势,消除因文化差异造成的消极影响,促进不同文化相互理解、和谐共处的能力。具体包含以下四个方面的基本内容(图1)。

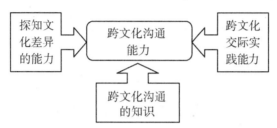

图1 国际化旅游人才跨文化沟通能力构成图

2.2.1 对待文化差异的态度

不同文化背景的人在进行跨文化沟通与交流时发生文化冲突的根源主要在于对不同文化的认同。人们往往将自身的文化习俗、思维方式、价值观等视为"理所当然",对与本族文化相近或自身比较喜爱的文化"爱屋及乌",持一种比较宽容的立场和肯定的态度,即"文化光环效应";相反,对待与本族文化差异较大或者本身怀有偏见的文化却又"厌屋及乌",表现出一种比较苛刻的立场和否定的态度,即"文化触角效应"。这两者都不利于跨文化沟通的相互理解与和谐发展。在跨文化沟通中,首先需要开放的心态,正视差异,尊重和接纳不同的文化,求同存异,同时,能够在沟通与交流中取长补短,兼收并蓄。一方面,不妄自菲薄,以自身优秀的文化为荣;另一方面,亦不盲目崇拜,能够以宽容、平等的态度对待异文化。

2.2.2 探知文化差异的能力

探知文化差异的能力是指对待文化差异的好奇心和敏感性。首先,需要洞悉文化的差异所展现出的文化多样性,判断可能发生的隔阂与冲突;其次,要能够准确诊断文化冲突产生的原因;最后,在明晰冲突缘由及沟通环境的前提下,能够选择合适的沟通方式和途径。这种敏感是建立在对本民族文化和异族文化深刻了解的基础之上的。例如,一位美国人在与日本客商谈判时,发现日本客商在说"Yes"的时候,其实未必意味着赞同;在探知到这样的现象之后,加上对日本文化含蓄、崇礼特性的认知,就能够猜测到对方只是在试图传达"我在听"的信息,而不是真正认同自己。于是,他便改变了讯问方式,不再问"对不对?(Right?)",而是问"您同意我的观点吗?(Do you agree with me?)",以确认对方的意见。

2.2.3 跨文化沟通的知识

对于旅游业者,尤其是一线旅游从业人员来说,与来自不同区域的、不同文化背景的族群进行直接沟通和交流是主要的工作。旅游服务者也是旅游接待产品的生产者和组成部分,理所当然应当具备一定的文化涵养以及旅游文化知识,尤其是旅游者的文化背景、旅游目的地的社会文化特征。

2.2.4 跨文化交际实践能力

在进行跨文化沟通和交流时,语言的技能无疑是非常重要的,语言是人际沟通的重要工具,措辞、时机与沟通策略选择等语言技巧都非常重要。但是跨文化沟通与交流远远超出语言沟通,非语言沟通如肢体语言、空间及物体安排等非语言技巧也是人际沟通的重要组成部分。即使不能互相听懂对方的语言,一个亲切的微笑也能够拉近彼此的距离。同样,对跨文化沟通技巧的使用也不能忽视文化差异。比如中国人的时间语言则相对模糊,如一支烟的工夫、一顿饭的时间,而欧美人的时间观念就要精确得多,当约定时间的时候往往具体到几点几分。

3 旅游管理专业学生的跨文化交际能力培养

3.1 旅游管理专业学生的跨文化交际能力培养目标

旅游行业从业人员,尤其是一线工笔者,承担着特殊的社会责任,他们扮演着本民族文化与异族文化沟通的桥梁。他们所面临的不仅是组织内的沟通,更多的是与来自不同民族、国家和地区旅游者的直接沟通。在这样职业角色的要求下,旅游管理专业学生跨文化交际能力的培养目标就是使学生成为本民族文化的传播使者,同时也成为不同文化间的沟通大使。具体而言,即激发旅游专业学生对不同文化的好奇心与探知能力,树立宽容、平等、兼容并蓄的文化价值观和促进文化交流的责任感,通过知识的灌输和沟通技巧的训练,培养其自觉运用所学的知识与技能,进行有效、得体的跨文化交际,逐步成为跨文化人,最终实现跨文化交际能力的自主性培养和可持续发展。

3.2 旅游管理专业学生的跨文化交际能力培养原则

3.2.1 发展性原则

Oatey 等[11]指出，跨文化交际能力中部分能力的提升是短期行为，是短期效应；部分能力的提升需要一定的时间和空间，是中长期效应。譬如，语言能力可以通过短期课堂教学、特定培训、个人训练在短期内得到提升，而对异族文化包容态度的培养需要以本族和他族文化知识的积累、长期跨文化体验和实践、个人素养的提升为基础，不可能在短时间内实现。所以，跨文化交际能力的培养不应局限于传授和灌输，或完全依赖于出自特定目的、内容局限、有针对性的培训。教育、培训和辅导是发展跨文化交际能力的"外力"和个体自主发展，有意识培养才是跨文化交际能力得以提升的"内因"。学校教育应为学生毕业离开学校后继续学习和跨文化交际能力提升打下知识、能力、方法、策略、资源、技术等方面的基础[7]。因此，对学生跨文化交际能力的培养应以实现跨文化交际能力"自主、可持续发展"为最终目的。

3.2.2 系统性原则

跨文化交际能力培养应以整体协作的形式，形成系统化培养方式，贯穿教学各环节系统上至教学大纲、教学理念、课程设置、测试与评估，下到教材编写和使用、教育技术的使用、课下活动与实践、国际交流与合作等，同时，还应该实现课堂教学与课外实践的有机结合。

3.2.3 实用性原则

旅游行业是应用性极强的行业，进入工作岗位就能够检验学生的实践能力，这要求学生有较强的交际能力。因此，旅游管理专业学生的跨文化交际课程必须要与最新的旅游行业知识相联系，课堂中所创设的旅游情境需要有较强的真实性，从行业内部带来最新的真实材料作为课堂的补充，以提高学生的职业能力。

3.3 本科旅游管理专业学生跨文化沟通能力培养模块

培养旅游管理专业学生的跨文化沟通能力可以分为以下几个模块（图2）。

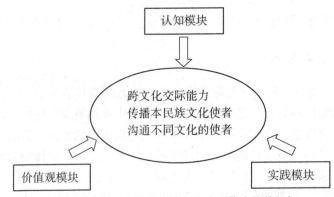

图 2　旅游管理专业学生跨文化沟通能力培养框架

3.3.1　认知模块

该模块着重于让学生熟悉并了解各种文化知识。包括对主要客源国历史、哲学、文学、音乐、宗教等高雅文化的了解；对风俗习惯、业余活动、仪式与典礼以及衣食住行等大众文化的了解；深层次的，包括社会结构、思想意识、政治体制、社会价值取向、解决问题的方式，以及与性别、阶层、职业、亲属关系相关的个人角色等方面的知识。认知模块以知识导入为主，运用事实教学，使学生了解文化的内容和发展的规律，特别是意识到文化认同与自我认同的形成，以展示文化与个体行为之间的关系，以及不同种族、文化可能存在的差异，以提高学生对文化差异的敏感性。这里需要强调的是，既然旅游从业人员承担传播本民族文化的职责，那么首先应深刻了解本民族文化的特征，充分意识到自己的价值观和行为准则。

3.3.2　实践模块

该模块的目的在于提高和改善学生处理文化差异的灵活性，使学生能够利用文化差异促进不同文化间的交流和合作。跨文化教育所使用的技术方法主要有行为导向训练、语言训练和文化同化训练（culture-specific assimilators）、跨文化沟通研讨（intercultural communication workshops）、文化概论同化训练（culture-general assimilators）和自我鉴定法（self-assessment）等[16]。可以结合专业实习，在实际的交际场景中锻炼跨文化沟通的能力。

3.3.3　价值观模块

对宽容、平等的文化价值观的培养渗透在跨文化沟通教育的各个环节中，在潜移默化中形成。跨文化沟通的难点在于，如何跨越本民族文化，与沟通对象进行交流，在互动中互相尊重彼此的行为准则契约。因此，该模块应以对比分析为主要手段，使学生深入了解本民族文化与特定沟通对象的文化差异，及产生差异的价值观根源。引导和鼓励学生以宽容、平等，兼容并蓄的眼光去理解、评价他族文化，并激发他们作为"文化沟通大使"的使命感与职业自豪感。也可通过案例分析、角色扮演等互动式交流的模式，培养"文化移情（cultural empathy）"的能力，使学生能够在交流中自觉转换文化立场，超越本土文化的框架模式，将自己置身于特定文化模式中去感受、领悟和理解他族文化。

4　结语

世界经济全球化的发展趋势，旅游业自身的开放特性等因素，使得跨文化沟通能力成为旅游管理专业学生的一项基本素质要求。旅游行业从业人员，尤其是一线工笔者，承担着特殊的社会责任，他们扮演着本民族文化与异族文化沟通的桥梁。在这样的特殊职业角色要求下，旅游管理专业学生跨文化沟通能力的培养目标应该是使学生成为本民族文化的传播使者，同时，也成为不同文化间的沟通大使。在明确对旅游管理专业学生跨文化交际能力的培养目标应该的同时，应该遵循科学的方法；在教授实用性的知识与技能的同时，注重跨文化交际意识的培养，形成可持续发展的能力。

参考文献

[1] 洲际酒店集团进驻中国市场30年［EB/OL］．http：//news.ifeng.com/gundong/detail_2014_02/19/33953783_0.shtml，2014-02-19.

[2] 2013年中国旅游业统计公报［EB/OL］．http：//www.cnta.gov.cn/html/2014-9/2014-9-24-%7B@hur%7D-47-90095.html，2014-09-24.

[3] 闽外语导游人才缺乏 仅约占导游人数的3.55%［EB/OL］．http：//fj.qq.com/a/20120710/000152.htm，2012-07-10．http：//news.cntv.cn/20110517/110171.shtml.

[4] 江西小语种外语导游人员奇缺 有经验的导游大多转行［EB/OL］．http：//jiangxi.jxnews.com.cn/system/2013/05/31/012447984.shtml，2013-05-31.

[5] Barnett, G. A. & Lee, M. Issues in intercultural communication research. In Gudykunst, W. B. Cross-cultural and intercultural communication. Shanghai：Shanghai Foreign Language Education Press, 2007.

[6] 胡文仲. 跨越文化的屏障——胡文仲比较文化论集［M］.北京外语教学与研究出版社，2004.

[7] 张红玲. 跨文化外语教学［M］.上海：上海外语教育出版社，2007.

[8] Sercu L. Teaching foreign language in an intercultural world. In Sercu, L., Bandura, e., Castro, P., Davcheva, L., Laskaridou, C., Lundgren, U., Ryan, M. Foreign Language Teachers and Intercultural Competence：An International Investigation. Multilingual Matters Ltd,

2005.

[9] 陈国明. 跨文化交际学 [M]. 上海: 华东师范大学出版社, 2009.

[10] Meyer M. Developing transcultural competence: Case studies of advanced foreign language learners. In Buttjes, D. & Byram, M. Mediating languages and cultures. Clevedon: Multilingual Matters, 1991.

[11] Oatey H S, Franklin, P. Intercultural interaction: A multidisciplinary approach to intercultural communication. : Foreign Language Teaching and Research Press, Palgrave Macmillan.

[12] 戴晓东, 顾力行. 跨文化交际与传播中的身份认同（一）: 理论视角与情境建构 [M]. 上海外语教育出版社, 2010.

[13] 李志刚. 旅游产业国际化进程中的人才战略思考 [J]. 江苏商论, 2008 (6).

[14] 张侨, 张睿, 朱海冰. 国际化旅游人才评价指标体系构建研究 [J]. 科技和产业, 2012 (3).

[15] 张睿, 张侨, 金海龙. 国际化旅游人才的内涵及特征研究 [J]. 中外企业家, 2012 (2).

[16] 孟凡臣. 经济全球化与跨文化素质 [J]. 科研管理, 2004 (1).

The Cultivation of Cross-cultural Communication Competence of Undergraduate Students in Tourism Management

Li Xiubin

Abstract: This paper discussed the connotation of intercultural communication competence and the connotation of international tourism talents, proposing the intercultural communication competence framework for Undergraduate Students in Tourism Management. It has been pointed out that the cultivation goal of cross-cultural communication competence should enable students to become the ambassadors of cross-culture and national culture, following the sustainable, systematical, and practical principles. It is put forward that cultivation modules consist of cognition module, practice module and value module.

Keyword: Tourism Management for Undergraduate Students, international tourism talent intercultural communication competence

旅游管理"产、学、研"相结合的综合化实践平台浅析

——以我校旅游管理专业为例

刘玉玲

摘　要：在分析和总结广东财经大学旅游管理专业自获得广东省旅游管理特色专业建设立项以来取得的教学改革成果的基础上，针对当今旅游专业本科教育存在的各种问题，探讨构建"产、学、研"相结合的综合化实践平台的重要性，阐述了产、学、研之间相互促进、相互补充的关系，为进一步加强我院旅游教育与旅游产业紧密联系和逐步实现我院多元化办学具有较重要的现实意义。

关键词："产、学、研"、综合化实践平台、多元化办学

旅游管理是一门应用性较强和实践性很强的学科。随着旅游业的快速发展，旅游企业对人才需要的专业化程度越来越高，即要求旅游从业人员具有熟练的业务水平以及较高的综合素质。而这些能力的培养则主要体现在旅游管理专业课程设计和后续能力培养中，但是现行的旅游管理专业的教学中存在诸多问题，其最根本的问题是旅游教育与旅游产业需求、理论与实践和研究方面与时代发展的脱节。因此，为适应我国旅游产业发展的需求，探讨构建一个"产、学、研"相结合的综合化实践平台的重要性，阐述产、学、研之间相互促进、相互补充的关系，是一个重要而又迫切的要求，也是一项崭新的课题。

1　广东财经大学的广东省旅游管理特色专业建设概况

广东财经大学地理与旅游学院是在1986成立的烹饪工程系基础上发展起来的，经过多年建设，现在已成为旅游管理硕士学位授予单位，旅游管理学科是广东省重点扶持学科，而旅游管理专业分别在2009年成为广东财经大学特色专业和2010年成为广东省特色专业。自学院获得广东省旅游管理特色专业建设立项以来，全院师生特别是旅游管理类的师生在人才培养模式、精品课程建设、实践教学改革、实验教学改革、专业协同创新、学界与业界协同创新方面进行了积极的努力，四年来在教学改革上取得了一定的成果。近年来承担各类科研项目40项，其中国家级项目4项，省部级5项，获省级以上奖励的3项。此外，还承担多项地方政府和旅游企业委托的旅游规划、旅游策划等横向科研项目的研究任务，近年到位科研经费300余万元。但是，随着旅游业的发展，对旅游从业人员

业务水平以及综合素质都提出了更高的要求，而这些能力的培养则主要体现在旅游管理专业课程设计和后续能力培养中。因此，探讨如何构建旅游管理"产、学、研"相结合的综合化实践平台，既是对学院办学经验的总结，又是对学院四年来旅游管理教学改革广泛而深刻的思考，这将有利于提高学院人才培养的质量。

1.1 旅游管理本科教育存在的问题

作为面向和服务于旅游产业、具有鲜明职业特色的旅游管理教育，满足产业的需求是办学的依据、动力和前提，也是充分体现旅游管理专业特色之所在。旅游管理专业教育致力于培养具有学术型与应用型相结合的复合型高层次的旅游管理人才，其供给必须与旅游产业需求相匹配，且应正确处理好旅游管理教育和产业的相互关系。此外，旅游教育在培养人才的同时也应该主动满足和创造产业需求，以此来支撑旅游产业的发展。在旅游产业内部，有不同行业之分，其中包括酒店业、旅游餐饮业、旅行社业、旅游交通运输业，以及所属相关景区景点、休闲度假、综合娱乐业等，由此形成旅游产业的相关结构[1]。广东财经大学地理与旅游学院旅游管理专业作为广东省重点扶持学科，教学课程的设计应当考虑上述行业的实际需求，从而适应旅游业快速发展的要求，为构建广东省旅游现代服务体系培养更多行业精英。但目前我国有关旅游管理的课程体系还存在着许多问题，总结归纳如下：一是培养目标定位不够准确，专业和课程设置缺乏科学性，各院校课程雷同，没有办学特色；二是外延式扩张导致师资队伍质量不高；三是高水平教材和参考书匮乏，表现为对理论的重视而忽略实践的重要性，影响了学生管理能力的培养，制约了教育水平的提高；四是与旅游行政主管部门沟通不够，本科旅游教育与旅游行业主管部门成为两条平行线，教师对旅游产业政策不能很好把握，不利于建立符合市场要求的旅游教育体系；五是开放式办学流于形式，绝大多数院校产、学、研不能紧密结合[2]。因此，本院在开展旅游管理特色专业时，诸如此类的问题都值得全院师生广泛而深入地思考。

综合审视以上问题，可以发现开放式教学是其本质的问题，它不仅直接关系到上述谈到的其他四个问题，而且关系到学生管理能力的培养，而这恰恰是各企业在选择旅游专业本科人才时最为关注的问题。如果此类问题得不到解决，旅游管理专业人才供给与旅游产业需求不相匹配，旅游管理教育和产业之间的相互关系也将更加严峻。因此，强化管理能力教育的紧迫性决定了旅游管理特色专业本科教育开放式办学的重要性，而"产、学、研"相结合的综合化实践平台是解决此问题的必由之路。

1.2 构建"产、学、研"相结合的综合化实践平台的重要性

"产、学、研"相结合的综合化实践平台,一方面要求旅游院校做到全面完善旅游管理专业培养目标、专业设置、课程结构、培养途径、教学运行、组织与评价机制等;另一方面要求建立自主学习开放引导体系,实现基础综合训练、项目专题研究、自主研学创新体系;此外,还应该推进创新型的教学、倡导研究型的学习,使教师教学、科研相互融合,全面渗透[3]。以东南大学为例,在构建"产、学、研"相结合的综合化实践平台的过程中,其将实验教学作为高层次创新人才培养模式改革的突破口,提出了本科实验教学体系建设应该遵循"四性原则",即基础性、层次性、自主性、开放性;实验教学环节设置与安排需要注重"六个突出",即突出早(安排)、突出课内外一体、突出开放、突出综合、突出基训练基础上的研究与探索和突出创新。开放创新实验教学体系建设应该有效整合理论与实践,联系学习与应用,融合学术培养与认识发展,贯通课内教学与课外活动,覆盖校内外时空资源[4]。

从学院拥有的师资质量看,我校地理与旅游学院现有教职员工49人,其中教授7人,副教授15人,博士22人。其中,享受国务院政府特殊津贴专家1人,可见我院拥有一支实力较为雄厚的师资力量;从实践性教学环节的角度分析,包括课程见习、服务实习、管理实习,社会调研、行业调研、企业调研,学年论文、毕业论文,导游实训、酒店与会展实训等,可见注重理论和实践相结合的重要性;在主要专业实验的安排上,包括管理信息系统模拟、人力资源管理模拟、酒店管理模拟、旅行社模拟、旅游统计分析、旅游规划设计软件应用等。由此可见,多元化实验教学模式更有利于提高学生运用知识解决现实问题的综合素质能力。

综上所述,鉴于上述谈到的我院在旅游管理教学改革上取得的成果,而且依托位于全省乃至全国前列的广东省级重点学科与省级特色专业——旅游管理学科与旅游管理专业,加之充分利用我校临近广州琶洲会展中心的地理优势,这些都将为我院旅游管理学科构建"产、学、研"相结合的综合化实践平台,实现旅游管理教学改革提供十分有利的条件。除此之外,开为旅游管理专业的院校在构建"产、学、研"相结合的综合化实践平台的同时,应以主要面向完整的旅游产业,办学出发点和服务定位应是产业格局及其发展。在此过程中,旅游院校应当遵循政府的产业政策,了解旅游产业动向,熟悉产业结构活动,掌握产业发展趋势,满足产业需求。

2 结论

总之,实现旅游管理教育与旅游产业的紧密联系,重点在于将课内实验延展至课外自主研学,使其与课外科技创新训练等融为一体,以此形成以学生自主探索、研究设计、创新实践为主,高水平教师引导,深层次交流互动的多元化实验教学模式。自主开放的学生创新实验活动从课内实验延伸至课外、由课外实验实习到独立实操等层面上广泛开展,各类实验室则成为学生自主开展"做中学、学中研、研中创"的重要场所,从而促进学、思、知、行有机结合,有效促进学生实践能力、工程意识和创新素质的全面提升[5]。

我国的旅游高等教育尚处在发展初期,形成有中国特色的旅游高等教育办学之路,任务十分艰巨。虽然我院自获得广东省旅游管理特色专业建设立项以来已走过四个年头,但需要不断完善的地方还很多,希望此次对旅游管理"产、学、研"相结合的综合化实践平台的浅析,在分析和总结我院四年来获得的教学改革成果的基础上,阐述"产、学、研"相结合的综合化实践平台的重要性及其之间相互促进、相互补充的关系,能为进一步加强我院旅游教育与旅游产业紧密联系和逐步实现我院多元化办学提供重要的理论和现实价值,同时希望我院位于全省乃至全国前列的广东省级重点学科与省级特色专业——旅游管理学科与旅游管理专业能够率先开辟出一条崭新的办学之路,起到模范作用,为提高我国旅游高等教育办学水平作出贡献。

参考文献

[1] 赵鹏. 努力实现旅游院校"校企合作,产、学、研一体化"办学之路的新突破 [J]. 旅游学刊,2003,5:12-14.

[2] 张海鸥. 旅游专业本科教育的改革——产、学、研相结合是必由之路 [J]. 学术论坛,2010,7:202-205.

[3] 孙丽坤,盖玉妍,田东娜,等. 旅游管理专业"做学研"相结合的创新实践模式研究 [J]. 高校实验室工作研究,2013,116 (2):2-10.

[4] 熊宏齐,戴玉蓉,郑家茂. 实验教学改革与实验室建设规划的研究与实践 [J]. 实验技术与管理,2008,25 (10):1-4.

[5] 郑家茂. 构建"做学研"相结合的创新实践平台,促进学生"做中学、学中研、研中创" [J]. 实验技术与管理,2010,27 (1):1-4.

On the Comprehensive Practice Platform for Industry-Education-Research in Tourism Management—Taking Guangdong University of Fiace & Economics as an Example

Liu Yuling

Abstract: Based on analysis and summary of teaching achievements of Guangdong University of Finance & Economics since the construction of Guangdong province feature specialty in tourism management and problems in tourism management bachelor programs, the author elaborates the significance of comprehensive practice platform of Industry-Academy-Research and the mutual promotion and mutual complementation between industry, academy and research what makes real sense for more close relation between our tourism education and tourism industry and for diversified education models.

Key words: Industry-Academy-Research, comprehensive practice teaching platform, diversification of education models

从第三方视角审视现代旅游高等教育

高颜超

摘 要：笔者在对旅游的本质、旅游业的未来发展趋势以及社会对现代旅游教育的基本要求分析的基础上，总结现代旅游高等教育存在的问题，提出以下三个观点：一是对学生的教育模式应使个性化与多样化相结合，因人制宜；二是树立市场化思维、职业化教育；三是学生作为教育的主体应具备全球化视野和创造性思维能力。

关键词：旅游高等教育、趋势、问题、对策

旅游作为一种休闲娱乐的生活方式正在逐渐广泛地深入人们的日常生活当中，随着时代的发展、经济的进步，现代旅游的模式、深度、广度正在悄然改变，而作为为旅游业供应人才的旅游高等教育相应地也需要做出改变才能适应新时代旅游的发展。

1 现代旅游的发展趋势

1.1 作为旅游的消费者旅游者对"个性"旅游的追求——对自由、特色的追求

21世纪是回归人性的时代，是个性化的时代，而对旅游业来说旅游者希望在旅游中得到更多的自由感和空间感[1]，"80后"、"90后"正是旅游的主力，与传统的旅游者对景色秀丽，让自己得到精神的放松不同的是：吸引"80后"、"90后"的不再是视觉的满足，而是满足自己对新鲜感、独特性、个性旅游的追求。因此，产生了主题旅游、时尚旅游、美食旅游、极限运动旅游等旅游方式。

1.2 技术革命推进新的旅游产品不断涌现，催生新的营销方式

互联网对旅游的最主要的影响表现在旅游电子商务的出现，现在旅游电子商务已经成为旅游市场的主流[2]。另一个表现为"智慧旅游"，即以互联网为基

础，以新技术为手段，以细分化为目标，形成为旅游者全面服务的网络，就是利用云计算、互联网等新技术，通过互联网/移动互联网，借助便携的终端上网设备，主动感知旅游资源、旅游经济、旅游活动、旅游者等方面的信息，及时发布，让人们能够及时了解这些信息，及时安排和调整工作与旅游计划，从而达到对各类旅游信息的智能感知、方便利用的效果。

1.3 旅游产品及服务项目不断发展，向精细化、系列化、市场化方向发展

现代经济不断发展，人们的收入不断增加，旅游不再是一件奢侈之事，休闲享受成为人们日常的生活方式，传统的、常规的、相似的旅游产品已经无法满足不断变化的市场需要，为适应人们独特的产品口味，开发精细化的旅游产品势在必行。而全球化带来的不仅是全球化的客源，同时带来的还是来自国外的激烈竞争，为应对市场的激烈竞争，资源的整合势在必行，顺应市场的变化，形成自己独特的竞争优势更是未来的企业所追逐的目标。

2 现代旅游趋势（变化）对旅游高等教育的新要求

旅游高等教育是在完全中等教育的基础上进行的与旅游相关的专业教育，是培养高级旅游专业人才的社会活动。而现代旅游高等教育存在以下问题[3]：一是学生就业率低下，企业对学生的认可度低下。据统计显示，旅游专业的大学本科生毕业后从事旅游行业的不到总人数的50%，而两年后能继续从事旅游的本科生也只有40%左右，也就是说约有80%的旅游专业大学毕业生没有在旅游行业就业。二是学科设置及教学模式难以造就多样化人才，教育与市场需求脱节。旅游管理是属于管理学下设二级学科，所以在课程设置上，一方面要满足管理学主干课程的学分要求，另一方面要满足工商管理学科的学分要求，同时还要考虑旅游管理对口专业的知识和技能培训，因此，造成了旅游管理专业课程设置出现重复化、杂乱化、肤浅化的问题。三是旅游高等教育缺乏灵活性，教育模式僵化。目前，在旅游专业高等教育教学上，一方面，教师主要采用的方式还是"填鸭式教学"，教师单方面地进行知识的传授，较少与学生进行反馈互动；另一方面，学生对这些晦涩枯燥的理论知识很难理解，并不知道这些理论在现实生活中起到怎样的指导意义，因而失去了学习兴趣。

2.1 现代旅游的发展趋势要求旅游高等教育应注重市场化发展要求

旅游高等教育与市场要求的脱节、学生素质达不到企业要求的标准，表现有两点：一是学生就业率低下，学生找不到好工作，企业招不到高素质的人才，企业成本增加；二是已就业学生的辞职率增高，因为学生素质达不到企业要求的标准。进而只能从基层做起，学生压力变大，辞职率增高。未来旅游业发展竞争激烈，旅游市场对学生的要求必将进一步提高，必须将旅游高等教育与市场化要求相结合。

2.2 现代旅游趋势的发展要求旅游高等教育注重学生主动性的培养

未来旅游的发展趋势表现在产品精细化的发展，营销方式的多样化。主动学习能力一是可以帮助学生更快地适应工作的要求；二是可以帮助学生掌握最新的营销方式，熟悉更多的产品，更好地提升自己的竞争力、生存力。

2.3 现代旅游的发展趋势要求旅游高等教育注重学生创造性思维的培养

旅游管理专业学生毕业后须独立面对错综复杂、瞬息万变的市场，独立开展自己的工作，创新思维的培养尤为重要[4]。未来旅游发展趋势独特性的要求和未来旅游消费主体对特色旅游的苛求，对学生的创造力提出了更高的要求。

3 旅游高等教育适应旅游发展趋势变化的对策建议

3.1 建立以学生为核心的个性化与多样化的教育模式，以问题为导向的教学方式

首先，传统的"填鸭式"教育不再适应现代的旅游高等教育[5]，学生作为教育的核心，应拥有主动选择的权利，知识经济时代证明产业化的学生将被市场所淘汰、厌弃，其原因则是大学剥夺了学生的自主选择权，剥夺了学生的自主性。同时，借用管理学上最常用的"SWOT"分析法，让学生对自己进行评估。SWOT（Strengths Weakness Opportunity Threats）分析法，又称为态势分析法或优

劣势分析法，用来确定企业自身的竞争优势（strength）、竞争劣势（weakness）、机会（opportunity）和威胁（threat），对自己进行详细的评估，发现自己的优势、劣势，同时清醒地认识到自己到社会上将处于的位置有机会、有威胁，避免过高或者过低地估计自己的水平。这要求学校在设置课程时注意课程内容的多样化、丰富化，培养学生既要个性化发展又要多样化教育。个性化发展的本质正是为了发现、激发、唤醒个性的潜能。换言之，个性化发展就是注重学生自身个性的塑造，培养、引导学生的个性发展，发掘学生个性潜能，找到每一个学生身上的优点，帮助他发现和找到他自身潜藏的能量，发挥自己的优势。个性化发展是在尊重学生自身条件、天赋的差异、优势，承认差异，重视个性，发展个性的基础上发挥学生的长处。而多样化教育则是培养多样化的人才，从市场的角度看，旅游需要多样化的思维。21世纪的旅游业蓬勃发展，旅游业开始涉及各个领域，包括旅游景观的策划、设计、宣传、营销等，这就对旅游人才产生了多样化的要求。

同时，采用问题导向的教学模式，针对问题进行研究，避免教学时没有重点，问题就是重点，问题就是核心，围绕问题让学生自己动手查找资料、提出方案，论证方案的可行性，实践实施方案，总结、发现问题后进行新一轮的论证，解决问题。以问题为导向的教育模式的优点是赋予学生学习的主导性，发挥学生灵活、多样的学习方式，它可以更有效地将不同的学科及学科间的联系密切起来，建立有用的知识体系，锻炼、培养学生的沟通、报告写作、团队合作、解决问题、自我学习的能力，有利于激发学生的学习热情。

3.2 旅游的市场化要求具有职业化的人才

未来旅游的运营模式必是市场化的运营，更多的特色主题更贴近私人化要求；未来旅游必是更多人可以享受的生活休闲方式；未来的旅游必是更加职业化和细分化市场的表现[6]。旅游作为一种资源，从资源配置的优化和发展方面来说，为达到资源的优化配置则必须引入市场化竞争，优胜劣汰。而对于人才来说同样面临着竞争问题，管理学上根据各个层次需要技能的比重不同将人才分为三个阶段，基层管理者需要更多的是技术技能，中层管理者需要更多的是人际技能，而高层管理者需要更多的概念技能，旅游高等教育学生毕业后企业最看重的是技术技能，也就是业务素质，这就要求我们在培养人才的时候要面向市场，根据市场的需求培养学生，从某个方面来说就是"需求产生市场"，走教研结合、校企联合的教学道路，学校负责学生的理论思想建设，企业负责学生业务素质的培养。

旅游市场的未来必将是更加细分的专业化的市场，专业化的市场要求职业化的素养和职业化的服务。旅游正在变成生活的一种方式，旅游正在市场全球化，旅游消费人群的增加意味着更加多样化的需求，旅游景观、旅游产品必将由普遍向细分转变。同时，个人对旅游景观的需要不断增加，个性化的"80后"、"90后"正在成为旅游的主力，他们不仅对旅游景观的独特性要求甚高，而且希望在旅游景观视野的享受之外得到更多的超越。个性化、市场化、专业化的旅游市场必然需要职业化的服务人员，培养职业化的人才需要学校在专业化的思想、职业化的精神、精致的服务艺术、良好的组织管理能力方面有所侧重。专业思想就是服务至上的基本观念，客人就是上帝；职业精神是指作为职业人应该具备的基本素质，是职业人；服务艺术是指使客人快乐，赢得客人忠诚的艺术；组织管理能力是指培养学生的团队合作意识、学习意识、创新观念，有一定的组织协调能力。

3.3 学生作为受教育的主体应具备全球化视野、创造性思维能力

随着国际全球化的推进，国家与国家之间、区域与区域之间的联系必将越来越紧密，其表现为外国游客来华人数显著增加。据国家旅游局旅游统计数据显示，2013年全年入境外国游客2 629.03万人次，同时，我国公民出境外旅游也快速增长。据2013年国家旅游局统计，2013年中国公民出境人数达到9 818.52万人次，比上年增长18.0%。旅游全球化还表现为国内旅游面对着国外旅游业的激烈竞争，国际旅游市场竞争将会愈演愈烈，经营管理水平将在其中扮演重要角色。作为服务的提供者，我们必须拥有全球化的视野，因为你将面对的不仅仅是来自景观物质方面的竞争，更多的是来自特色服务方面的竞争。这也对各个国家提出了越来越高的要求，形成严峻的挑战。从旅游产业的经济特征来看，旅游经济是一种知识经济。知识经济是一种网络化条件下的创新经济，重视现代科学技术的运用，注重创造和创新，需要人格独立、具有创新精神和创新能力的人才；从旅游的本质来说，旅游的目的是为了获得精神上的放松、愉悦，而市场所要做的就是为旅游者提供独特的体验过程；现代经济带来不断出现的新的旅游产品，新的技术手段不断拓展的信息技术无疑会延展旅游的内涵，而产生新的旅游产品，同时以网络为代表的新的营销方式正在悄悄地改变着传统的旅游营销方式，这一切无疑证明了创新性思维在以后的旅游中将是维系生命力的必备条件[7]。

具备创造性思维，第一，我们要做的就是打破思维的壁垒。我们处于知识经济时代，每时每刻都有新的观念、新的知识产生，我们此刻的知识在下一分钟就会落后于世界潮流，我们应该谨记，世界上唯一不变的是变化，所以我们要从思想的本质上去更新自己的知识，不断地改变，时刻跟随世界的潮流。第二，技术是时代的推动者。一个新的技术从出现到应用的周期正不断缩短，如果我们错失了应用这项技术的机会，我们就失去了竞争的优势，旅游业作为亲民的行业更是

如此。作为服务主体的我们是否更应该关注新技术的研发与应用呢？我们更应该大胆地尝试应用新的技术才不会落后于世界。第三，与时俱进的旅游营销手段。新的产品出现新的营销手段就要跟随，现代经济不再是"酒香不怕巷子深"的时代，我们可以做得更好，而且必须要做得更好，这样做的好处是可以获得更高的知名度，还可以更好地参与市场竞争。

总之，旅游管理专业培养人才模式的构建，要根据未来旅游业发展的实际需求、旅游市场化的职业要求及个人对自身发展的严格要求，在未来的旅游管理教育中注重对学生的差异化教育，注重个性化与多样化培养，注重对学生职业化素养的培养，也要培养学生的全球化视野和创造性思维。旅游业是一个正在高速发展的行业，只有密切注意行业发展的最新动态，了解旅游业对本专业人才的特殊要求，针对未来的旅游业发展的需要，才能量体裁衣、因时制宜地构建出有自己特色的人才培养模式，增强竞争力。

参考文献

[1] 谢彦君. 旅游的本质及其认识方法——从学科自觉的角度看 [J]. 旅游学刊，2010（1）.
[2] 徐菊凤. 关于旅游学科基本概念的共识性问题 [J]. 旅游学刊，2011（10）.
[3] 彭丽. 中国旅游高等教育存在问题及发展设想 [C]. 旅游学研究（第五辑），2010.
[4] 董观志. 知识经济时代旅游高等教育的模式创新研究 [J]. 旅游学刊，1998，S1.
[5] 陈秋华，张健华. 旅游管理本科专业人才培养模式的探讨 [J]. 福建农林大学学报：哲学社会科学版，2005（3）.
[6] 李建欣. 旅游学科体系研究：回顾与展望 [J]. 旅游学刊，1999，S1.
[7] 吴必虎，邢珏珏. 旅游学学科树构建及旅游学研究的时空特征分析——《旅游研究纪事》30年 [J]. 旅游学刊，2005（4）.

Investigation on Contemporary Tourism Higher Education from the Third Perspective

Gao Yanchao

Abstract: Based on the analysis of the essence of tourism, the future development trend of tourism industry, and the basic demand of the society to the modern tourism education and problems existing in the modern tourism higher education, the author put forward three points: first, the education mode should keep balance between personalization and diversification. Second, professional market-oriented education must be advocated; third, as the main body of education, the students should have global vision and creative thinking ability.

Key words: tourism higher education, trend the problems, countermeasures

关于××大学旅游管理人才培养的思考

胡观景

摘 要：笔者以一个学生的视角，通过参与式观察，对××大学旅游管理专业从课程设置、教师队伍、教材选用、课堂教学、教学质量评价与实习实训六个方面进行了讨论，并对旅游管理人才培养模式进行思考。

关键词：旅游管理、人才培养、思考

1 课程设置

国内外学者目前普遍倾向于认为旅游学是一门复合型的学科，具有多学科性和跨学科性[1]。既是多学科和跨学科，那么对于开设有旅游管理专业的高校来说，在课程的设置上便不可能偏于一隅、内容单一，而是设置多种必要的课程门类。但是，作为一门尚未成熟的学科，旅游学究竟由哪些基础学科交叉组成，目前尚无定论，高校在专业课程设置上更显五花八门。

尽管旅游学作为一门独立的学科在我国至今还没得到官方的认可[2]，但是任何事物都有一个基于自身特质的基本核心或本质属性，由此奠定一个学科的基础，旅游学所研究的范围如此之广，其他任何学科无法涵盖，所以要独立出来单设一门学科，但是学科独立出来之后，应该建立自己的主干学科，统筹其他各交叉学科的研究发展。从这个角度来看，笔者认为，旅游学应该开设一门基础旅游学课程，专门介绍旅游学的本质与属性，厘清旅游学的相关概念，确定旅游学的研究对象与框架，探讨旅游学的研究方法。

××大学旅游学院与国内众多高校一样开设了一门旅游学概论课程，但严格说起来该课程只是比较浅显地对旅游学"一概而论"，只是庞杂地罗列一些旅游学的概念、理论，并没有形成严密的知识体系和逻辑范畴，让初学者学完之后脑子里只知道旅游学研究面很广，但仍不清楚究竟什么是旅游、什么是旅游学。

根据教育部规定，××大学旅游管理专业将管理学、经济学、市场营销学、统计学作为旅游专业的学科基础课程，并无不可，但是仔细考量，这些课程似乎又都不属于旅游学的范畴，旅游学涵盖一部分管理学、经济学的知识，也借鉴这些学科的理论和研究方法，但是并非要全盘吸收它们整个学科的内容，因为这样旅游学——倘若有旅游学这门基础学科的话——与管理学交叉形成的旅游管理学、与经济学的交叉形成的旅游经济学、与地理学的交叉形成的旅游地理学等新

课程就显得多余了，而后者才是旅游学所研究的范畴，才是旅游学科需要开设的课程。因此，依笔者之浅见，有些课程是不需要开设的。例如，在××大学旅游专业的课程设置里，开设了一门经济学，同时又开设了一门旅游经济学，开设了一门旅游企业财务管理，又开设了一门基础会计学。

导致这种情况的原因或可归结为：首先，旅游学独立的知识系统不够完善，原母学科的影响过于深远，在与新学科的融合中反客为主，导致学科内容实际是站在管理学或者经济学的角度研究旅游问题，而不是站在旅游学的角度研究管理或者经济问题。其次，教育部的硬性规定，未能给予高校在课程设置上一定限度的自由，使得高校没有空间结合自身办学特色开设专业课程。××大学的旅游专业就没有利用好与全国知名的烹饪专业同在学院这一优势，在课程教学上没有做好有效的借鉴与融合。

2　师资队伍

教师是教学育人的主体，高校人才培养质量需要教师作为主体来承担人才培养和教育教学工作的重任，只有广大教师对质量的高度重视和倾力付出，才能防范质量问题于未然，才能最大限度地减少或避免质量问题的出现[3]。教师能否有这样的能力，取决于多种因素的综合作用，首先是师资力量。目前，××大学旅游管理专业师资队伍存在严重不足，尽管学院有1名教授、3名副教授，但总体而言，整体师资水平亟待提高，任课老师普遍是硕士学历，博士学历以上者寥寥无几。教师能否胜任教学任务，是教学质量能否得到保证的关键。其次，反映在教师承担的课程教学方面。有的教师一人身兼多门课程教学，例如教餐饮服务学的老师兼教旅游心理学，教客房管理的老师兼教饭店管理、前厅管理和旅游经济学，而真正经济学专业出身的老师不仅教经济学，同时还教旅游文化学和会展概论，等等。教师兼任课程过多，是师资数量不足的一种表现，如果不能形成相对稳定的教学和研究方向，将导致教师精力分散，疲于应付上课，不能对某一课程内容有系统深入的理解和掌握，最终影响专业人才的培养质量。

此外，由于师资不足的矛盾比较突出，导致一些专业课程本专业难以开出。譬如，基础会计学还需要到别的学院"搬救兵"。

这些问题的出现一部分原因是学院在师资力量建设上的投入不足，在人才引进机制上不够灵活，资深教授在教师聘任上没有话语权，同时，学院把过多的力量投入在烹饪系，而对旅游系学科的发展不够重视。为了更好地发展旅游学系，应该大批量引进专业人才，建设一支具备较强科研与教学能力的师资队伍。

3 教材选用

教材是培养人才的基础,教材的选用很大程度上体现一个教师的教学水平,至少能体现该教师在这个领域里的学识和眼界。近几年,旅游业发展很快,对旅游活动的研究成果不断更新,因此选用高水平的教材对于人才培养质量的提升十分重要。

教材陈旧是一个问题。这里结合前面的课程设置来谈,××大学旅游专业主干课程旅游心理学采用的教材是国内一位学者 2001 年出版的《旅游心理学》,旅游财务管理课程采用的是另一位学者 2003 年出版的《旅游饭店财务管理》,就旅游学目前的发展状况来看,上述两门课程的教材,无论从数据案例还是研究方法看都显得较为陈旧。

教材质量粗劣也是一个问题。××大学旅游专业开设了一门旅游企业战略管理课,选用的教材是本系一位教师主编的《旅游企业战略管理》,该书只是将一般企业战略管理的理论硬生生地套用在旅游业上,忽视旅游企业与一般企业的差异,并未对旅游业的实际情况作实证分析,因而该书在内容结构和结合旅游业的实际情况方面都有待改进。

××大学旅游管理专业旅游学概论这门课程使用的教材是任课教师自己编写的《旅游概论》,实事求是地讲,这本书和一般概论类的教材大同小异,只是罗列一些旅游学的概念和理论,结构松散,东拼西凑,没有新东西。就笔者接触到的概论类教材而言,李昕编著的《旅游管理学》(第三版)(中国旅游出版社 2012 年版)相对较有新意,借鉴和吸收国内外旅游业发展以及旅游学研究、旅游管理理论研究方面的最新成果,从学术和专业的角度总结并提炼了旅游管理学理论,时效性较强。同样,国内使用时间最为悠久的由南开大学李天元教授编著的《旅游学概论》(第六版)(南开大学出版社 2009 年版)尽管侧重点不同,但内容也比较全面。但是,这两本书作为旅游学的基础课程教材有些欠妥,因为这两本教材都偏于应用,在对旅游学的本质和属性上未作更深层的探讨,对旅游学的理论未做深入的阐释和发展。学科的发展需要理论的支撑,因此笔者认为,老师在教授这两本教材之前,还应该择取一本更基础的教材作为铺垫,先让学生认识旅游的本质。

从目前的情况来看,东北财经大学谢彦君教授撰写的《基础旅游学》(第三版)(中国旅游出版社 2011 年版),有比较严密的逻辑体系,且对于旅游学的基础概念给出了较为严谨的推导,对学科体系的论证比较全面、深入,当然由于该书偏重于理论探讨,能否作为本科旅游管理专业的概论类课程,还必须慎重。

4 课堂教学

课堂是教师传授知识的殿堂,是学生接受知识、教育的主要场所。向课堂要质量,是每一位教师义不容辞的责任。但是,在笔者曾经修过的专业课上,一些教师由于备课不充分,准备不足,在课堂上从头至尾讲的全是自己家里的琐事,或是保姆带女儿玩耍的趣事,或是自己出去游玩的经历,和这门课所要讲的内容完全不相关。明确学习目标,学习效率就高,这是开展"目标教学"的基本要求,也是教学实践证明了的一条基本教学规律[4]。可是有些教师却往往做不到合理规划,因而常常完不成预先设定的教学计划。这一问题与教师的职业态度和对学生的责任感有很大关系,教师应该本着对学生负责的态度,传道、授业、解惑,而不应该把学生当做拉家常的小白鼠。

教师能力一方面体现在科研水平上,另一方面体现在课堂的教学质量上。教学质量的保证也建立在教学计划完成的基础上,一些教师刚开学的几周上课节奏很慢,到了下半学期就开始赶进度,有时甚至到了期末好多内容来不及讲,只好带学生们翻开书画一画考试重点,这就算完成了这一学期的教学计划。这种虎头蛇尾的教学并不鲜见。

在教学方式上,照本宣科的教师也有不少。一些教师上课即使有互动,也只是简单地评价,只注重对学生回答问题结果的评价,忽视对学生思考问题过程的评价[5]。学生普遍喜欢的是案例教学,但老师们的个人实践经验很有限,或者根本就没有这方面的实践经验,因而在教学中就不可能有太多的真知灼见,也只是拿来别人的观点,对于旅游管理这种十分强调实际应用的专业,如果教师传授给学生的理论知识偏离实际,对于学生就业尽快适应行业发展需要将产生难以估量的后果。

为了保证教学质量的合格,首先,教师应该树立正确的教学态度;其次,学院应该建立有效的监督机制,让学生对教师的课堂教学做出评价,并能及时反馈到相关教师。这是笔者下一节要讨论的问题。

5 教学质量评价

评价是一种价值判断,是对事物满足主体需要程度的一种价值判断过程。对教师教学进行评价是为了进一步提高教师的教学技能,促进教师的专业化发展,对教师现有工作态度、内容、方法及提升空间的价值判断的过程[6]。尽管学校每学期末都进行由学生对教师教学质量的测评,但往往安排在选课之前的紧急时刻,很多学生急着选课,对教师的测评往往应付了事。

现在,很多高校采用就业率来评价教学质量,但效果却值得商榷。学校每年的就业率确实很高，几乎百分之百。抛开这个干巴巴的数字来看笔者的学生毕业之后的状态。刚离校的时候看似人人都有了工作，人人都拿着工作协议到学校领了毕业证书，可是毕业一个月之后却是另一番景象，有一半学生开始重新找工作，有的学生现在依然处于失业状态，有的即便找到了工作，也是被当做廉价劳动力。学校计划培养的是"旅游专业人才"，培养的是"具有旅游管理专业基本知识、基本理论和基本能力，能在各级旅游行政管理部门、旅游企事业单位从事旅游管理工作的应用型本科人才"，但是现在毕业生有多少从事旅游行业呢？就拿笔者当时所在的班级来说，共31人，现在毕业的学生中从事与旅游行业有关工作的不到三分之一，除了一个学生自己开办旅行社，其他几位无一例外地在酒店当服务员。也许旅游行业就业率低是我国高校的一个普遍问题，如果这个问题长期得不到有效解决，将直接影响未来旅游管理专业的发展和人才的培养，绝不可等闲视之。

6 实习实训

在旅游管理教学计划的制订和执行方面，教学计划把专业实习时间安排在大三上学期一整个学期，为了能让学生们在实习前掌握所有相应的理论知识，因而把教学课程集中在大一、大二上完，而在大三上学期实习完回到学校后又没有安排后续课程，以致到了大四，学业要结束时又安排了大量课程，教学计划安排的不紧凑，导致学生在就业、考研和上课之间十分纠结。因此，学校课程安排在时间上也应更合理。

由于实验室建设滞后，旅游管理专业学生的实训课程较少，除了大一有餐饮操作课和客房实务课的摆台、铺床之外，大量的实训课程都不能开出。尽管学校建有模拟导游实验室，但不知何故从未开放过。

至于专业实习，目前旅游管理专业的实习几乎全部集中在酒店，并没有安排在旅行社和旅游景区进行专业实习。本校旅游管理专业设置了两个专业方向，实习却只有一种选择。何况学生去了酒店实习，大多是被安排在最基层的服务部门，时间又长，一干就是6个月，工作又非常辛苦，岗位往往固定化，即便能换部门也只是从餐饮服务员变成客房服务员。所以在实习归来的时候，很多学生都下定决心再也不去酒店工作。近来不断有学者谈专业认同度[7]，专业认同度是个体对于社会现实中的专业在主观上的一种感受，是个体与该专业内心保持一致和平衡的程度。就笔者了解的学生而言，旅游管理专业学生的专业认同度普遍较低。这种一边倒的实习安排，一方面是由于方便学校的统一管理；另一方面相对于旅行社，酒店能够相对长期稳定地接收实习生，而旅行社的业务具有较强的季节性，因而不能给实习生充分的实习机会。学校在加强与企业合作的同时，应保护学生的权益，为学生争取在不同岗位接受锻炼的机会，不应该把学生抛给酒店之后就不闻不问。同时，也应创新与旅行社的合作形式，学生进企业，也可以企业进课堂，广开门路，分散实习，为学生的实习提供更多的单位选择。

7 结语

笔者从一个旅游管理专业学生的角度，从上述六个方面谈了自己的亲身感受，囿于见解和知识的限制，这种直观的认识必然存在缺陷，甚至难免出现以偏概全的情况。本人旨在通过一个特定的实例反映旅游管理专业在人才培养方面存在的种种问题，以引起相关各方的关注，切实采取措施，科学合理规划，系统有效解决，着力解决旅游管理专业人才培养中存在的问题，为社会输送大批合格的高素质专业人才，促进旅游业的健康发展。

参考文献

[1] 李昕. 旅游管理学 [M]. 3版. 北京：中国旅游出版社，2012.
[2] 谢彦君. 对旅游学学科问题的探讨 [J]. 桂林旅游高等专科学校学报，1999 (10)：12 - 13.
[3] 林健. 教师自主驱动的高校人才培养质量保障机制建设 [J]. 清华大学教育研究，2014 (1)：28.
[4] 常华锋. 学科教学设计模式的建构研究 [J]. 当代教育科学，2014 (15)：13 - 14.
[5] 张春珍. 教学型大学教师评价素养的提升 [J]. 教育评论，2014 (7)：43.
[6] 陈玉琨. 教育评价学 [M]. 北京：人民教育出版社，1995.
[7] 李志，王琪琪，齐丙春. 当代大学生专业认同度的现状及对策研究 [J]. 高教探索，2011 (2)：131 - 132.

Reflections on the Talent Nurturing in Tourism Management of xx University

Hu Guangjing

Abstract：Through participation observation and from the perspective of one student does the author discuss the curriculum, faculty, selection of teaching material, classroom teaching, teaching quality evaluation and practice teaching of Tourism Management Bachelor Program in ×× University? Thinking on the nurturing mode of tourism management talents has been given.

Key words：tourism management, nurturing of talent, thinking

下编

协同创新结佳果
2014届旅游管理专业优秀学士学位论文

1994年,广东财经大学(原广东商学院)开始招收旅游管理本科生。20年来,在上级的正确领导下,广东财经大学几代旅游管理师生筚路蓝缕,努力探索,特别是2010年启动广东省旅游管理特色专业建设以来,以"协同创新、质量引领"为理念,积极探索"科学研究、教书育人、产业创新"一体化的旅游管理育人模式,人才培养质量不断提高。旅游管理专业2010级学生吕良杰、2011级学生郭心怡获得2013年在美国举办的"全球大学生数学建模竞赛"一等奖;2014届旅游管理专业14名学生分别运用均值比较与分析、非参数检验、回归分析、因子分析、重要性绩效分析(IPA)、格兰杰因果检验等数理统计分析技术,对旅游管理学术问题、行业问题进行分析,完成了旅游管理学士学位论文,是广东财经大学旅游管理特色专业建设的一个标志性成果,除廖子韵、陈硕烁、吕良杰、程雨丝4名学生的学士学位论文已经收入《广东财经大学优秀毕业论文(2014)》外,其余10名学生的学位论文收录于此,以供旅游管理专业的学子、同行交流批评。

深圳市旅游公共信息服务满意度研究*

李雪雯

摘　要：笔者以深圳市为例，对都市旅游业公共服务满意度进行了研究。本文重点研究大众游客，尤其是散客对旅游公共服务领域中政府应承担的旅游信息咨询服务的满意度。本文在对都市旅游公共信息服务对象、主体、调查分析的基础上，结合服务满意度调研结果，说明深圳市完善旅游公共信息服务平台的必要性，以及提高深圳竞争力。

关键词：旅游公共信息服务、深圳市、旅游者、满意度

1　引言

随着旅游业大众化、产业化发展，游客更加注重旅游活动的自主性、灵活性和多样性，对旅游公共服务尤其是对旅游基础设施、接待设施、配套设施、自助旅游信息等要求越来越高。完善旅游公共信息服务，既是旅游法律相关方面的要求，也是城市政府转变职能、应对市场需求变化的需要。深圳作为特区城市，毗邻香港，在中国城市中有相当的代表性。

2　文献综述

2.1　概念界定

在中国，旅游公共服务概念的创立仍是一个崭新的课题，其概念也存有亟待争论的因素。作为旅游公共服务的核心组成部分，旅游公共信息服务的概念早在2007年即作为旅游公共服务体系的一部分出现。从2010年开始，国内以"旅游公共信息服务"作为独立研究对象的文章出现。黄燕玲等[1]认为旅游公共信息服务是一类政府主导下的旅游公共服务，以不赢利为主要目的，不同于旅游餐饮服务等。叶全良等[2]认为旅游公共信息包括旅游网站、咨询实体设施、旅游资讯平台与旅游解说标识服务。潘虹[3]归纳多位学者的观点，提出旅游公共信息服务是由政府部门、事业单位、社会团体包括非政府组织、非赢利组织乃至具备

---

*　指导教师：陈建斌。此文是"我国旅游目的地竞争优势比较研究"（10BGL051）成果。

相应条件的私营部门等众多机构，共同通过旅游信息服务平台和高科技信息服务设施等方式向旅游者（特别是日益增长的自助游游客）、当地公众提供旅游向导、信息咨询、票务预订、服务宣传、投诉建议、安全救援等服务的总称。

2.2 国内外旅游公共信息服务研究综合评述

国外学者对于旅游公共服务的研究起步较早，旅游公共服务研究体系基本完善，其研究注重专项分析，涉及旅游交通服务、旅游信息服务、旅游安全保障等领域。早在 2007 年，英国学者等[4]从政府视角对旅游公共服务进行探讨，将交通服务质量与旅游目的地满意度结合进行研究，指出游客对旅游地公共交通的感知评价与游客体验、总体满意度及重游意愿关系密切。

然而，伴随着科技的迅猛发展，国外针对旅游信息服务的研究数量远小于旅游交通服务和安全保障的文献数量。尽管 21 年前 Patrick[5]曾针对美国科罗拉多州的旅游咨询中心进行效果研究，发现信息咨询中心对旅游者停留目的地时间和旅游消费有重大影响；学者等[6]在文献中指出一个旅游目的地必须提供一个完整的旅游信息服务，而旅游网络（信息）服务是未来发展趋势之一。但专门针对旅游公共信息服务的研究仍然较少，以具体城市为例将公共信息服务与旅游目的地满意度结合进行研究的数量更为稀少。

现有研究多集中在发达国家一线城市，John[7]通过对悉尼旅游信息中心的调查，了解到旅游咨询信息提高了旅游者对六大要素食、住、行、游、购、娱的认知度和信息透明程度，充分保障了旅游者对旅游消费的满意度。香港理工大学的 Wong 等[8]通过在澳门进行调查，认为旅游者对旅游咨询服务满意度的四个影响要素分别是：工作人员是否理解咨询者的需要，工作人员对所提供服务的熟悉程度，工作人员的服务态度和工作人员的工作环境。

国内关于旅游公共信息服务的研究起步较晚，截至 2014 年 3 月 15 日，中国知网可查获的以"旅游公共信息服务"为主题或篇名或关键词的期刊论文、硕士博士学论文共 23 篇，报纸文章 5 篇。

李爽等[9]就旅游公共服务的内涵、特征与分类框架三个方面进行了界定与探讨；叶全良等[2]运用层次分析法，以新公共管理理论中顾客价值理论为研究依据，对旅游公共服务的内涵做了逐层分析，发挥了定性分析与定量分析结合的优势，建立了首套完善的国内适用的旅游公共服务评价指标体系。

由于我国各城市间经济发展水平不一，政府对于旅游公共信息服务体系建设的认知程度与投入也不同。张国丽等[10]以浙江省为例，探索如何运用智慧旅游的手段，弥补旅游公共信息服务建设的不足；吴文佳[11]从行政学、经济学、地理学等多学科视角，以上海市旅游公共信息服务调查现状为案例，探索大都市旅游信息服务的供给模式的科学机理。潘虹[3]运用顾客感知理论，把旅游公共信息服务评价因素分解为感知价值(服务品质、功能价值、情感价值、社会价值)和感知代价(行为牺牲、感知风险)。

3 研究现状与本文创新之处

在旅游公共信息服务方面,美国等发达国家与地区的旅游信息服务体系已较为完善,相比国内研究,国外的研究结果更重视在旅游咨询服务中心和旅游网络两方面的相关设施建设。国内研究虽然起步较晚,但基于国外的研究成果已较为显著。然而,从研究视角来看,国内外研究都集中于定性分析旅游公共信息服务的发展现状与发展方向,缺乏在已有描述统计上的信息处理,甚少涉及旅游信息公共服务的满意度调查,以及对调查结果的评价研究。这对我国旅游业长久发展不利,从旅游者角度探讨旅游公共信息服务的需求与价值,才能更好地进行相关建设。

因此,本文旨在结合国内具体城市旅游公共信息服务发展现状,进行实证研究,从而提出具有针对性的发展对策。

4 数据来源与技术路径

旅游公共信息服务满意度调查涉及旅游网路信息服务、旅游信息咨询服务、旅游标识解说服务等多个方面,是多因素的动态复合系统。基于此,在调查中重点应放在旅游者的关注点,包括旅游者在旅游公共信息服务中主要希望获得哪些服务,在得到这些服务时需要付出哪些成本。因此,本文在借鉴 Mckercher 和潘虹对于旅游公共信息服务满意度评价因素的研究进行总结,将感知价值作为旅游公共信息服务的主因子(图1),包含服务设施品质、服务人员素质、信息价值、行为成本、信息效果5个子因子。

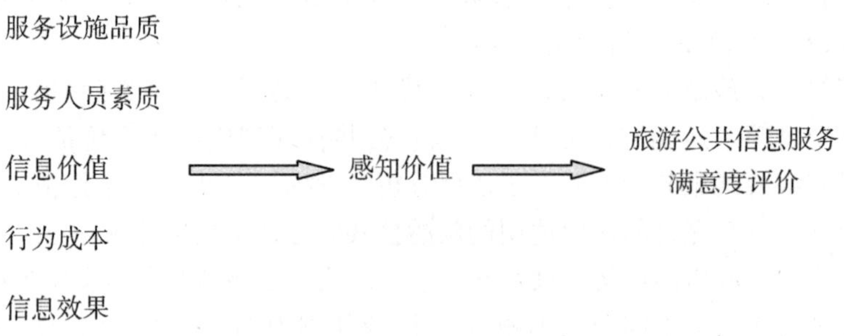

服务设施品质

服务人员素质

信息价值 ⟹ 感知价值 ⟹ 旅游公共信息服务满意度评价

行为成本

信息效果

图1 旅游公共信息服务评价框架

资料来源:笔者,2014。

在借鉴前人研究的基础上,结合笔者对旅游学、服务管理等相关学科知识的查阅,考虑针对指标设立调查具体问项的可获得性,咨询专家意见后,选取了5个因子17个指标(表1)。

表1 旅游公共信息服务评价体系

目 标 层	准 则 层	指 标 层
旅游公共信息服务满意度评价体系	服务设施品质	服务设施现代化
		服务功能齐全度
		服务设施规范化
		服务设施可进入性
	服务人员素质	服务态度
		服务技能
		个性化服务
		服务效率
	信息价值	信息可靠性
		信息量
		信息及时性
		信息双向交流
		信息质量保证管理
	行为成本	时间成本
		货币成本
	信息效果	重复使用信息意向
		推荐信息服务意向

数据来源:笔者,2014。

根据上述指标展开为调查问卷中17个具体的问项(表2)。

表2 旅游公共信息服务满意度指标及具体问项

指 标	具 体 问 项
服务设施现代化	拥有现代化的信息服务设施
服务功能齐全度	信息服务设施具备齐全的服务功能
服务设施规范化	拥有规范化和标准化的信息服务设施
服务设施可进入性	使用信息服务设施的便捷性
服务态度	信息服务人员的服务态度
服务技能	信息服务人员的服务技能
个性化服务	信息提供人员可以满足个人需求的定制化服务

续表2

指　标	具 体 问 项
服务效率	信息服务人员解决问题的效率
信息可靠性	信息内容的可靠程度
信息量	信息量大，丰富程度
信息及时性	信息传递和更新速度及时
信息双向交流	与旅游者保持通畅的沟通互动
信息质量保证管理	对旅游者投诉处理的及时性
时间成本	获取信息付出的时间
货币成本	获取信息付出的金钱
重复使用信息意向	重复使用信息服务的意向
推荐信息服务意向	向他人推荐信息服务的意向

数据来源：笔者，2014。

最终形成的调查问卷被分为两个部分：第一部分为被调查者的性别、年龄、教育程度、旅游方式以及在深圳市接触、使用过的旅游公共信息服务；第二部分则是旅游者对于深圳市旅游公共信息服务评价指标的满意程度（表2）。本问卷采用李克特五分制量表评价对每一题项的满意度。

本研究通过现场发放问卷调查以及在互联网发放调查链接随机调查，总计回收问卷120份。将问卷编码鉴别剔除不合理样本后，最终有效问卷119份，有效回收率99.2%。

5　数据分析与讨论

5.1　样本频率分布

表3　样本基本情况统计表

项　目	分　类	频数（样本总数119）	频　率
性别	男	46	38.7
	女	73	61.3
年龄	18岁以下	3	2.5
	18～25岁	36	30.3
	26～44岁	69	58.0
	45～65岁	10	8.4
	66岁以上	1	0.8
居住地	城镇	99	83.2

续表3

项目	分类	频数（样本总数119）	频率
教育程度	非城镇	20	16.8
	硕士及以上	14	11.8
	本科	67	56.3
	大专	28	23.5
	中专及高中	10	8.4
	初中及以下	0	0.0
旅游出发地	深圳市特区游客	34	28.6
	非深圳特区的广东省其他地方游客	34	28.6
	广东省外其他省份游客	49	41.2
	非中国游客	2	1.7
旅游方式	团对旅游	49	41.2
	自助旅游	70	58.8
旅游信息来源	电视广告	17	14.3
	报纸杂志	16	13.4
	宣传推介活动	18	15.1
	网络媒体	42	35.3
	亲友介绍	18	15.1
	旅行社	8	6.7
	其他（请注明）	0	0.0
接触或使用过深圳市旅游公共信息服务	深圳市文体旅游局网站	73	61.3
	深圳市旅游信息咨询电话	64	53.8
	旅游咨询服务中心或城市U站	68	57.1
	旅游公示语	96	80.7

数据来源：笔者，2014。

从表3可以看出，被调查者的性别、年龄、居住地、学历程度等各方面都比较合理，样本也具有一定的广泛性。其中，被调查者构成女性大于男性，分别占61.3%和38.7%。年龄层次主要为中青年，18~44岁的被调查者占88%，可见中青年是深圳市游客市场的主力。受教育程度以本科和大专为主，出发地大多为广东省内城镇。在旅游方式一项中，有58.8%的自助游游客，这一群体对旅游公共信息服务需求较大，使用频率相对较多，说明对于此调查主题，调查样本具有说服力。具体来讲，61.3%的被调查者曾登录过深圳市文体旅游局网站了解信息，53.8%的被调查者知晓或使用过旅游信息咨询电话，57.3%的被调查者曾经到过咨询中心，更有80.7%的被调查者关注旅游公示语，说明他们对深圳市旅游公共信息服务有一定程度的了解，而随机抽样的方式表明他们提供的数据信息具有一定的真实性和可操作性。

5.2 问卷信度分析

信度是指测量结果的一致性、稳定性及可靠性，一般多以内部一致性来表示该测验信度的高低。本文采用克隆巴赫系数来测量问卷的信度，据学者 Seyhmus 等[12]的研究，若 Cronbach's α 系数大于或等于 0.7 则说明指标可靠性可以接受（表4）。

运用 SPSS 18.0 进行信度分析后，结果显示问卷中 15 个问项（去除以重复使用信息的意向及向他人推荐使用的意向两个问项构成的效果测量指标）的整体 Cronbach's α 系数为 0.952，远高于 0.7 的可接受水平，具有极高的内部一致性。观察项目总统计量（表5），分项对总项的相关性都在 0.4 这一可接受水平上，删除任意问项后的 α 系数都没有显著提高，充分证明问卷测量内容具有较好的内部一致性。

表4 问卷信度结果

Cronbach's α	项 数
0.952	15

数据来源：笔者，2014。

表5 项目统计量

序号	项已删除的刻度均值	项已删除的刻度方差 γ	校正的项总计相关性	项已删除的 Cronbach's α 值
1	54.01	90.246	0.674	0.950
2	54.13	88.721	0.787	0.948
3	53.97	89.262	0.770	0.948
4	54.13	88.603	0.747	0.948
5	54.26	87.347	0.761	0.948
6	54.22	88.443	0.766	0.948
7	54.34	90.041	0.709	0.949
8	54.28	88.219	0.770	0.948
9	54.09	91.051	0.721	0.949

续表 5

序号	项已删除的 刻度均值	项已删除的 刻度方差 γ	校正的项 总计相关性	项已删除的 Cronbach's α 值
10	54.10	90.769	0.663	0.950
11	54.13	88.857	0.778	0.948
12	54.25	87.851	0.792	0.947
13	54.35	87.315	0.774	0.948
14	54.09	90.966	0.704	0.949
15	54.24	90.215	0.626	0.951

数据来源：笔者，2014。

5.3 问卷效度分析

效度是测量的有效性程度，即测量工具确能测出其所要测量特质的程度，或者简单地说是指一个测验的准确性、有用性。效度分析类型一般分为内容效度、准则效度和结构效度。本文研究将进行结构效度方面的检验。

因子分析是检验结构效度的常用方法，通过因子分析，可以看出问卷的结构和打分设计的基础——四维度结构（服务设施品质、服务人员素质、信息价值、行为成本）是否一致，借此来判断问卷的结构效度。

在进行因子分析之前，本次研究使用 KMO 检验和 Bartlett 球形检验来考察因子分析的适用性。检验结果（表6）显示 KMO 值为 0.947（>0.7），说明各变量间具有较高的相关性，可以进行因子分析。

表 6 KMO 和 Bartlett 的检验

取样足够度的 Kaiser-Meyer-Olkin 度量		0.947
Bartlett 的球形度检验	近似卡方	1255.119
	df	105
	Sig.	0.000

数据来源：笔者，2014。

Bartlett 球形检验的近似卡方值为 1 255.119，自由度为 105，显著性概率为 0.000，小于 0.01，故球形假设被拒绝，同样说明研究数据来自正态分布总体，适宜做因子分析，本问卷具有较好的结构效度。

5.4 因子分析

效度分析表明可以对本调查问卷的 15 个具体问项进行因子分析。

表7 总方差分解表

成分	初始特征值			提取平方和载入			旋转平方和载入		
	合计	方差的%	累积%	合计	方差的%	累积%	合计	方差的%	累积%
1	9.020	60.130	60.130	9.020	60.130	60.130	4.585	30.567	30.567
2	0.893	5.953	66.084	0.893	5.953	66.084	3.542	23.611	54.178
3	0.730	4.870	70.954	0.730	4.870	70.954	2.516	16.776	70.954
4	0.588	3.919	74.872						
5	0.548	3.651	78.523						
6	0.492	3.282	81.805						
7	0.478	3.189	84.994						
8	0.369	2.460	87.454						
9	0.348	2.321	89.775						
10	0.334	2.225	91.999						
11	0.305	2.031	94.031						
12	0.286	1.903	95.934						
13	0.225	1.500	97.434						
14	0.203	1.355	98.789						
15	0.182	1.211	100.000						

提取方法：主成分分析。
数据来源：笔者，2014。

采用主成分分析法提取公共因子，并通过不设定特征值选取3个公因子进行保留，获得总方差解释。如表6所示，本次研究提取出的3个公因子对总体方差解释率为70.954%。

将旋转后因子载荷大于0.7的指标作为所提取因子的解释指标，第一个公因子包含5项次级影响要素，分别是服务态度、服务技能、个性化服务、服务效率、信息质量保证管理，由于这五项要素都属于服务人员人为影响，不是客观的信息功能，因此将其归纳为"辅助因子"；第二个公因子涵盖服务设施现代化、信息量两个要素，二者都属于客观信息质量水平，因此概括为"质量因子"；第三个公因子包括货币成本，将其命名为"成本因子"。（表8）

表 8　旋转后因子负载表

旅游公共信息服务满意度要素	成分		
	1	2	3
服务设施现代化	0.161	0.765	0.365
服务功能齐全度	0.478	0.508	0.449
服务设施规范化	0.492	0.657	0.206
服务设施可进入性	0.367	0.576	0.447
服务态度	0.774	0.294	0.229
服务技能	0.712	0.370	0.233
个性化服务	0.718	0.296	0.206
服务效率	0.774	0.217	0.341
信息可靠性	0.342	0.492	0.532
信息量	0.304	0.794	0.104
信息及时性	0.554	0.610	0.193
信息双向交流	0.655	0.393	0.339
信息质量保证管理	0.734	0.242	0.374
时间成本	0.422	0.296	0.620
货币成本	0.265	0.178	0.838

提取方法：主成分。
旋转法：具有 Kaiser 标准化的正交旋转法。
a. 旋转在 6 次迭代后收敛。
数据来源：笔者，2014。

5.5　差异性分析

进行独立样本检验，在数据处理时，如果得出的相伴概率 P 值大于或者等于研究设定的显著性水平 α（$P \geq 0.05$），那么就可以在相应显著水平上接受零假设，表明研究现象之间不存在显著性差异。

依次采用 ANOVA 分析方式对性别、年龄、学历、居住地、旅游方式等造成的满意度差异进行非参数检验，绝大多数游客满意度影响因素的显著性都大于 0.05，甚至大部分远远大于 0.05。对于所有次级影响因素，不同性别或学历的游客的满意度不具有显著差异；年龄对信息获取及时性和双向交流的满意度有显著差异；居住地城镇与否对于信息获取及时性满意度也会造成影响；游客出发地对于获取信息付出的金钱成本满意度有显著性差异。下面是具体分析 3 个公共因子在不同分类变量下的满意度差异情况。

ANOVA 分析结果表明不同性别的游客对旅游公共信息服务满意度不造成影响，无论男性或女性游客，深圳市旅游公共信息服务在"质量因子"、"辅助因子"、"成本因子"等方面不具有差异性。同时显示 5 组不同年龄的游客满意度影响因素的渐近显著性都大于 0.05，甚至大部分远远大于 0.05。数据表明，年龄差异对游客满意度差异的影响不显著，即不同年龄层次的游客对深圳市提供的旅游公共信息服务感到满意的程度存在着较小差异或不存在差异。来自城镇或非城镇的，广东省内或省外游客对于深圳市旅游信息服务的质量或辅助情况，以及信息获取成本的满意度都不具有显著差异。

需要说明的是，对于不同旅游方式的游客而言，在公因子"辅助因子"、"成本因子"两个方面，自助游游客和团队游客都存在明显差异（表 9）团队游客对旅游信息服务的质量，在涉及服务人员服务水平方面的 4 个影响要素服务态度、服务技能、个性化服务水平、服务效率等，明显更加敏感，尤其是对投诉的反馈管理更加重视，其获得信息需要花费的时间和金钱都更多。在"质量因子"方面，对于服务设施的现代化程度，自助游客和团队游客感觉相似，但跟团游客明显希望得到更多信息服务，以便他们了解旅游城市情况。在特殊因子方面，较自助游游客而言，团队游客对于服务设施的可进入情况、信息及时更新以及信息的可靠程度都更加敏感。

表 9　显著性分析

影响要素		单因素方差分析				
		平方和	df	均方	F	显著性
服务设施现代化	组间	0.192	1	0.192	0.256	0.614
	组内	87.673	117	0.749		
	总数	87.866	118			
服务功能齐全度	组间	0.588	1	0.588	0.814	0.369
	组内	84.571	117	0.723		
	总数	85.160	118			
服务设施规范化	组间	2.630	1	2.630	3.903	0.051
	组内	78.833	117	0.674		
	总数	81.462	118			
服务设施可进入性	组间	3.552	1	3.552	4.536	0.035
	组内	91.608	117	0.783		
	总数	95.160	118			
服务态度	组间	4.754	1	4.754	5.269	0.023
	组内	105.565	117	0.902		
	总数	110.319	118			

续表9

影响要素		单因素方差分析				
		平方和	df	均方	F	显著性
服务技能	组间	7.443	1	7.443	10.144	0.002
	组内	85.851	117	0.734		
	总数	93.294	118			
个性化服务	组间	6.630	1	6.630	10.142	0.002
	组内	76.480	117	0.654		
	总数	83.109	118			
服务效率	组间	7.324	1	7.324	9.728	0.002
	组内	88.088	117	0.753		
	总数	95.412	118			
信息可靠性	组间	2.489	1	2.489	4.466	0.037
	组内	65.208	117	0.557		
	总数	67.697	118			
信息量	组间	4.109	1	4.109	6.125	0.015
	组内	78.480	117	0.671		
	总数	82.588	118			
信息及时性	组间	5.094	1	5.094	7.444	0.007
	组内	80.065	117	0.684		
	总数	85.160	118			
信息双向交流	组间	2.997	1	2.997	3.780	0.054
	组内	92.751	117	0.793		
	总数	95.748	118			
信息质量保证管理	组间	12.837	1	12.837	15.866	0.000
	组内	94.659	117	0.809		
	总数	107.496	118			
时间成本	组间	3.804	1	3.804	6.555	0.012
	组内	67.894	117	0.580		
	总数	71.697	118			
货币成本	组间	4.565	1	4.565	5.564	0.020
	组内	95.990	117	0.820		
	总数	100.555	118			

分组变量：旅游方式。

数据来源：笔者，2014。

5.6 回归分析

本文拟以重复使用信息的意向及向他人推荐使用的意向两个变量构成的效果

测量指标为因变量，质量、辅助、成本3个因子为自变量，采用强行进入回归方法，分析信息服务因子与信息服务效果之间是否存在因果关系。为避免共线性问题，在进行多元回归分析之前，首先对自变量进行相关分析。相关系数大于0.75时，需要对自变量进行筛除。通过测量发现（表10），辅助因子与质量因子间Pearson相关性为0.787，为避免数据偏差，故保留更重要的辅助因子（累积解释率约为60%），剔除质量因子。

表10 相关分析

		成本因子	辅助因子	质量因子
成本因子	Pearson 相关性	1	0.684**	0.492**
	显著性（双侧）		0.000	0.000
	N	119	119	119
辅助因子	Pearson 相关性	0.684**	1	0.787**
	显著性（双侧）	0.000		0.000
	N	119	119	119
质量因子	Pearson 相关性	0.492**	0.787**	1
	显著性（双侧）	0.000	0.000	
	N	119	119	119

**. 在0.01水平（双侧）上显著相关。

数据来源：笔者，2014。

以满意度效果作为因变量，以辅助因子和成本因子为自变量作强行进入回归分析，从模型总体参数表（表11）、回归方差分析表（表12）和回归系数表（表13）得到详细分析结果。

表11 模型总体参数表

模型	R	R方	调整R方	标准估计的误差
1	0.845[a]	0.714	0.709	0.53903371

a. 预测变量：（常量），辅助因子，成本因子。

数据来源：笔者，2014。

表12 方差分析表

模型		平方和	df	均方	F	Sig.
1	回归	84.295	2	42.148	145.058	0.000[b]
	残差	33.705	116	0.291		
	总计	118.000	118			

a. 因变量：效果指标。

b. 预测变量：（常量），辅助因子，成本因子。

数据来源：笔者，2014。

表 13　回归系数表

模型		非标准化系数		标准系数	t	Sig.
		B	标准 误差	试用版		
1	（常量）	0.599	0.285		2.103	0.038
	成本因子	-0.157	0.074	-0.145	-2.135	0.035
	辅助因子	0.938	0.068	0.938	013.787	0.000

a. 因变量：效果指标。

数据来源：笔者，2014。

不难看出，两个预测变量的负相关系数为 0.845，能够解释满意度效果因子 71.4% 的变异量。从回归效果角度，方差检验的 F 值为 145.058，显著性概率 0 小于 0.01，共同说明数据具有明显回归效果。从回归系数角度，辅助因子和成本因子分别以 0.938 和 -0.157 为系数作为解释变量依次进入回归方程。说明辅助因子和成本因子对满意度效果都具有一定影响，其中，辅助因子的影响力更加明显且呈正向影响，成本因子则呈反向影响。另外，常数项 t 值的显著性概率大于 0.05，说明常数项不应出现在回归方程中。根据回归分析结果，本文得到标准回归方程：

$$满意度效果 = 0.938 \times 辅助因子 - 0.145 \times 成本因子$$

5.7　样本均值比较与分析

表 14 是旅游者对深圳市旅游公共信息服务现状的评价排名结果，总均值为 3.872，该结果反映旅游者对于深圳市旅游公共信息服务实际表现的满意度情况。最低均值为 3.69，说明对于旅游者而言，深圳市的旅游公共信息服务比较好。

从均值排名不难看出，旅游者对于深圳市旅游公共信息服务评价较好的前三个因素是服务设施规范化、现代化、信息的可靠程度以及获取信息过程中耗费的时间较少。相对而言，表现较不令游客满意的是对于旅游者投诉处理的有效性、服务人员无法提供满足个性化需求的服务、服务效率较低。以上结论说明，对于旅游者而言，服务人员素质以及信息价值方面，深圳市旅游公共信息服务还是没能达到游客的期望。

表14 满意度评价因子均值分布

准则层	评价因子	排名	均值	标准误差	标准层	总体均值
服务设施品质	服务设施现代化	2	4.03	0.079	0.863	3.985
	服务功能齐全度	7	3.92	0.078	0.850	
	服务设施规范化	1	4.07	0.076	0.831	
	服务设施可进入性	7	3.92	0.082	0.898	
服务人员素质	服务态度	14	3.78	0.089	0.967	3.765
	服务技能	11	3.82	0.082	0.889	
	个性化服务	16	3.70	0.077	0.839	
	服务效率	15	3.76	0.082	0.899	
信息价值	信息可靠性	3	3.95	0.069	0.757	3.900
	信息量	5	3.94	0.077	0.837	
	信息及时性	7	3.92	0.078	0.850	
	信息双向交流	13	3.79	0.083	0.901	
	信息质量保证管理	17	3.69	0.087	0.954	
行为成本	货币成本	12	3.81	0.085	0.923	3.880
	时间成本	3	3.95	0.071	0.779	
信息效果	重复使用信息意向	6	3.93	0.075	0.821	3.82
	推荐信息服务意向	10	3.84	0.084	0.902	
平均						3.872

数据来源：笔者，2014。

6 深圳市旅游公共信息服务发展建议

6.1 提高旅游信息工作人员素质

旅游业是窗口行业，旅游信息服务工作人员就更是窗口中的窗口。在接待游客尤其是敏感的团队游客时，旅游信息服务人员应充分展示热情积极的态度、高效率专业化的服务水平。2014年恰逢"全国旅游服务质量提升年"活动，提升旅游服务质量是新时期旅游业发展的要求。深圳市应结合咨询工作综合化、多元化、人性化的需求，从中英文口语、旅游资源、旅游心理、旅游交通、职业道德、形体训练、服务操作及基本礼仪等多方面，对信息服务工作人员进行系统培训和考核，从而在综合素质、服务技能、服务质量等多方面进行提升。

同时，可以学习博物馆等公共场所，进行志愿者招募，使旅游公共信息服务人员更加多元化。参考制订《深圳市旅游咨询专家志愿者招募方案》，通过旅游网等途径发布招募信息，登记报名，统计审核。充分利用来源广泛的志愿者，辅助其适当的培训，壮大旅游公共信息服务人员队伍。

6.2 完善投诉管理机制

随着《旅游法》的实施，旅游者对于自身权益的维护将更加理性，投诉建议是否得到及时有效的反馈更是直接影响着团队游客的满意与否。深圳市旅游行政主管部门应当在本级人民政府的领导下，建立、健全相关行政管理部门共同处理旅游投诉的工作机制。全面负责监督深圳市旅游公共接待服务质量，第一时间为旅游者解决在深圳旅游途中遇到的各种问题。

目前，深圳市开通了 24 小时旅游咨询投诉热线 12301，由专人负责 24 小时接听，从而实现旅游咨询投诉热线 24 小时全覆盖。基于此，深圳市政府应布局统一电话服务窗口及一站式服务，实现海内外旅游消费者信息服务的快速回复、快速分流及快速反馈，满足广大海内外消费者多样的旅游需求，有效维护旅游消费者的权益，并服务于广大旅游企业，架设为民服务的有效桥梁，从而促进旅游事业的繁荣发展，树立旅游行业管理部门的公众服务形象。

另外，深圳市可以通过建立投诉专管员制度，将投诉处理责任落实到个人，并与 24 小时投诉咨询热线相结合，不仅有利于旅游法规的传达，也将大大提高全市旅游投诉处理的工作效率，提升鹏城旅游形象和游客满意度。

6.3 建设多元化服务设施

深圳市文体旅游局应完善多元的服务渠道。目前已建成的如资讯中心、城市 U 站、12301 旅游呼叫中心、文体旅游局官网、景区景点多媒体触摸屏等渠道满足了游客的部分需求。未来深圳市政府立足于本市高科技信息化产业的发展，通过移动应用方式（App）为游客提供基于地理位置的旅游公共信息服务，将会极大地提升游客旅游体验，提高游客满意度，进而带动深圳市旅游经济。智能应用也可与已经建成的咨询中心、网站等互为补充，构建更加完善的旅游公共信息服务体系。

架设旅游大数据中心，构建深圳市旅游卫星账户。大数据中心的建设不仅迎合了信息化时代的要求，具体到深圳市自身发展，这一平台的架设，不仅避免了各渠道后台数据库重复建设，降低了运营成本，实现了信息一次录入、多元渠道共享，更提高了数据的准确性。

7 结论与展望

7.1 结论

第一，在其他学者研究成果的基础上，经过分析总结，构建包括服务设施品质、服务人员素质、信息价值、行为成本、信息效果五项因素，细分指标发展为17个具体问项的旅游公共信息服务评价体系。

第二，通过分析调查问卷的结果，归纳出游客满意度的3个公共因子——质量因子、辅助因子和成本因子，并发现不同旅游方式的游客对于旅游公共信息服务满意度影响因素差异化明显。通过分析，构建出标准回归方程：满意度效果 = $0.938 \times$ 辅助因子 $- 0.145 \times$ 成本因子。

第三，通过样本分析，发现旅游者对于深圳市旅游公共信息服务评价较好的前三个因素是服务设施规范化、现代化，信息的可靠程度，以及获取信息过程中耗费的时间较少。相对而言，表现较不令游客满意的是对于旅游者投诉处理的及时性、服务人员无法提供满足个性化需求的服务、服务效率较低。

第三，深圳市旅游公共信息服务提升重点应落实在提高旅游信息工作人员素质、完善投诉管理机制和建设多元化服务设施。

7.2 研究不足及展望

本文以旅游公共信息服务为研究课题，选择深圳市作为实证研究案例，是研究的创新点。然而由于时间、精力、财力等因素限制，本文研究所抽取的样本量较少，不足以完成验证性因子分析；另外，缺乏外国旅游者样本，因此研究结论只能推广到国内旅游者。

本次研究主要从5个维度探讨了游客对旅游公共信息服务的评价，针对这样一个崭新并亟待研究的课题，以后的研究方向和内容可能包括以下方面：

第一，可以考虑构建期望与实际感知评价指标，并在游客到达旅游目的地之前或刚刚到达目的地时，对其期望进行调查，同一游客在即将离开旅游目的地时，或回到居住地后，再了解其对目的地公共信息，客观说明期望与实际感知的差异性，通过对比分析如何提升游客满意度。

第二，应进一步探索旅游公共信息服务的供给模式，结合现有城市服务供给的基本格局与特征，根据调查结果，系统化地提出未来利用公共信息服务供给的发展创新思路。

参考文献

[1] 胡洪彬. 基于游客感知视角的旅游公共服务改进策略研究——以浙江省为例 [J]. 长春大学学报, 2013, 1: 10-13.

[2] 叶全良, 荣浩. 基于层次分析法的旅游公共服务评价研究 [J]. 中南财经政法大学学报, 2011, 3: 47-54.

[3] 潘虹. 基于顾客感知价值的旅游公共信息服务评价研究 [D]. 桂林: 广西师范大学, 2012.

[4] Thompson K, Schofield P. An investigation of the relationship between public transport performance and destination satisfaction [J]. Journal of Transport Geography, 2007, 15 (2): 136-144.

[5] 李爽, 李建中. 城市旅游公共信息服务系统建设——以厦门市为例 [J]. 资源开发与市场, 2010, 7: 652-654.

[6] 吴露岚, 黄燕玲. 桂林旅游公共信息服务体系研究 [J]. 江西科技师范学院学报, 2011, 2: 103-107.

[7] John R K, Valeria J. 21st Century Leisure Current Issues (the 2nd Edition) [M]. Pennsylvania: Venture Publishing, Inc. State College, 2009.

[8] 李军鹏. 加快完善旅游公共服务体系 [J]. 旅游学刊, 2012, 1: 4-6.

[9] 李爽, 黄福才, 李建中. 旅游公共服务: 内涵、特征与分类框架 [J]. 旅游学刊, 2010, 4: 20-26.

[10] 张国丽. 智慧旅游背景下旅游公共信息服务的建设——以浙江为例 [J]. 科技经济市场, 2012, 3: 41-44.

[11] 吴文佳. 大都市旅游公共信息服务的供给模式与创新 [D]. 上海: 华东师范大学, 2012.

[12] Seyhmus Baloglu, Ken W McCleary. A model of destination image formation [J]. Annals of Tourism Research, 1999: 264.

[13] 乔海燕. 关于构建旅游公共信息服务系统的思考——基于智慧旅游视角 [J]. 中南林业科技大学学报: 社会科学版, 2012, 2: 27-29.

[14] 朱娜, 卡茜燕. 智慧旅游背景下城市旅游公共信息服务体系构建——以北京市为例 [J]. 旅游纵览（下半月）, 2012, 12: 62-63.

[15] 徐菊凤, 潘悦然. 旅游公共服务的理论认知与实践判断——兼与李爽商榷 [J]. 旅游学刊, 2014, 1: 27-38.

[16] 吴露岚, 黄燕玲. 游客对旅游公共信息服务的满意度研究——以桂林国家旅游综合改革试验区为例 [J]. 赤峰学院学报: 自然科学版, 2012, 10: 99-102.

[17] 曹永荣, 韩瑞霞, 徐剑, 等. 基于因子分析的国际人士眼中的上海城市印象满意度架构 [J]. 上海交通大学学报: 哲学社会科学版, 2012, 1: 51-57.

[18] 史春云, 张捷, 张宏磊, 等. 旅游学结构方程模型应用研究综述 [J]. 资源开发与市场, 2008, 1: 63-66.

[19] 韩会然, 焦华富, 戴柳燕. 旅游城市居民购物满意度及影响因子分析——以芜湖市中山

路步行街为例 [J]. 旅游学刊，2013，3：87-95.
[20] Um S, Chon K, Ro Y. Antecedents of revisit intention [J]. Annals of Tourism Research, 2008, 33 (4):1141-1158.
[21] Cora U I W. Tourist information center staff as knowledge brokers [J]. Annals of Tourism Research, 2010：382.
[22] 吉嫱. 常熟市智慧旅游发展模式研究 [D]. 南京：南京师范大学，2013.
[23] 彭玺. 游客旅游体验、满意度与行为意向关系的实证研究 [D]. 郑州：河南工业大学，2010.
[24] 冯颖. 全国旅游信息化工作会议召开 [N]. 中国旅游报，2013-07-12.
[25] 全国人民代表大会. 中华人民共和国旅游法 [N]. 中国旅游报，2013-04-26.
[26] 第三届中国旅游产业发展年会嘉宾访谈 [N]. 中国旅游报，2014-01-29.
[27] 刘倩. 桂林加速迈入"智慧旅游"时代 [N]. 桂林日报，2014-02-23.
[28] 许娓玮. 桂林：智慧旅游带动智慧城市建设 [N]. 中国信息化周报，2014-03-10.
[29] 国家旅游局. 中国旅游公共服务"十二五"专项规划 [Z],2011.
[30] 林雯晶，王赵洵. 海南加快旅游信息化建设 [N]. 中国旅游报，2014-03-14.
[31] 杨杰. 基于结构方程模型的居民对大型活动的态度研究 [C] // 智能信息技术应用学会. Proceedings of 2010 International Conference on Management Science and Engineering (MSE 2010) (Volume 3) [C]. 智能信息技术应用学会，2010：4.
[32] 旅游投诉处理办法 [J]. 司法业务文选，2010，34：3-7.
[33] 刘小军. 对加强旅游公共服务的思考 [EB/OL]. http：//www.cntour2.com/viewnews/1128162323739_4.htm，2007-10-28.
[34] 张宏梅，陆林. 国外旅游问卷调查及数据分析的有关问题 [J]. 安徽师范大学学报：自然科学版，2006，1：88-93.

Research on Satisfaction on Tourism Public Information Service in Shenzhen

Li Xuewen

Abstract：Taking Shenzhen as an example, the author conducted an research on the satisfaction on public service governments offered for tourist in metropolis mainly from the perspective of mass tourists especially of independent travelers. Based on customer, provider of public service of tourism and corresponding satisfaction survey, the author states that it is necessary to perfect the platform of public tourism information service, and the direction for better competitiveness of Shenzhen.

Key words：Tourism Public Information Service Shenzhen Tourist Satisfaction

广州动物园游客满意度研究[*]

赖考贞

摘　要：本文以广州动物园为研究对象，通过因子分析法，提取出影响游客的5个满意度评价因子——核心因子、交通因子、游憩因子、服务因子、设施因子。采用非参数检验，发现不同年龄、职业的样本群组，对广州动物园游客满意度评价存在显著差异；多元回归分析验证了除设施因子外的4个因子与总体满意度之间存在正相关关系，除服务因子外的4个因子与重游意愿之间也存在正相关关系。

关键词：广州动物园、游客满意度、重游意愿、因子分析、多元回归分析

1　引言

广州动物园位于广州市东北，于1958年建成开放，占地面积近42平方千米，饲养和展览着国内外400多种近5 000头动物，是国内展览动物数量和种类最多的城市动物园之一，每年接待各方游客近400万人次，目前是国家的AAAA级景区[1]。

作为国内三大城市动物园之一的广州动物园，在国内外都享有很高的知名度，已成为广州的重要组成部分，并取得了良好的社会效益。该园具有得天独厚的旅游区位优势且观光旅游资源丰富，但在旅游市场上却没有充分发挥自身的优势[2]。目前，广州动物园的基础设施仍处于较陈旧保守的阶段，已逐渐不适应现代公园及游客的发展需要。对广州动物园游客满意度进行调查和研究，可以了解动物园的游客构成和游客的总体评价和建议，也可以全面掌握动物园里的建设与服务状况，将游客满意度与游客重游意愿结合，能为广州动物园吸引客源的策略和其长期发展提出建设性意见。

2　文献综述

2.1　国外学者对游客满意度问题的研究现状

皮赞 Pizam[3]最早提出游客满意度是游客对目的地的期望和到目的地后的实

---

[*] 指导教师：陈建斌。此文是"我国旅游目的地竞争优势比较研究"（10BGL051）成果。

际感知相比较的结果。他在研究美国麻省 Cape Cod 海滨旅游地游客满意度过程中，首次提出以海滩、游憩机会等 8 个因子作为评价指标，为后来的研究提供了借鉴。奥立佛[4]提出，顾客满意感是顾客的需要得到满足之后的心理状态，是顾客对产品和服务满足自己需要程度的判断。Crompton 等[5]指出游客对某一旅游目的地形象越积极，就越有可能将该目的地作为备选方案，并且目的地的形象还将正面影响游客的重游意愿。Metin 等[6]强调游客对旅游地满意产生的重游，对于观光业的经营管理与确定游客的需求是极为重要的。Kozak[7]认为顾客的重购意向依赖他们对产品或服务的满意程度。一般认为，如果他们获得的满意度越高，继续购买该产品或服务的可能就越大。Pritchard[8]以目的地环境和环境设施探讨游客对于目的地的满意度，指出游客对于目的地满意度越高，其重游意愿也会越高。

2.2 国内学者对游客满意度问题的研究现状

万绪才[9]指出游客满意度是旅游者对旅游地的旅游景观、基础设施、旅游环境和社会服务等方面满足其旅游活动需求程度的全面评价。董观志等[10]认为旅游景区游客满意度是指游客对旅游区的旅游景观、基础设施、娱乐环境和接待服务等方面满足其旅游活动需求程度的综合心理评价。许春晓等[11]的研究表明，游客满意与重游意向之间存在显著的正向关系。吴章文等[12]认为满意的顾客比不满意的顾客有更高的品牌忠诚度，更可能再次购买该产品或者购买企业的其他产品。满意度与重访意愿有着中度的正相关关系，提高满意度是提高游客重访率的关键之一。李瑛[13]认为游客满意度是游客对目的地的期望和到目的地后的实际感知相比较后，所形成的愉悦或失望的感觉状态，它会影响游客对旅游目的地的选择、旅游产品和服务的消费、是否重游、是否推荐给亲朋好友等方面。肖星等[14]以广州城市公园为研究对象，通过因子分析法探讨了城市公园满意度评价因子与整体满意度、重游意愿之间的相互关系，得出结论：不同游憩者对城市公园满意度影响因素的评价不同，城市公园"硬环境"对游憩者整体满意度评价与重游意愿显著相关。

综观国内外学者对游客满意度的研究可以发现，相关研究已从定性研究转向定量研究，但定量研究主要侧重于景区满意度评估模型的构建，关于旅游景区游客满意度和重游意愿的相关研究还比较少。而探寻影响旅游景区游客满意度的显著因子，有助于景区更好地制定管理和营销策略，对景区的长期发展有一定的意义。

3 研究问卷设计与数据处理方法

3.1 指标选择和问卷设计

为了考察游客对广州动物园的满意度,按照数据和评价指标的系统性、科学性和代表性,结合广州动物园的特色,本次调查问卷共分为两个部分:

(1) 游客的基本资料包括性别、年龄、居住地、职业、来访次数、同游人数、获得资讯来源等。

(2) 游客满意度的影响因素,包括 18 个题项,主要有景观质量、基础设施、游憩环境、游憩项目、服务质量和便利程度 6 个一级评价指标,此部分采用李克特 5 级量表来测量 (1 = 非常不满意,2 = 不满意,3 = 不确定,4 = 满意,5 = 非常满意)。

完成本研究调查问卷需要 3~5 分钟。

3.2 调查方法

本调查选定在广州动物园的出口处进行问卷发放,用抽样方法对已经参观完广州动物园的游客进行问卷调查,调查方式则是直接对游客进行"一对一"式的随机问卷调查。问卷以不记名的方式发放,协助游客完成问卷的填写并及时回收,以保证信息的客观有效性。问卷发放时间选择为 2013 年 12 月 28 日和 2014 年 1 月 4 日两天,两天均为星期六,共发放问卷 180 份,回收 172 份,其中有效问卷 160 份,问卷的回收率为 95.56%,有效问卷率为 93.02%。

3.3 研究方法

本文的数据分析采用统计学软件工具 SPSS 20.0。通过描述性分析,得出所调查样本数据的一般特性。根据因子分析方法提取公因子,并对提取的公因子进行最大正交旋转,得出因子载荷矩阵,以确定影响游客满意度因素的共同成分。采用单因子变异系数法 (One-way ANOVA),对游客的人口学统计特征与满意度评价结合进行差异性分析。运用多元线性回归方法,检验游客满意度评价与总体满意度、重游意愿之间的相互关系。

4 研究发现与讨论

4.1 数据收集与调查样本基本情况

160份有效样本中,男性游客和女性游客恰好各占50%。调查的样本中,18～25岁的有81人,占50.63%;26～35岁的有55人,占34.38%。游客来源方面,以广州市民最多,为110人,占68.75%;职业以学生和公司职员最多,学生为59人,公司职员为51人,共占68.76%。来访次数上,在此之前(包括这次)来访1次的人数为71人,占44.38%,来访2～5次的人数为76人,占47.50%。同游人数方面,1～3人同游的样本最多,为124人,占77.50%。获得相关资讯来源方面,通过朋友介绍的样本量最多,为60人,占37.50%。具体数据如表1所示。

由对游客的职业调查可知,由于问卷调查选取的时间为周六,大多数学生和公司职员利用周末进行娱乐活动,所以在广州动物园里学生和公司职员也较多;由居住地可知,2/3的游客来自广州本地,就近选择了广州动物园作为休闲娱乐的场所;由同游人数可知,广州动物园是适合团体旅游的场所,而团体又为同游人数为1～3人的人数最多,实地考察可知,大多数游客是以家庭出游的方式出行;由问卷的获得相关资讯来源选项可知,通过朋友介绍为主要的传播方式,一方面说明广州动物园的口碑良好,另一方面也说明广州动物园在网络媒体的宣传力度不够。

表1 游客基本情况所占百分比

基本情况		百分比	基本情况		百分比
性别	男	50.00%	年龄段	18岁以下	6.87%
	女	50.00%		18～25岁	50.63%
来访次数	1次	44.38%		26～35岁	34.38%
	2～5次	47.50%		36～50岁	7.50%
	5次以上	8.12%		50岁以上	0.62%
居住地	广州市	68.75%	同游人数	无	3.12%
	广东省其他地方	23.75%		1～3人	77.50%
	广东省外	7.5%		4～6人	18.13%
职业	学生	36.88%		7～9人	0.00%
	公司职员	31.88%		10人以上	1.25%
	个体经营者	9.37%	获得资讯来源	电视媒体	8.13%
	机关工作人员	6.25%		路过	7.50%
	专业人士或教师	3.75%		朋友介绍	37.50%
	离退休人员	1.25%		住在附近	16.25%
	其他	10.62%		其他	28.75%

数据来源:笔者,2014。

由表2可知，平均值最高的前六项分别是交通方便程度、交通便利、园内的园林绿化、园内的治安环境、交通距离、园内景观，而平均值最低的3项为服务人员的知识能力、游憩项目的吸引力、园内具有地方特色。显示出游客对广州动物园的交通便利程度、园林景观和绿化、治安环境的满意度较高，而对服务人员、游憩项目、具有地方特色的满意度较低。因此，广州动物园应加强游憩项目设施的建设，加强服务人员的知识培养，建设具有广州本地特色的动物园。

表2 游客对广州动物园的满意度调查均值与标准差

因子	项目	平均值	标准差	百分比%				
				1	2	3	4	5
景观质量	景观	4.08	0.50	0	0.63%	6.87%	76.25%	16.25%
	动物	3.91	0.71	0	6.25%	11.25%	67.50%	15.00%
	特色	3.69	0.73	0	4.38%	33.75%	50.62%	11.25%
基础设施	舒适	3.89	0.76	0	4.38%	21.25%	55.00%	19.37%
	指示	3.96	0.77	0	3.75%	20.00%	52.50%	23.75%
	卫生	3.91	0.77	0	6.25%	15.63%	58.75%	19.37%
游憩环境	拥挤	3.99	0.62	0	1.25%	15.63%	65.62%	17.50%
	绿化	4.18	0.70	0.63%	3.12%	3.75%	62.50%	30.00%
	治安	4.08	0.62	0	0.63%	13.75%	62.50%	23.12%
游憩项目	价格	3.95	0.82	1.25%	5.00%	13.75%	57.50%	22.50%
	多样性	3.75	0.79	0	6.88%	25.62%	52.50%	15.00%
	吸引力	3.68	0.82	0	8.13%	30.00%	48.12%	13.75%
服务质量	态度	3.79	0.80	1.25%	3.13%	27.50%	51.87%	16.25%
	知识	3.63	0.71	0	0.63%	48.12%	38.12%	13.13%
	形象	3.78	0.68	0	0.63%	35.00%	50.62%	13.75%
便利程度	便利	4.24	0.63	0	0.63%	8.75%	56.87%	33.75%
	方便	4.26	0.63	0	1.25%	6.25%	58.12%	34.38%
	距离	4.08	0.72	0	3.13%	12.50%	57.50%	26.87%
愿意推荐亲朋好友		4.04	0.68	0	0	20.62%	54.38%	25.00%
愿意再次参访		3.92	0.76	0	2.50%	26.25%	48.12%	23.13%
总体满意程度		4.09	0.52	0	0.63%	7.50%	73.75%	18.12%

分数表示：1 = 非常不满意，2 = 不满意，3 = 不确定，4 = 满意，5 = 非常满意。
数据来源：笔者，2014。

4.2 游客满意度影响因素的因子分析

4.2.1 考察原有变量是否适合进行因子分析

在使用因子分析法之前，要进行 KMO 统计量分析与巴特勒球形检验（Bartllet's Test），KMO 是用于比较观测相关系数值与偏相关数值的一个指标，KMO 统计量的取值在 0 和 1 之间。KMO 值越接近于 1，意味着变量间的相关性越强，原有变量越适合作因子分析；KMO 值越接近于 0，意味着变量间的相关性越弱，原有变量越不适合做因子分析。Kaiser 给出了常用的 KMO 度量标准：0.9 以上表示非常适合；0.8 表示适合；0.7 表示一般；0.6 表示不太适合；0.5 以下表示极不适合[15]。如表 3 所示，借助 SPSS 统计软件对所获得的数据进行分析，发现 KMO 值为 0.857，大于 0.8，说明做因子分析的效果较好；巴特勒球形检验的值为 1 173.098，在自由度为 153 的条件下和 0.000 水平上达到显著，说明广州动物园游客满意度影响因素的相关矩阵间存在公因子，适合进行因子分析。

表3 巴特利特球检验和 KMO 检验

取样足够度的 Kaiser-Meyer-Olkin 度量		0.857
Bartlett 的球形度检验	近似卡方	1173.098
	df	153
	Sig.	0.000

数据来源：笔者，2014。

本研究中，除了 KMO 检验，还采用了信度分析来进行可靠性检验。信度分析是一种测度综合评价体系是否具有一定的稳定性和可靠性的有效分析方法。本研究采用了信度系数的克朗巴哈系数对量表内在信度进行研究。若克朗巴哈值大于 0.8，则说明内在信度是可接受的，数据的可靠性较高[16]。本文采用 SPSS 20.0 统计软件进行分析，如表 4 所示，总样本的克朗巴哈值高达 0.917，量表的内在一致性很高，可靠性很高。

表4 游客满意度评价的信度分析

Cronbach's α	项 数
0.917	24

数据来源：笔者，2014。

4.2.2 提取公因子

根据原有变量的相关系数矩阵，运用 SPSS 20.0 对 18 个游客描述项进行因子分析，根据主成分分析法选取特征根值大于 1 的因子，得出因子分析的初始解，分析结果如表 5 所示。

表 5 是因子分析的初始解，显示了所有变量的共同度数据。第一列是因子分析初始解下的变量共同度，它表明，对原有 18 个变量如果采用主成分分析法提取所有特征根（18 个），那么原有变量的所有方差都可被解释，变量的共同度均为 1。第二列是在按特征根大于 1 提取特征根时的共同度。可以看到，公因子提取了变量交通便利 79.1% 的信息，而提取了变量动物种类丰富和治安环境 51.7% 信息，对于其他原始变量的信息提取量的范围处于这两者之间，所以公因子可以基本反映所有变量的信息。

表 5　广州动物园游客满意度调查公因子方差表

项目	初始	提取
景观质量，园内景观	1.000	0.571
景观质量，动物种类丰富	1.000	0.517
景观质量，具有地方特色	1.000	0.699
基础设施，舒适性与方便性	1.000	0.617
基础设施，道路指示	1.000	0.590
基础设施，卫生设施	1.000	0.558
游憩环境，拥挤程度	1.000	0.659
游憩环境，园林绿化	1.000	0.597
游憩环境，治安环境	1.000	0.517
游憩项目，门票价格	1.000	0.578
游憩项目，项目多样性	1.000	0.756
游憩项目，项目吸引力	1.000	0.758
服务质量，态度与礼貌	1.000	0.617
服务质量，知识能力	1.000	0.694
服务质量，形象	1.000	0.713
便利程度，交通便利	1.000	0.791
便利程度，交通方便程度	1.000	0.782
便利程度，交通距离	1.000	0.580

提取方法：主成分分析。
数据来源：笔者，2014。

在表 6 中，第 1 列是因子编号，以后 3 列组成一组，每组中数据项的含义依次是特征根值、方差贡献率和累积方差贡献率。第 1 组数据项（2～4 列）描述了初始因子解的情况。可以看到，第1个因子的特征根值为6.501，解释原有18个变量总方差的36.115%，累积方差贡献率为36.115%；第2个因子的特征根值为1.616，解释原有18个变量总方差8.979%，累积方差贡献率为45.094%；其余数据含义类似。在初始解中由于提取了18个因子，因此，原有变量的总方差均被解释，表5的第2列也说明了这点。第2组数据项（5～7列）描述了因子解的情况。可以看到，由于指定提取5个因子，5个因子共解释了原有变量总方差的64.418%。第3组数据数据项（8～10列）描述了最终因子解的情况。可见，因子旋转后累计方差比没有改变，也就是没有影响原有变量的共同度，但却重新分配了各个因子解释原有变量的方差，改变了各因子的方差贡献，使得因子更易于解释。总体上，所提取的5个公因子解释了原始变量的64.418%的信息，因子分析的效果比较好，从表4中也可以知道前6个因子的方差贡献率都在5%以上。说明各个因子对广州动物园游客满意度都存在影响。

表6 广州动物园游客满意度因子解释原有变量总方差的情况

成分	初始特征值			提取平方和载入			旋转平方和载入		
	合计	方差的%	累积%	合计	方差的%	累积%	合计	方差的%	累积%
1	6.501	36.115	36.115	6.501	36.115	36.115	2.643	14.685	14.685
2	1.616	8.979	45.094	1.616	8.979	45.094	2.464	13.688	28.373
3	1.318	7.323	52.417	1.318	7.323	52.417	2.419	13.438	41.811
4	1.143	6.349	58.766	1.143	6.349	58.766	2.185	12.138	53.948
5	1.017	5.652	64.418	1.017	5.652	64.418	1.884	10.469	64.418
6	0.924	5.136	69.553						
7	0.780	4.334	73.887						
8	0.667	3.707	77.594						
9	0.606	3.369	80.963						
10	0.570	3.165	84.128						
11	0.559	3.106	87.234						
12	0.457	2.537	89.772						
13	0.433	2.404	92.176						
14	0.383	2.127	94.303						
15	0.314	1.747	96.049						
16	0.284	1.576	97.625						
17	0.249	1.384	99.009						
18	0.178	0.991	100.000						

提取方法：主成分分析。

数据来源：笔者，2014。

4.2.3 确定因子载荷矩阵

对公因子进行方差最大化正交旋转,如表7所示,根据旋转后的结果可以看到,选取值大于0.555的变量,在成分的第1列,可以把园内景观、具有地方特色、拥挤程度、园林绿化和治安环境归为第1类,并将其重新命名为核心因子(core);在成分的第2列,交通便利、交通方便程度和交通距离可以归为第2类,并将其重新命名为交通因子(transportation);在成分的第3列,服务人员的态度与礼貌、知识能力和形象可以归为第3类,并将其重新命名为服务因子(service);在成分的第4列,游憩项目多样性和游憩项目吸引力可以归为第4类,并将其重新命名为游憩因子(recreation);在成分的第5列,舒适性与方便性和卫生设施可以归为第5类,并将其重新命名为设施因子(infrastructure)。

表7 广州动物园游客满意度调查因子分析旋转后的成分矩阵

项 目	成 分				
	1	2	3	4	5
景观质量,园内景观	0.598	0.003	0.273	0.374	0.013
景观质量,动物种类丰富	0.391	0.350	0.220	0.323	0.300
景观质量,具有地方特色	0.749	0.022	0.172	0.326	0.047
基础设施,舒适性与方便性	0.199	0.141	0.308	0.105	0.672
基础设施,道路指示	0.028	0.059	0.441	0.370	0.505
基础设施,卫生设施	0.243	0.174	0.301	0.037	0.614
游憩环境,拥挤程度	0.699	0.310	0.147	0.071	0.218
游憩环境,园林绿化	0.557	0.226	0.072	0.268	0.397
游憩环境,治安环境	0.587	0.180	0.264	0.118	0.239
游憩项目,门票价格	0.079	0.196	0.202	0.527	0.463
游憩项目,项目多样性	0.234	0.166	0.236	0.780	0.094
游憩项目,项目吸引力	0.286	0.074	0.207	0.785	0.110
服务质量,态度与礼貌	0.201	0.061	0.727	0.123	0.172
服务质量,知识能力	0.248	0.248	0.698	0.055	0.285
服务质量,形象	0.179	0.278	0.753	0.182	0.058
便利程度,交通便利	0.178	0.818	0.082	0.027	0.288
便利程度,交通方便程度	0.133	0.845	0.170	0.088	0.115
便利程度,交通距离	0.063	0.714	0.181	0.178	0.028

提取方法:主成分。
旋转法:具有 Kaiser 标准化的正交旋转法。
a. 旋转在 11 次迭代后收敛。
数据来源:笔者,2014。

4.3 游客人口统计学特征与动物园满意度评价的差异性分析

本研究采用单因素变异系数法,对游客的人口统计学特征与广州动物园满意度评价进行差异性分析(如表8至表11所示)。对游客的年龄、居住地、职业等变量进行单因子变异系数分析(One-way ANOVA),结果显示:在年龄变量中,景观质量的动物种类多样性因子($P=0.006$)、具有地方特色($P=0.007$)和游憩项目的多样性($P=0.007$)存在显著性差异。18岁以下的青少年对广州动物园的景观质量和游憩项目的满意度评价较高,而19岁以上的成年人对广州动物园的满意度评价较低。其主要原因是在动物园内的景观设计、游憩项目是以儿童和青少年为主要服务对象,对18岁以下的青少年吸引力较强。对于成年人对于这些游憩项目等很难产生兴趣,因此青少年对动物种类多样性和游憩项目的多样性的满意度评价高于成年人。在游客职业变量中,基础设施因子中的卫生设施较为完善项目($P=0.005$)存在显著性差异。专业人士或教师对卫生设施的评价高于其他职业的人,主要原因是专业人士比较注重动物园内的环境卫生设施建设。

表8 游客各年龄阶段与广州动物园满意度评价的差异性检测

项目	类别	景观质量			基础设施			游憩环境		
		景观	动物	特色	舒适	指示	卫生	拥挤	绿化	治安
年龄	18岁以下	4.45	4.18	4.45	4.27	4.27	4.18	4.27	4.45	4.45
	18~25岁	4.05	3.79	3.59	3.77	3.95	3.89	3.89	4.04	4.00
	26~35岁	4.05	4.07	3.67	3.93	3.87	3.95	4.09	4.31	4.11
	36~50岁	4.00	3.92	3.67	4.17	4.08	3.67	4.00	4.25	4.17
	50岁以上	5.00	2.00	4.00	5.00	5.00	4.00	4.00	5.00	4.00
	F值	2.673	3.723	3.679	2.292	1.177	0.680	1.495	2.175	1.430
	P值	0.034	0.006	0.007	0.062	0.323	0.606	0.206	0.074	0.227

注:$P<0.05$。
数据来源:笔者,2014。

表9 游客各年龄阶段与广州动物园满意度评价的差异性检测

项目	类别	游憩项目			服务质量			便利程度		
		价格	多样	吸引	态度	知识	形象	便利	方便	距离
年龄	18岁以下	4.09	4.36	4.27	4.18	4.09	4.18	4.36	4.36	4.45
	18～25岁	3.85	3.59	3.59	3.68	3.54	3.68	4.11	4.15	4
	26～35岁	3.98	3.93	3.69	3.89	3.69	3.84	4.33	4.31	4.13
	36～50岁	4.25	3.5	3.58	3.75	3.67	3.83	4.5	4.58	4.25
	50岁以上	5.00	4.00	4.00	3.00	3.00	3.00	5.00	5.00	2.00
	F值	1.202	3.705	1.814	1.555	1.779	1.878	2.157	1.998	3.539
	P值	0.312	0.007	0.129	0.189	0.136	0.117	0.076	0.098	0.009

注：$P<0.05$。
数据来源：笔者，2014。

表10 游客职业与广州动物园满意度评价的差异性检测

项目	类别	景观质量			基础设施			游憩环境		
		景观	动物	特色	舒适	指示	卫生	拥挤	绿化	治安
职业	学生	4.15	3.86	3.75	3.76	4.05	3.88	3.97	4.14	4.10
	公司职员	4.00	3.92	3.67	3.86	3.78	3.86	3.98	4.25	4.12
	个体经营者	3.93	3.93	3.60	4.00	4.13	4.00	4.07	4.07	3.93
	机关工作人员	3.80	4.10	3.30	3.90	3.70	3.20	3.80	4.00	3.90
	专业人士或教师	4.50	4.00	3.83	4.33	4.33	4.67	4.00	4.50	4.17
	离退休人员	4.00	4.00	3.50	4.50	4.00	4.00	4.00	4.50	4.00
	其他	4.24	3.88	3.82	4.12	4.06	4.24	4.18	4.18	4.12
	F值	2.239	0.183	0.731	1.163	1.193	3.202	0.458	0.583	0.346
	P值	0.042	0.981	0.625	0.329	0.313	0.005	0.838	0.743	0.912

注：$P<0.05$。
数据来源：笔者，2014。

表 12　游客职业与广州动物园满意度评价的差异性检测

项目	类别	游憩项目			服务质量			便利程度		
		价格	多样	吸引	态度	知识	形象	便利	方便	距离
职业	学生	3.90	3.75	3.71	3.73	3.59	3.75	4.22	4.25	4.14
	公司职员	3.98	3.80	3.65	3.84	3.63	3.76	4.20	4.16	3.98
	个体经营者	3.93	3.60	3.67	3.80	3.67	3.87	4.20	4.40	4.40
	机关工作人员	3.80	3.50	3.40	3.60	3.50	3.40	4.40	4.50	4.20
	专业人士或教师	3.33	4.00	3.83	4.00	4.00	4.17	4.33	4.33	3.67
	离退休人员	5.00	4.00	4.00	4.50	4.00	4.00	5.00	5.00	5.00
	其他	4.24	3.82	3.71	3.76	3.71	3.88	4.24	4.18	3.88
	F 值	1.587	0.443	0.308	0.519	0.466	1.006	0.668	1.133	1.924
	P 值	0.154	0.849	0.932	0.793	0.833	0.423	0.675	0.346	0.080

注：$P < 0.05$。

数据来源：笔者，2014。

4.4　广州动物园满意度评价与总体满意度相互关系的分析

为了分析广州动物园游客满意度评价因子与总体满意度之间的关系，把提取出的 5 个因子作为自变量，将游客的总体满意度作为因变量进行一般线性多元回归分析，结果显示：广州动物园满意度评价的核心因子（$P = 0.001$）和游憩因子（$P = 0.004$）对总体满意程度产生显著的影响。根据 B 值，这两个因子按照大小分别与总体满意度的相关系数依次为：核心因子 0.310，游憩因子 0.233。

核心因子（园内景观、具有地方特色、拥挤程度、园林绿化和治安环境）的标准化 B 系数最大，对游客总体满意度的贡献最大。游憩因子的标准化 B 系数为 0.233，说明游憩项目与多样性对游客的满意度贡献也较大。

表12 广州动物园游客满意度评价与整体满意度的回归分析

模型		非标准化系数		标准系数	t	Sig.	B 的 95.0% 置信区间		相关性			共线性统计量	
		B	标准误差	试用版			下限	上限	零阶	偏	部分	容差	VIF
1	（常量）	1.194	0.325		3.669	0.000	0.551	1.836					
	core	0.347	0.098	0.310	3.549	0.001	0.154	0.541	0.542	0.275	0.227	0.536	1.866
	transportation	0.137	0.071	0.145	1.944	0.054	0.002	0.276	0.392	0.155	0.124	0.733	1.364
	service	0.078	0.070	0.092	1.117	0.266	0.060	0.215	0.402	0.090	0.071	0.608	1.645
	recreation	0.188	0.064	0.233	2.924	0.004	0.061	0.315	0.489	0.229	0.187	0.646	1.549
	infrastructure	0.018	0.062	0.022	0.285	0.776	0.140	0.105	0.317	0.023	0.018	0.664	1.506

a. 因变量：总体满意程度。
数据来源：笔者，2014。

4.5 广州动物园满意度评价与重游意愿相互关系的分析

为了分析广州动物园游客满意度评价因子与游客重游意愿之间的关系，将提取出的5个因子作为自变量，将游客的重游意愿作为因变量进行一般线性多元回归分析，结果发现回归方程的显著性较高，分析结果如表13所示。

根据表13的检验结果，在广州动物园的满意度评价中，交通因子（$P=0.002$）和游憩因子（$P=0.005$）对游客重游意愿产生了显著的影响，而核心因子、服务因子、设施因子则对游客重游意愿影响没有通过显著性检验。根据标准化B值的大小，交通因子0.249、游憩因子0.239说明在统计显著性上看，交通因子与游憩因子对游客重游意愿有显著影响。

表13 广州动物园满意度的评价因子与重游意愿的回归分析

模型		非标准化系数		标准系数	t	Sig.	B 的 95.0% 置信区间		相关性			共线性统计量	
		B	标准误差	试用版			下限	上限	零阶	偏	部分	容差	VIF
1	（常量）	0.16	0.508		0.316	0.753	-0.842	1.163					
	core	0.296	0.153	0.180	1.942	0.054	-0.005	0.598	0.428	0.155	0.132	0.536	1.866
	transportation	0.345	0.110	0.249	3.137	0.002	0.128	0.562	0.415	0.245	0.213	0.733	1.364
	service	-0.020	0.109	-0.016	-0.186	0.852	-0.235	0.194	0.299	-0.015	-0.013	0.608	1.645
	recreation	0.283	0.100	0.239	2.818	0.005	0.084	0.481	0.433	0.221	0.192	0.646	1.549
	infrastructure	0.033	0.097	0.028	0.338	0.736	-0.159	0.224	0.293	0.027	0.023	0.664	1.506

a. 因变量：总体满意程度。
数据来源：笔者，2014。

5 结论与建议

5.1 广州动物园具有良好的旅游形象

在这次调查中，绝大部分游客对广州动物园表示满意，只有极个别游客对园内的个别项目不满意，总体满意程度的均值达到 4.09，游客愿意再次参访广州动物园的满意度均值为 3.92，游客愿意将动物园推荐给亲朋好友的满意度均值为 4.04，充分说明广州动物园在游客心目中的认可度和美誉度比较高。但是基础设施、游憩项目和服务质量这 3 个因子游客对其满意度评价均值偏低，因此，动物园在以后的发展中需要注意这几个方面的建设与改善，大力改善基础设施，增加各种游憩项目，提高服务人员的服务质量，真正提升广州动物园在广州市内乃至全国的市场竞争力。

5.2 不同游客对广州动物园的满意度影响因素的评价不同

通过对问卷数据进行单因子变异系数分析显示，在广州动物园的游客中，不同年龄的游客对广州动物园的景观质量、游憩项目的满意度不同，其主要原因是游憩项目的设置主要以满足青少年为目的，而没有面向各年龄阶段的游客的需求；不同职业的游客对广州动物园的基础设施的满意度不同，其主要原因是各种不同职业的游客所追求的不完全相同，对设施的需求也不尽相同。因此，广州动物园应全面开发游乐设施、设置各式各样的项目，以满足各年龄阶段和各职业阶层的游客需求。

5.3 游客满意度影响因子

由一般线性多元回归分析可知，无论是广州动物园满意度评价与总体满意度之间的回归分析结果，还是广州动物园满意度评价与游客重游意愿之间的回归分析结果，都显示了其游憩项目因子对游客的总体评价有显著的影响。因此，增加游憩项目的多样性和提高游憩项目的吸引力对提升游客的总体满意度和重游意愿都起到很大作用。此外，对总体满意度有显著影响的核心因子主要包括园内景观、具有地方特色、拥挤程度、园林绿化和治安环境，加强这几方面的建设能很大程度提高游客的总体满意度。交通便利和距离对游客的重游意愿有显著性影响，动物园作为游客工作学习之余休闲娱乐的场所，交通的便利程度很大一部分决定了游客重游意愿率的高低。

5.4 广州动物园应加大宣传力度,建立品牌形象

在对游客的调查中发现,有37.5%的游客获得动物园的资讯来源是通过朋友介绍的方式,而通过电视媒体获得资讯来源的方式只占了8.13%的比例,说明动物园在对外宣传方面做得不足,单单靠朋友介绍吸引客源是远远不够的。在信息科技高速发展的社会,对于一个旅游景区来说,利用媒体、电视或网络等传播方式对外宣传已为大势所趋。这样既能吸引更多的来自各地的游客,又能在社会上树立整体旅游形象。

参考文献

[1] 广州动物园网站:http://www.gzzoo.com/Show.aspx?Id=1354.
[2] 梁毅飚.广州动物园创新营销策略研究[J].广东园林,2012(4).
[3] Bread J B, Ragheb M G. Measuring leisure satisfaction [J]. Journal of Leisure Research, 1980 (12).
[4] Lee C K, Lee Y K, Lee B K. Korea's destination image formed by the 2002 World Cup [J]. Annals of Tourism Research, 2005, 32 (4).
[5] Pizam A, Neumann Y. Dimensions of tourist satisfaction with a destination area [J]. Annals of Tourism Research, 1978 (5)
[6] Jang S C, Feng R. Temporal destination revisit intention: The effects of novelty seeking and satisfaction [J]. Tourism Management, 2007, 28 (2).
[7] Petrick J F, Morais D D, Norman W C. An Examination of the determinants of entertainment vacationers' in Tentions to revisit [J]. Journal of Travel Research, 2001, 40 (1).
[8] Lau A L S, McKercher B. Exploration versus acquisition: a comparison of first-time and repeat visitors [J]. Journal of Travel Research, 2004, 42 (3).
[9] Kozak M. Repeaters' Behavior at two distinct destinations [J]. Annals of Tourism Research, 2001, 28 (3).
[10] Pritchard. The Attitudinal and behavioral consequences of destination performance [J]. Tourisms Analysis, 2003, 8 (1).
[11] Kozak M, Rimmington M. Tourist satisfaction with Mal-Lorca, Spain, as an off-season holiday destination [J]. Journal of Travel Research, 2000, 38 (3).
[12] 董观志、杨凤影.旅游景区游客满意度测评体系研究[J].旅游学刊,2005(1).
[13] 许春晓,朱茜.求新动机、满意度对重游间隔意愿的影响——以凤凰古城旅游者为例[J].旅游科学,2011(5).
[14] 吴章文,罗艳菊.神农架的美誉度调查研究[J].中南林业科技大学学报,2007(2).
[15] 薛薇.SPSS统计分析方法及应用[M].2版.北京:电子工业出版社,2012.
[16] 李瑛.旅游目的地游客满意度及影响因子分析——以西安地区国内市场为例[J].旅游学刊,2008(4).

[17] 肖星，杜坤. 城市公园游憩者满意度研究［J］. 人文地理，2011（1）.

[18] Bigne E, Sanchez M I, Sanehez J. Tourism image, evaluation variables and after purchase behavior: inter-relationship［J］. Tourism Management, 2001, 22（3）.

[19] John L C, Paul K A. Choice set propositions in destination decisions［J］. Annals of Tourism Research, 1993, 20（4）.

[20] Deruyter K, Bloemer J, Peeters P. Merging service quality and service satisfaction: an empirical test of an integrative model［J］. Journal of Economic Psychology, 1997, 7（2）.

[21] Heskett J L, Jones T O, Loveman G W. Putting the service-profit chain to work［J］. Harvard Business Re-view, 1994, 72（2）.

[22] David Bowen. Antecedents of consumer satisfaction and dies-satisfaction (CS/D) on long-haul inclusive tours: a reality check on theoretical considerations［J］.

[23] Pizam A. Tourism impacts: the social costs to the destination community as perceived by its residents［J］. Journal of Travel Research, 1978, 16（4）.

[24] 温碧燕. 旅游服务顾客满意度模型实证研究［J］. 旅游科学，2006，20（3）.

[25] 贾雷，涂红伟，周星. 消费者信任修复研究评介及展望［J］. 外国经济与管理，2012（1）.

[26] 李华敏. 乡村旅游行为意向形成机制研究［D］. 杭州：浙江大学，2007.

[27] 李莉. 基于 SPSS 的阜平县旅游游客满意度因子分析［J］. 现代经济信息，2008.

[28] 卢纹岱. SPSS for Windows 统计分析［M］. 北京：电子工业出版社，2006.

[29] 李旭，陈德广，周伟伟. 基于因子分析法的开封市菊展游客满意度研究［J］. 地域研究与开发，2012，31（5）.

[30] 付文文. 基于因子分析的济南游客满意度研究［J］. 旅游管理研究，2012 年 10 月下半月刊.

[31] 何晓群. 多元统计分析［M］. 北京：中国人民大学出版社，2004.

[32] 杨崇贤. 台北市立动物园游客游憩型及满意度之研究［J］. 动物园学报，2000.

[33] 林政萩. 内湾铁道旅游特色吸引力、游客满意度与重游意愿之研究［M］. 台中：逢甲大学，2004.

[34] 於忠苓. 台湾中部温泉区游客重游意愿之研究［M］. 台中：台中健康暨管理学院，2004.

[35] 吕长赐. 集集地区游客旅游动机、满意度与重游意愿之研究［M］. 衡阳：南华大学，2005.

Research on Tourists Satisfaction in Guangzhou Zoo

Lai Kezhen

Abstract：Taking Guangzhou Zoo as an example, the author conducted an exploratory factor analysis and 5 principal factors influencing tourist satisfaction, including core factor, transportation factor, recreation factor, service factor and facility factor. Non parameter test finds that groups of different age and occupation have significant difference on tourist satisfaction. Multi-regression analysis finds that there is positive correlation between total tourist satisfaction and the other 4 factors except facility factor, and that there is positive correlation between revisit intention and the other 4 factors except service factor.

Key words: Guangzhou Zoo, tourist's satisfaction

互联网对大学生自助游决策影响研究*

苏 霜

摘 要: 笔者以广州大学生为研究对象,以5度李克特量表为工具,设计问卷研究互联网信息信息服务对大学生自助游决策的影响,影响变量包括大学生使用理由、搜索内容、网络符号、使用障碍等因素,通过主成分因子分析,在29个变量中提取对大学生使用互联网进行自助游决策有重要的影响的因素为旅游产品信息和旅游信息的表现形式2个因素。

关键词: 互联网信息服务、大学生、自助游、决策

1 选题背景

近年来,随着互联网的不断普及,互联网越来越倾向于大众化。据 CNNIC 的数据,截至 2011 年 12 月底,中国网民数量突破 5 亿,达到 5.13 亿,互联网普及率达到 38.3%,高普及率的互联网使用改变了大众的生活方式,网民利用网络搜索生活所需的各种信息,也以网络的信息作为决策的重要依据[1]。与此同时,我国旅游业也处于一种高速发展的阶段,自 2006 年出游率突破 100% 以后,到 2012 年全国出游人数已达到 29.57 亿,年平均增长率达 12.0%。旅游业的高速发展预示着旅游大众化时代的到来[1]。

网络大众化与旅游大众化的结合,必然促使越来越多的旅游者利用网络去搜索旅游信息并以此作为出游的决策。笔者以广州大学生作对象,研究互联网信息服务对大学生自助游决策的影响,对国内旅游网络信息的优化提出一些建议。

本文选取大学生作为研究对象,主要依据为:大学生是我国网民中的重要组成部分。据 CNNIC 的数据,截至 2012 年 12 底,中国网民的年龄阶段在 20～29 岁的普及率达到 72.9%,是所有年龄阶段中普及率最高的。而从学历看,大专及以上学历人群的上网率已达到 96.1%[1],利用网络搜索旅游信息并以此作为出游的参考已经成为大学生的普遍行为,因此,选取年龄段在 20～25 岁的在校大学生作为研究对象,对于研究规模庞大,消费潜力巨大的大学生旅游市场具有一定的价值。

---

* 指导教师:陈建斌。此文是"我国旅游目的地竞争优势比较研究"(10BGL051)成果。

2 文献综述

2.1 互联网信息服务的相关研究

互联网信息服务是一项新兴产业，它区别于传统的信息服务，包括图书资料、报纸杂志、新闻广播、电影电视、音像视听和印刷出版等。目前，学术界和产业界关于互联网信息服务的概念有不同的理解。刘霞[2]认为互联网信息服务是现代信息服务的高级形式，它是现代信息服务机构通过国际互联网所进行的一切与信息有关的服务活动的总称，其中包括传统信息服务在网络上的应用和拓展。黄宁燕[3]将信息服务分为软件支持和集成服务、网络支持和集成服务、系统集成服务、数据库资源服务、网络信息内容服务，以及咨询和培训等。鉴于目前互联网信息服务处于形成阶段，概念被明确界定，出于本文的研究需要，在下面的研究中，互联网信息服务主要只在互联网基于计算机终端客户所开展的信息服务，是针对个人用户的信息网络需求，以现代信息技术为手段，向用户提供所需的互联网信息产品及服务[4]。互联网信息服务为旅游者提供服务的形式包括互联网专业旅游信息服务平台（综合旅游网站、垂直搜索引擎和自助户外游）、互联网通用信息服务平台（信息查询与预订服务、博客与微博、社交网站、网络论坛、点评网和旅游网购）等[4]。

2.2 旅游决策影响因素研究

最早提出旅游者购买决策过程模型（图1）的是瓦哈、格兰朋和罗斯菲尔德（1971）提出的：

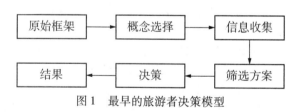

图1 最早的旅游者决策模型

研究者认为旅游者在做出最后的购买行为前，会发生上述流程和步骤。该模型具有一定的缺陷，比如没有考虑到外部刺激的作用，以及旅游者本身的个性特征。但是该模型已经初步体现出旅游者做出决策的重要经过[5]。

西摩尔[6]在前人的基础上提出了一个新模型（图3）：

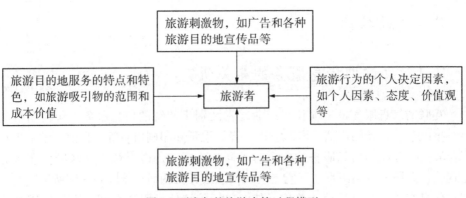

图 2　西摩尔的旅游决策过程模型

该模型考虑了个人因素和外部刺激，更具体地描述了相关变量之间的影响，具有更切实的指导意义。但是模型中涉及的变量，比如广告的宣传作用、个人的态度和价值观、旅行社的服务等都难以量化研究[5]。

梅奥等[7]认为，了解个体旅游者如何做决策需要洞察影响其决策的相关社会和心理因素。他们认为影响旅游行为的内部心理因素包括感知、学习、个性、动机和态度，而相关的社会影响则归纳为角色和家庭、相关群体、社会阶层，以及文化和亚文化四个主要方面[5]。王龙华[8]就曾经用该理论研究大学生的旅游行为，从这些因子中提出了态度、动机、参考群体和角色四个主因子研究大学生信息获取、旅游时间、旅游时长、出游方式、平均出游消费、主要花费项目和景点偏好的特点[8]。

马西森等[10]提出决策过程行为框架包括五个主要阶段：旅游需求与欲望的感知阶段，信息的搜索与评估阶段，旅游决策阶段，旅游准备和旅游体验阶段，旅游满意的评价阶段[5]。我国很多学者采用该五阶段论作为旅游者决策过程的依据，如高婷[9]曾在该理论的基础上加入自媒体的作用，如旅游者主观知识、对自媒体旅游信息的信任、对自媒体的卷入、对与其旅游行为的感知收益、自媒体旅游信息吸引力强度研究和自媒体对青年旅游者决策的影响[9]。

莫提荷[10]提出度假旅游者行为流程包括三个部分：①先前决策和决策过程，包括刺激过滤、主义和学习过程，以及选择标准；②购后评价，它能体现旅游者的经历，提供检验决策的机会，以及给予商家反馈；③未来决策制定，即给先前决策提供参考[5]。该理论创新地提出了未来决策制订，突出了旅游者的后续行为。虽然该理论并未被广泛地应用，但随着旅游者对互联网信息服务的重复购买和使用，研究旅游者的后续行为会越来越得到重视。

2.3　研究现状

通过观察互联网信息服务在旅游方面的应用和阅读有关专家和学者的研究成

果，发现虽然互联网信息服务在我国的发展仍然处于快速发展的阶段，但是很多专家学者能够敏锐地发现其在旅游业方面的重要影响，在互联网对旅游者旅游行为和旅游决策的影响中也有一定的研究，但对比于国外的研究成果，我国关于这方面的研究数量仍相对匮乏，研究的深度也有限。一方面，国内在大学生利用互联网进行自助游决策的研究领域比较少；另一方面，国内对于互联网对旅游者决策的影响很多只是涉及旅游者决策的过程，弱化了互联网对旅游者决策前和购买后的影响。

3 研究框架和方法

3.1 研究框架

本文在借鉴前人研究的基础上，结合马西森、沃尔和莫提荷的理论，研究互联网对旅游者先前决策和决策过程，购后评价和未来决策三个阶段的影响。并且针对的是越来越受欢迎的大学生自助游旅游形式，具有现实价值。

本文的研究框架如图3所示：

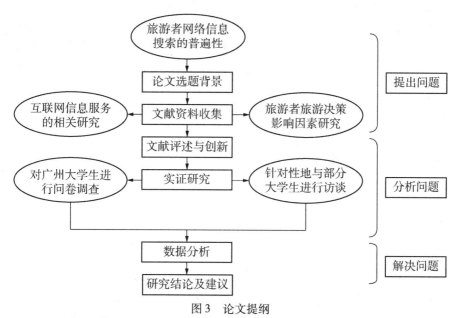

图3 论文提纲

第一，论文选题。通过了解大学生旅游者互联网信息搜索的社会大背景，确定论文研究的意义和价值。

第二，文献资料收集。主要包括消费者互联网信息服务的研究和旅游者旅游决策因素的研究。

第三，文献评述与创新。通过阅读专家学者的研究成果，思考互联网对旅游者旅游决策的影响。

第四，实证研究。通过设计涵盖旅游者先前决策和决策过程、购后评价和未来决策三方面的问卷，以广州市大学生作为调查样本，收集研究数据。针对数据的结果，与部分大学生进行访谈求证。

第五，数据分析。利用第四步获得的数据进行整理分析，使用 SPSS 21.0 进行因子分析，提取互联网对旅游者旅游决策的关键影响因素。

第六，得出研究结论和展望。根据以上定量分析与定性分析，得出结论和展望。

3.2 研究方法

本次研究的方法有文献研究、问卷调研和统计分析。首先通过查阅国内外关于互联网信息服务和旅游者决策影响因素的文献，对文献进行学习、整理、借鉴和延伸。

在此基础上，以 5 度李克特量表为工具设计调查问卷，然后通过"问卷网"针对性地发布给广州大学生填写，最后回收问卷进行整理，得到第一手数据。

将数据录入 SPSS 21.0 软件，定义数据，因子分析提取主成分。通过分析原始变量之间的相互关系，从中提取出数量较少的因子，用于解释原始数据中的大部分变异，既能减少分析指标的个数，又能概括原始指标的主要信息。

4 互联网信息服务对大学生自助游决策的影响分析

4.1 调查问卷基本情况

4.1.1 基本统计

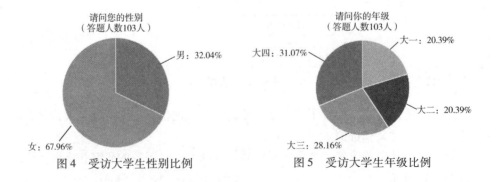

图 4　受访大学生性别比例　　　　图 5　受访大学生年级比例

本次调查主要通过"问卷网"进行链接分享，调查互联网信息服务对广州在校大学生自助游决策的影响。由2014年2月10日至2014年3月18日，共收集有效问卷103份，其中男生占32.04%，女生占67.96%，大一到大四的比例都接近25%，样本比例比较均衡。

4.1.2 大学生自助游情况

调查数据表明：广州在校大学生自助游的情况比较普遍，近64%的大学生有2次以上的自助游经历（图6），但大学生自助游的费用比较低，超过90%的大学生自助游的费用在400元以下（图7），说明大学生自助游具有一定的市场空间，但消费能力不强，价格定位偏低。

图6 受访的大学生自助游次数

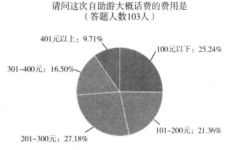
图7 受访的大学生自助游费用

4.2 主成分提取结果

笔者将互联网信息服务对大学生使用理由、搜索内容、网络符号、使用障碍的影响进行因子分析，因为使用理由、搜索内容及网络符号的项目内容有重复，如旅游线路，如"合理选择旅游线路"与"旅游线路"价格信息，所以在数据分析时已经剔除重复的因子。

根据可靠性分析，如删除"旅行社推介"及"网络页面打不开或打开时间长"因素后整体研究因素的Cronbach's α 值大于原整体研究因素的Cronbach's α 值，因此，剔除这两个因素以提高可靠性水平。

表1 可靠性统计分析

可靠性统计量	
Cronbach's α	项数
0.971	29

表2 项总计统计分析

项目	项已删除的刻度均值	项已删除的刻度方差 γ	校正的项总计相关性	项已删除的Cronbach's α 值
帮助选择旅游目的地	80.2524	714.093	0.751	0.970
合理设计旅游线路	80.0680	710.417	0.821	0.970
预订门票等旅游产品	80.0971	712.422	0.794	0.970
找到更低价格的旅游产品	80.0000	712.784	0.783	0.970
获取更多的旅游信息	79.8932	709.273	0.809	0.970
价格信息	80.0097	710.990	0.786	0.970
景区介绍	79.9903	708.147	0.889	0.969
住宿情况	79.9709	706.107	0.879	0.969
饮食情况	80.0194	709.647	0.839	0.969
交通信息	79.9126	705.335	0.869	0.969
行程安排	79.9612	706.293	0.815	0.969
风土人情	80.0000	707.176	0.853	0.969
天气状况	79.9515	709.380	0.822	0.970
网友评价	79.9806	706.490	0.906	0.969
娱乐设施	80.0485	709.909	0.864	0.969
旅行社推介	79.9029	718.285	0.320	0.975
电影视频	80.1942	713.334	0.851	0.970
旅游文章	80.1650	710.923	0.837	0.969
旅游图片	80.0291	710.460	0.867	0.969
电子地图	79.9223	708.014	0.868	0.969
网友点评	79.9612	705.861	0.886	0.969
网站旅游信息不够详细	80.1650	712.374	0.833	0.970
网络旅游信息陈旧,更新不够及时	80.0874	710.532	0.883	0.969
网络旅游信息有误	79.9612	707.802	0.867	0.969
网站版面信息不够吸引	80.0388	712.077	0.843	0.970
网站互动性不够强,有疑问不能及时解决	79.9515	710.811	0.824	0.970
网络广告多且乱	80.0680	712.574	0.858	0.969
网络页面打不开或打开时间长	79.7864	695.189	0.329	0.981
信息不能下载或复制,无法储存	80.0777	710.131	0.885	0.969

如表3所示,剔除这两项后,可靠性提高到0.987。

表3 可靠性统计分析

Cronbach's α	项 数
0.987	27

表4 项总计统计分析

项目	项已删除的刻度均值	项已删除的刻度方差γ	校正的项总计相关性	项已删除的Cronbach's α值
帮助选择旅游目的地	74.1942	610.276	0.768	0.986
合理设计旅游线路	74.0097	607.578	0.826	0.986
预订门票等旅游产品	74.0388	609.097	0.805	0.986
找到更低价格的旅游产品	73.9417	609.820	0.786	0.986
获取更多的旅游信息	73.8350	606.002	0.823	0.986
价格信息	73.9515	606.733	0.815	0.986
景区介绍	73.9320	605.397	0.896	0.986
住宿情况	73.9126	603.120	0.893	0.986
饮食情况	73.9612	606.489	0.851	0.986
交通信息	73.8544	602.969	0.872	0.986
行程安排	73.9029	602.500	0.841	0.986
风土人情	73.9417	605.055	0.849	0.986
天气状况	73.8932	606.057	0.837	0.986
网友评价	73.9223	604.582	0.899	0.986
娱乐设施	73.9903	606.853	0.874	0.986
电影视频	74.1359	610.177	0.858	0.986
旅游文章	74.1068	608.018	0.842	0.986
旅游图片	73.9709	607.950	0.866	0.986
电子地图	73.8641	605.687	0.867	0.986
网友点评	73.9029	604.049	0.878	0.986
网站旅游信息不够详细	74.1068	609.685	0.832	0.986
网络旅游信息陈旧,更新不够及时	74.0291	607.597	0.890	0.986
网络旅游信息有误	73.9029	605.049	0.874	0.986
网站版面信息不够吸引	73.9806	609.647	0.837	0.986
网站互动性不够强,有疑问不能及时解决	73.8932	607.841	0.831	0.986
网络广告多且乱	74.0097	609.637	0.862	0.986
信息不能下载或复制,无法储存	74.0194	607.137	0.893	0.986

在此基础上,进行因子分析,提取主成分,结果如表5所示:

表5 KMO和Bartlett检验结果

取样足够度的Kaiser-Meyer-Olkin度量		0.932
Bartlett的球形度检验	近似卡方	4 128.384
	df	351
	Sig.	0.000

注:KMO统计量大于或者等于0.7,Bartlett's球形检验假设被拒绝时适合做因子分析。

KMO 检验 0.932（大于 0.7），Sig 值 0.000（小于 0.05），说明适合做因子分析。

表6 解释的总方差

成分	初始特征值			提取平方和载入			旋转平方和载入		
	合计	方差的%	累积%	合计	方差的%	累积%	合计	方差的%	累积%
1	20.096	74.428	74.428	20.096	74.428	74.428	10.890	40.333	40.333
2	1.044	3.866	78.294	1.044	3.866	78.294	10.249	37.961	78.294
3	0.843	3.124	81.418						
4	0.600	2.222	83.640						
5	0.548	2.029	85.669						
6	0.518	1.917	87.586						
7	0.450	1.668	89.254						
8	0.420	1.555	90.809						
9	0.362	1.342	92.151						
10	0.292	1.080	93.231						
11	0.232	0.860	94.091						
12	0.216	0.800	94.891						
13	0.208	0.769	95.660						
14	0.175	0.648	96.308						
15	0.158	0.587	96.895						
16	0.140	0.518	97.413						
17	0.121	0.447	97.861						
18	0.107	0.397	98.257						
19	0.092	0.340	98.598						
20	0.085	0.315	98.913						
21	0.073	0.270	99.182						
22	0.054	0.201	99.383						
23	0.042	0.155	99.538						
24	0.038	0.141	99.679						
25	0.037	0.136	99.815						
26	0.026	0.098	99.913						
27	0.024	0.087	100.000						

提取方法：主成分分析。

表7　旋转成分矩阵

项目	成分	
	1	2
帮助选择旅游目的地	0.810	0.291
合理设计旅游线路	0.783	0.396
预订门票等旅游产品	0.610	0.545
找到更低价格的旅游产品	0.342	0.796
获取更多的旅游信息	0.473	0.710
价格信息	0.592	0.579
景区介绍	0.747	0.528
住宿情况	0.657	0.618
饮食情况	0.504	0.720
交通信息	0.594	0.655
行程安排	0.584	0.624
风土人情	0.687	0.529
天气状况	0.591	0.610
网友评价	0.619	0.665
娱乐设施	0.686	0.563
电影视频	0.802	0.423
旅游文章	0.721	0.485
旅游图片	0.642	0.597
电子地图	0.467	0.779
网友点评	0.610	0.648
网站旅游信息不够详细	0.825	0.364
网络旅游信息陈旧，更新不够及时	0.822	0.444
网络旅游信息有误	0.652	0.599
网站版面信息不够吸引	0.388	0.820
网站互动性不够强，有疑问不能及时解决	0.333	0.868
网络广告多且乱	0.456	0.784
信息不能下载或复制，无法储存	0.726	0.548

提取方法：主成分。

旋转法：具有 Kaiser 标准化的正交旋转法。

a. 旋转在3次迭代后收敛。

表8　成分转换矩阵

成分	1	2
1	0.719	0.695
2	0.695	0.719

提取方法：主成分。

旋转法：具有 Kaiser 标准化的正交旋转法。

以因子负荷系数0.8为分割点，从中提取两个主成分：第1个包括"帮助选择旅游目的地"、"电影视频"、"网站旅游信息不够详细"和"网络旅游信息陈旧，更新不够及时"4个因子，即概括为旅游产品信息的及时性与丰富性；第2个包括"网站版面信息不够吸引"和"网站互动性不够强，有疑问不能及时解决"2个因子，可概括为网站信息形式的动态性和互动性。此外，因子负荷低于0.8但高于0.7的"合理设计旅游线路"、"景区介绍"、"旅游文章"、"信息不能下载或复制，无法储存"体现的也是对旅游产品信息丰富度的需求，"找到更低价格的产品"、"获取更多的旅游信息"、"电子地图"、"网络广告多且乱"这4个因子的关注点虽然不同，但在旅游信息的形式呈现上也有值得参考的地方。

5　结论

通过以上调查分析，可以发现旅游产品信息的及时性和丰富性，网站信息形式的动态性和互动性对大学生自助游决策具有重要的影响。

此外，在提取出来的两个主成分中，可以发现无论是第1个主成分中包括的"网站旅游信息不够详细"和"网络旅游信息陈旧，更新不够及时"，还是第2个包括的"网站版面信息不够吸引"和"网站互动性不够强，有疑问不能及时解决"，涉及的都是互联网信息的一些阻碍因子，说明互联网的阻碍因子对大学生自助游决策有比较大的影响。

参考文献

[1] 贾云峰. 旅游创新传播学 [M]. 北京：中国旅游出版社，2011.

[2] 白晓娟. 旅游信息搜索行为的模型建构及其检验研究 [J]. 桂林旅游高等专科学校学报，2001，2：61 – 65.

[3] 岑成德，梁婷. 我国年轻旅游者的网络信息搜索行为研究——以广州高校学生为例 [J]. 旅游科学，2007，1：56 – 62.

[4] 刘渊. 互联网信息服务理论与实证 [M]. 北京：科学出版社，2007.

[5] （美）亚伯拉罕·匹赞姆. 旅游消费行为研究 [M]. 大连：东北财经大学出版社，2008.

[6] 丁韧，马费成，刘永波. 基于场景测试的高校学生网络信息搜索能力评价 [J]. 图书情报知识，2011，3：72 – 76.

[7] 傅雨晴. 消费者利用旅游 APP 信息搜索努力及影响因素研究 [J]. 旅游纵览（下半月），2013，7：89-92.

[8] 王龙华. 大学生旅游行为影响因素研究 [D]. 沈阳：辽宁大学，2012.

[9] 高婷. 网络自媒体对青年旅游决策的影响研究 [D]. 青岛：中国海洋大学，2010.

[10] 郭小林，董晓松. 消费者特质对网络搜索策略的影响 [J]. 科技促进发展，2013，2：103-110.

[11] 郭亚军. 旅游者决策行为研究 [D]. 西安：西北大学，2010.

[12] 姜煜华，甄峰，魏婷婷，等. 互联网对大学生出游行为的效应研究 [J]. 中国新技术新产品，2010，13：35-37.

[13] 李莉，张捷. 互联网信息评价对游客信息行为和出游决策的影响研究 [J]. 旅游学刊，2013，10：23-29.

[14] 沈兴菊，李维纪. 大学生出游障碍性因素分析——以西南民族大学为例 [J]. 资源开发与市场，2008，6：574-576.

[15] 石浩. Web 2.0 时代下旅游者参与社会化网络平台对旅游者旅游决策的影响研究 [D]. 广州：华南理工大学，2013.

[16] 宋思根，冯林燕. 青年消费者决策型态研究——兼谈中外大学生消费决策行为的差异 [J]. 广东商学院学报，2008，5：92-97.

[17] 索琳戈尔. 消费者行为学 [M]. 8 版. 北京：机械工业出版社，2004.

[18] 涂玮，金丽娇. 基于网络信息关注度的大学生旅游消费决策研究 [J]. 北京第二外国语学院学报，2012，1：63-70.

[19] 王红霞，陈炜. 旅游搜索的发展研究 [J]. 德宏师范高等专科学校学报，2013，2：38-42.

[20] 吴惠丽. 大学生网络信息资源利用研究 [J]. 科技情报开发与经济，2004，4：47-48.

[21] 邢杰. 期望理论视角下旅游者出游决策研究 [D]. 兰州：西北师范大学，2011.

[22] 邢杰，梁旺兵. 旅游者出游激励理论探讨 [J]. 郑州航空工业管理学院学报，2011，1：74-78.

[23] 颜景楠. 大学生网络旅游信息搜索努力程度影响因素研究 [D]. 成都：西南财经大学，2011.

[24] 杨敏，马耀峰，李天顺，等. 基于屏幕跟踪的大学生在线旅游信息搜索行为研究 [J]. 旅游科学，2012，3：67-77.

[25] 叶艳晖，莫惠斯. 广东省在校大学生旅游动机的调查研究 [J]. 惠州学院学报：社会科学版，2013，1：66-72.

[26] 袁荣娟. 基于生活形态细分的大学生旅游消费决策研究 [D]. 长春：东北师范大学，2012.

[27] 张高军，李君轶，王晓峰，高军. 驴友网络信息搜索行为及其对出游决策影响分析——以西安驴友为例 [J]. 干旱区资源与环境，2013，6：198-202.

[28] 张结魁. 消费者网络信息搜寻行为研究 [D]. 合肥：合肥工业大学，2010.

[29] 赵建华. 师范院校在校大学生旅游行为特征研究 [D]. 山西师范大学，2013.

[30] 赵媛. 互联网信息服务对旅游决策影响的研究 [D]. 兰州：西北师范大学，2012.

Research on the Principal Factors Influencing the DIY Travel Decision-making of College Students

Su Shuang

Abstract: Taking college students in Guangzhou as subject, using 5-point Likert scale as measurement tool, and the authors designed questionnaire to study the influence of the internet service on DIY travel decision making of college students. Variables include the reasons to use internet, searching content, internet symbol, barrier to use etc. After the conduction of principal factor, 2 principal factors have been extracted from 29 variables influencing DIY travel decision making of college students, namely the information of tourism products and the corresponding expression form.

Key words: internet information service; college students; DIY travel; decision making

西樵山旅游景区游客满意度研究[*]

高绮华

摘　要：笔者在借鉴相关研究成果的基础上，设计了西樵山旅游景区满意度测评体系，利用SPSS21.0软件对调查问卷进行分析，并基于模糊综合评价法得出西樵山旅游满意度的得分，最后得出急需改善景区购物和娱乐建设，持续改善管理与服务、基础设施建设还有交通，旅游景观建设继续完善。

关键词：西樵山旅游景区、旅游景区满意度、测评体系、模糊综合评价法

1　问题的提出

1.1　西樵山旅游资源状况

西樵山位于广东省佛山市南海区的西南部，是一座古火山，从古至今都有"南粤名山数二樵"之誉。西樵山历史文化底蕴十分深厚，被称作"珠江文明的灯塔"，已有6000多年文明史，古西樵山人缔造了灿烂的"双肩石器"文明。明清时期就有大批文人学子隐居于此，故又有"南粤理学名山"的雅称。西樵山同时是"南拳文化"的发源地，一代宗师黄飞鸿就诞生于西樵山附近村落，现在的西樵山已经成为国家5A级旅游景区。为了更好地发展西樵山旅游景区，其重建三湖书院，举办狮王争霸赛和"万步樵山，更上层楼"的重阳活动，加大门票优惠力度，坚持走"亲民"路线[1]，筹办西樵山国艺影视城[2]，举办南粤名山西樵山"歌王"大赛[3]。

1.2　西樵山相关研究

西樵山作为广东省佛山市的重要旅游资源，自然受到学者的关注。西樵山研究主要分为三个方面：第一，考古文化研究。施国新等探讨西樵山文化的由来和其在岭南文化中发展所赋予的不同时期文化内涵，提出岭南文化需要得到弘扬，使西樵山旅游文化竞争力得到全面的提升[4]。曾骐年对西樵山的考古，由细石器到双肩石器类似是一种不整合的继承，前者给后者留下了宝贵的经验、方法以

---

[*] 指导教师：陈建斌。此文是"我国旅游目的地竞争优势比较研究"（10BGL051）成果。

及加工工具。西樵山文化的可持续发展的延续性得到体现[5]。黄慰文探讨了西樵山数千来的采石业文化[6]。第二，自然环保研究。黄德庆对西樵山的植物进行了实践调查[7]。谭雪青等对西樵山环山沟具有截洪、蓄洪滞洪、景观、森林防火、改善环境等综合功能进行详细分析论证[8]。胡瑜华等按叶和芽的受害程度将西樵山97种树木的受害程度划分为5级来筛选出对大气污染抗性较强的树种[9]。罗春科等认为西樵山是新生代盆地内粗面质火山，火山结构保存完整，其遗迹具有极高的科考价值[10]。第三，开发建设研究。罗活兴提出基础是以发展森林旅游必须以生态效益，同时对基础设施加强建设，重视创新旅游产品营销策略，走可持续发展之路[11]。黄金国对西樵山旅游开发条件进行分析，本着正确的开发原则提出旅游产品开发方案与对策[12]。邓其生提出西樵山的规划与开发要站在生态平衡的角度，保存原有特色，走综合开发顺理成章的道路[13]。

1.3 景区满意度研究现状

1.3.1 国外景区满意度研究

关于旅游景区满意度调查研究，理论和模型不断成熟。国外对游客满意度研究起步较早。奥利沃于1988年最早提出期望差异模型理论，根据这一理论消费者会对某一产品的服务或质量的期望高于实际，这时消费者会感到非常不满，反之则会非常满意[14]。马佐斯基于1989年发现，关于对游客满意度的影响，其过去的经历是不容忽视[15]。顾客感知价值理论由奥利沃和斯旺于1989年提出，认为游客满意度由游客所获与旅游所花时间、金钱和精力之间的比较来决定，如果所获小于花费，则满意度较低，反之则较高[16]。克罗宁等也认为，顾客的感知对顾客满意度起着关键性作用，并构建了单纯基于实绩的顾客满意度SERVPERF评价模型[17]。国外学者在采用何种模型来评价旅游满意度有较大分歧。

1.3.2 国内景区满意度研究

国内关于游客满意度研究起步较慢，许多建立于国外研究的基础上。郭燕等，在文献综述的基础上，在9个方面构建了旅游景区游客满意度测评指标体系，包括旅游景观、价格感知、餐饮服务、交通状况、住宿、娱乐、购物、游览、经营管理，运用因素重要性推导模型实证研究连云港花果山风景区[18]。周运域等对休闲旅游满意度测评体系进行了设计，通过SPSS 17.0软件进行分析，在此基础上，采取模糊综合评价法，得出凤凰古城旅游满意度的分数[19]。汪侠等认为评定旅游景区顾客满意度指数（TACSI）模型的整体拟合性能良好，比ACSI模型具有更强的解释能力，因而更具合理性[20]。

具有稳定的规模化游客流使经营性旅游景区更有生命力，旅客满意度是游客流的根本保证。然而，作为岭南地区知名的休闲旅游景区，却没有学者研究西樵山旅游满意度，从游客出发，建设更合民意的旅游景区。为此，笔者在借鉴相关研究成果的基础上，设计了西樵山旅游景区满意度测评体系，利用 SPSS 21.0 软件对调查问卷进行分析，并基于模糊综合评价法得出西樵山旅游满意度的得分，从而总结景区发展的方向。

2 研究方法

2.1 问卷的设计

本研究人口统计特征设置性别、年龄、职业、月收入、现居地这 5 个因子。另外，根据旅游业的"食、住、行、游、购、娱"六大要素和《旅游区（点）质量等级的划分与评定》（GB/T 17775—2003）中对旅游景区划分等级的标准和相关成果文献综述旅游景区游客满意度测评体系进行构建。笔者运用 5 级李克特量表尺度测定。每个指标分别按照 1 分、2 分、3 分、4 分和 5 分评定，对应表示非常不满意、不满意、一般、满意、非常满意。

本问卷从 2014 年 1 月 3 日开始调查，截至 2014 年 3 月 14 日。问卷的发放通过问卷调查平台发布和西樵山两大入口实地调查两种渠道。调查对象是最近两个月内去过西樵山的游客。问卷回答者对西樵山旅游景区的特征设置具体的 37 个评价指标进行打分。共发出 150 份问卷，回收有效问卷为 122 份，有效问卷的回收率为 81%。

2.2 数据处理方式

本论文采用统计学软件 SPSS 21.0，首先进行描述性统计分析，然后运用 SPSS 软件进行因子分析，使用方差最大化正交旋转法提取公因子并得出其得分系数以及归一化处理后的因子权重，再结合因子的权重、评价分值的隶属度进行综合模糊综合评价法得出每项指标的综合评价得分，了解旅客对西樵山各项目的满意度；同理，对各项目进行提取因子并得出其得分系数并进行归一化处理后可得项目因子的权重集，结合没项目指标的综合评价得分，最终得出旅客对西樵山旅游景区满意度的总体认知度。

2.3 数据处理方法与分析过程

2.3.1 调查对象的人口统计学特征

本研究符合条件参与调查的人群，男性占 45.08%，女性占 54.92%，女性比男性略多。由于采用了网上渠道调查,20～30岁年龄段人数最多,占31.97%;其次是40～50岁年龄段,占23.77%;50～60岁占26.65%;60岁以上年龄段人数不多,说明该景区主要是以中青年市场为主。大部分人是佛山市南海区人,占62.3%,其中西樵镇人占29.51%,其余镇人占32.79%,说明游览西樵山旅游景区主要是以本镇和周边城镇人群为主,这与南海区内便利的交通和对本区人民有不同程度的门票优惠措施有莫大的关系,以及西樵山在南海区内的知名度。另外,虽然西樵山并不是国内名山,但却是广东省内名山,而且其丰富的特色人文资源和自然资源完全有可能提升其在国内的地位,所以西樵山向外发展具有很大的潜力。

2.3.2 西樵山景区满意度测评体系

2.3.2.1 满意度测评体系的设计

为了准确测量游客满意度,运用旅游业的"食、住、行、游、购、娱"六大要素和《旅游区(点)质量等级的划分与评定》(GB/T 17775—2003)中对旅游景区划分等级的标准,参考文献检索结果,对旅游景区游客满意度测评体系进行构建。根据内容的代表性、因子的敏感性、范围的全面性、指标的可测量性、体系的稳定性,结合西樵山具体情况,主体满意度测评体系包括3个层次指标项目。第一层次为目标层,即景区总体满意度指标;第二层为项目层指标,包括食(餐饮)、行(交通)、游(游览观光)、购物、娱乐、景区形象、基础设施、管理与服务等8个指标,剔除了住宿这项指标,主要是考虑西樵山游玩的人绝大部分都不住宿,对其了解甚少;而第三层是具体的因子指标,表1为具体的第三层因子指标。

表1 满意度评价指标体系表[19]

一级指标	二级指标	三级指标
旅游景区游客满意度评价指标体系	餐饮	特色
		价格
		卫生
	交通	方便
		便捷性
		舒适性
		安全性
		愉悦性
		线路合理性

续表1

一级指标	二级指标	三级指标
旅游景区游客满意度评价指标体系	旅游观光	景观体现文化特色
		生物科普观赏价值
		导游服务
		景区体现资源丰富
		门票价格
		环境舒适性
	购物	商品种类
		购物环境
		商品价格
		商品特色
		市场秩序
		商品信誉
	娱乐性	项目种类
		娱乐性
		教育性
	景区形象	服务理念
		员工形象
		当地居民热情程度
	基础设施	公共厕所
		公共休息设施
		引导标志物
		停车场
		安全设施
	管理与服务	旅游投诉
		咨询服务
		服务方式
		服务态度
		服务效率

2.3.2.2 因子满意度权重的确立

在SPSS 21.0对指标数据进行因子分析的基础上得出权重集。求指标权重集的步骤如下：项目指标 U_{5i} 为一因子，例如娱乐 U_{5i} 为项目层指标，其因子指标项目种类 U_{51}、娱乐性 U_{52}、教育性 U_{53} 作为影响主因子娱乐的变量。根据某次对其景区调查数据由 SPSS 分析得出，各变量的因子载荷模型为：

$$U_5 = f_1 U_{51} + f_2 U_{52} + f_3 U_{53}$$

其中，f_1，f_2，f_3 分别表示 U_{51}，U_{52}，U_{53} 各变量在景区娱乐项目因子上的因子得分系数。因子得分系数表示了变量之间的关系，得分系数越大表示相互关系越密切，其对因子贡献越大，权数也就越大。对得分系数进行归一化处理得到其权重集为（0.35，0.35，0.30），同理可得其他项目因子的权重集。最后分析项目因子的主因子，假定主因子数为 1，得其对主因子的载荷模型，然后对所获得的各因子得分系数进行归一化处理，得出权重集。

2.3.3 旅游满意度模糊综合评价

在满意度指标衡量中，要精确得出满意度结果受到局限，因此一般采用模糊综合评价法，计算出各个等级的模糊隶属度，再进行求解。本文以表 1 作为满意度测评体系的框架，建立评价模型，计算得出西樵山旅游景区的旅客满意度。

2.3.3.1 一级模糊综合评价

采用模糊综合评价法时，第一层指标是项目层指标，第二层指标是因子层指标，一级模糊综合测评应首先从第二层各因素开始计算。设第二层因子层的因素为 U_{ij}，对该因素的评价值隶属度为 R_{ijk}（例如，在抽样调查 100 人中，评价值为 1 分的有 10 人，则其不满意的隶属度为 0.1）以表 1 中项目层的景区娱乐的评价因子层为例，构建第五层因素评价矩阵。因此，因子 U5 的一级模糊综合评价矩阵为

$$B_5 = W_5 \times R_5$$

其中，$W_5 = (W_{51}, W_{52}, W_{53})$，$W_{51}$，$W_{52}$，$W_{53}$ 分别表示项目种类、娱乐性、教育性各因子在餐饮的满意度评价中的重要性程度，且其加权值为 1。同理可得出测评体系上的一级模糊综合评价集为：

$$B_i = W_i \times R_i$$

2.3.3.2 二级模糊综合评判

将项目层每个因素 U_i 作为一个元素，B_i 作为它的单因素评判隶属度矩阵，则

$$B_i = (B_{i1}, B_{i2}, B_{i3}, B_{i4}, B_{i5})$$

如娱乐项目层的单因素评判隶属度矩阵为 B_5 =（0.0334，0.3272，0.40725，0.2197，0.0131），其中 i = 1，2，3，4，5，6，7，8，构建第五层次因素评价矩阵 R，R =（B_1，B_2，B_3，B_4，B_5，B_6，B_7，B_8）T，R 就是集合 U =（U_1，U_2，U_3，U_4，U_5，U_6，U_7，U_8）的单因素评判矩阵，每个 U_i 作为构成 U 的指标，其权重为 W =（W_1，W_2，W_3，W_4，W_5，W_6，W_7，W_8），于是二级综合评判 Y = W

×R，Y=（Y_1，Y_2，Y_3，Y_4，Y_5），其中，Y_i（i=1，2，3，4，5）表示旅客满意度为 V_i 的隶属度，则 S=H×Y，即可算出旅客满意度的综合得分 H 为满意度标度向量（1，2，3，4，5）对应的评价集（不满意，较不满意，一般，较满意，非常满意）。（表2）

表2 游客满意度模糊综合评价表

项目层 U_i W_i	评价项目及权重		评价值隶属度（分）				
	因子层 U_{ij}	W_{ij}	非常不满意 1	不满意 2	一般 3	较满意 4	非常满意 5
餐饮 U_1 0.078	特色	0.32	0.016	0.115	0.45	0.377	0.041
	价格	0.22	0.033	0.172	0.467	0.303	0.025
	卫生	0.24	0.008	0.123	0.475	0.32	0.074
	方便	0.22	0.016	0.18	0.369	0.369	0.066
	U_1 一级综合评价 B1		0.0178	0.14376	0.44192	0.3453	0.0509
交通 U_2 0.116	便捷性	0.22	0.025	0.107	0.213	0.59	0.066
	舒适性	0.16	0.008	0.082	0.393	0.475	0.041
	安全性	0.22	0.016	0.074	0.418	0.434	0.057
	愉悦性	0.19	0.033	0.057	0.287	0.598	0.025
	线路合理性	0.22	0.025	0.057	0.23	0.648	0.041
	U_2 一级综合评价 B2		0.0221	0.07631	0.30683	0.5575	0.04739
旅游景观 U_3 0.08	景观体现文化特色	0.19	0.008	0.041	0.115	0.213	0.623
	生物科普观赏价值	0.18	0.008	0.107	0.549	0.295	0.041
	导游服务	0.18	0.016	0.31	0.475	0.148	0.049
	景区体现资源丰富	0.23	0.008	0.057	0.156	0.336	0.443
	门票价格	0.12	0.025	0.066	0.32	0.344	0.246
	环境舒适性	0.11	0	0.033	0.238	0.451	0.279
	U_3 一级综合评价 B_3		0.0107	0.10751	0.30663	0.2884	0.29667
购物 U_4 0.216	商品种类	0.18	0.033	0.221	0.541	0.172	0.033
	购物环境	0.17	0.033	0.213	0.459	0.246	0.049
	商品价格	0.16	0.033	0.287	0.369	0.303	0.008
	商品特色	0.16	0.016	0.221	0.484	0.246	0.033
	市场秩序	0.17	0.025	0.172	0.5	0.279	0.025
	商店信誉	0.17	0.033	0.164	0.434	0.361	0.008
	U_4 一级综合评价 B_4		0.0293	0.21439	0.47067	0.2694	0.02644

续表2

项目层 U_i W_i	评价项目及权重		评价值隶属度（分）				
	因子层 U_{ij}	W_{ij}	非常不满意 1	不满意 2	一般 3	较满意 4	非常满意 5
娱乐 U_5 0.091	项目种类	0.35	0.033	0.353	0.41	0.197	0.008
	娱乐性	0.35	0.041	0.287	0.451	0.213	0.008
	教育性	0.3	0.025	0.344	0.353	0.254	0.025
	U_5 一级综合评价 B_5		0.0334	0.3272	0.40725	0.2197	0.0131
景区形象 U_6 0.083	服务理念	0.44	0.008	0.115	0.336	0.516	0.025
	员工形象	0.33	0.016	0.251	0.5	0.213	0.016
	当地居民热情程度	0.23	0.016	0.066	0.18	0.656	0.082
	U_6 一级综合评价 B_6		0.0125	0.14861	0.35424	0.4482	0.03514
基础设施 U_7 0.151	公共厕所	0.22	0.033	0.353	0.369	0.205	0.041
	公共休息设施	0.15	0.033	0.172	0.287	0.369	0.139
	停车场	0.22	0.041	0.074	0.426	0.369	0.09
	引导标志物	0.19	0.033	0.082	0.385	0.385	0.115
	安全设施	0.21	0.033	0.156	0.303	0.402	0.107
	U_7 一级综合评价 B_7		0.0344	0.16808	0.35473	0.3392	0.09399
管理与服务 U_8 0.184	旅游投诉	0.2	0.025	0.205	0.574	0.18	0.016
	咨询服务	0.19	0.016	0.238	0.484	0.246	0.016
	服务方式	0.2	0.016	0.189	0.484	0.287	0.025
	服务态度	0.21	0.008	0.156	0.492	0.312	0.033
	服务效率	0.2	0.008	0.164	0.451	0.344	0.033
	U_8 一级综合评价 B_8		0.0145	0.18958	0.49708	0.2745	0.02477

3　西樵山景区旅游满意度分析

3.1　满意度评判结果

为使满意度指标较为直观，可计算出各项指标因素的满意度均值，由 $U_i = B_i \times H$，其中 $H = (1, 2, 3, 4, 5)$，可计算出各项指标 $U_1, U_2, \cdots, U_8$ 分别为 3.27，3.56，3.78，3.08，2.85，3.34，3.26，3.11。如表2所示是一级评价结果。由表2的一级评判结果，计算二级评价值。由二级评判值 $Y = W \times A$，计算得到结果：$Y = (0.0231, 0.177, 0.408, 0.332, 0.0617)$，其中 $W = (0.078, 0.116, 0.08, 0.216, 0.091, 0.083, 0.151, 0.184)$，$A = (B_1, B_2, B_3, B_4, B_5, B_6, B_7, B_8)T$，可得出可求出西樵山旅游景区的综合满意度得分为 3.2376。

3.2 满意度结果分析

如图 3 可反映项目层指标评判结果关于该项目层的得分和权重，可对因子层指标的满意度水平进行比较。可见其分数排列为 $U_3 > U_2 > U_6 > U_1 > U_7 > U_8 > U_4 > U_5$，权重排列是 $U_4 > U_8 > U_7 > U_2 > U_5 > U_6 > U_3 > U_1$。另外，西樵山总体旅游满意度为 3.2376，可知西樵山的满意度介乎于"一般"与较"满意之间"，而且偏向于"一般"，故其建设还有待改善和提高。

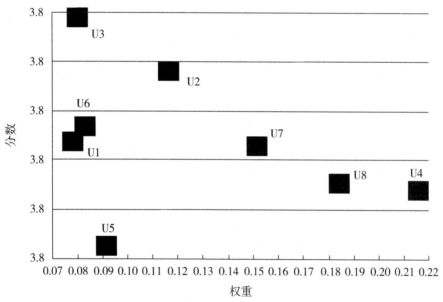

图 3 西樵山旅游景区满意度认知度

4 结论

4.1 景区购物和娱乐建设急需改善

由分析可知，景区购物方面（U_4）权重因子是最大的，虽然其满意度得分不是最低，西樵山旅游景区作为 5A 级景区，而旅客对其满意度却只有 3.08 分，也就是"一般"的评价。另外，游览西樵山的旅客是以中青年群体为主，购物力也相对较强，因此景区购物建设急需改善。要抓住西樵山作为5A级景区，要抓住西樵山打造为佛山城市形象名片，争取资金，进一步完善建设。综观西樵山旅游景区，尽管西樵山山脚下有一条官山购物街，而且也售卖商品种类繁多，但这些只是大众购物，并没有体现西樵山当地特色的商品。西樵山景区共有两个入口，分别是金典广场附近的山北入口和樵园附近的山南入口。山南的购物点一直没有修葺，所卖商品种类选择少、没有特色而且商品是常年的积货，对旅客没有吸引力；另外，由于铺租较贵，商品售价也比其他地方高，所以根本不能刺激消费者消费。而山北的入口，由于是新建设，购物点方面还不完善。因此，要提高购物活跃程度，第一步，丰富特色商品种类，从土特产和纪念品开始，包装宣传如山水豆腐花、西樵大饼、佛手瓜等特产，同时设计纪念品如狮舞文化的狮子等；第二步，适当降低店铺租金，引导商家到西樵山景区附近开铺并售卖特色景区旅游产品；第三步，制定相关法律法规，保证安全可靠的购物环境，营造景区商品信誉度，规范购物市场秩序。娱乐（U_5）因素在满意度综合评价中仅得分2.85，大部分旅客认为不满意，这个必须提高警惕。西樵山原本有丰富的娱乐项目资源，如山脚下的保龄球场、游泳池、网球场、烧烤场以及西樵乐园等，当年这些地方是广佛地区悠闲娱乐的最佳场地，但随着周边地区其他娱乐场地的兴起，加上这些项目年久失修，一直经营惨淡，而政府也没有提供资金调整包装，已逐渐被荒废了。因此，政府应该乘着西樵山的发展趋势，加大对娱乐项目的投入，对原有的西樵山脚下的娱乐项目进行重整和维护，对娱乐项目重新定位和包装，通过观光游览带动娱乐发展，娱乐反哺观光游览，吸引更多旅客到此消费，将其打造成广佛地区休闲娱乐腹地。

4.2 管理与服务、基础设施建设和交通需要持续改善

管理与服务（U_8）因素在景区满意度评价的权重也是非常大的，但其得分仅为3.11。西樵山旅游景区只有售票处以及景区各关卡口有工作人员值班。景区管理与服务人员极少，不能有效提供咨询服务。因此，政府需要加强管理与服务，采取适当增加员工与志愿者相结合的措施，同时加强员工培训，提高服务质量。基础设施因素（U_7）权重仅次于管理与服务，停车场的秩序有待改善，尤其是山南入口；公共卫生间的数量不足，引导标识不科学，游客容易被误导；部分湖边山脚边的护栏设施不到位，有严重的安全隐患。因此，政府在引导标识设计与分布、安全设施、旅游厕所数量和布局方面都有待提高。交通（U_2）因素在权重次于基础设施因素（U_7），其满意度得分为3.56分，偏向于"满意"。主要是因为到达景区交通非常便利，景区有两大入口，有效增大景区游客容量；景区内根据需要除了可以自驾车外，还可以乘搭电瓶车到达景区，环保舒适。另

外，附近的交通非常完善，多趟公共汽车能直达登山入口，非常便民；但另一方面，在游客过多时，停车等方面的应急措施还不到位。因此，在交通方面需要保持好的方面，同时加强应急措施方面的培训。

4.3 旅游景观建设继续完善

旅游景观（U_3）因素满意度综合评价是 3.78 分，是八大因素中认可度最高的。西樵山旅游景区这几年一直致力于改善景区的森里景观和文化景观，如修葺和增添了一些寺庙，同时非常注重事件公关宣传，举办多场活动，巩固西樵山景区的知名度，为此吸引许多旅客前来观光。由于西樵山具有丰富的自然资源和人文资源，政府也致力于挖掘这些资源，因此，景观所体现出的文化特色、丰富资源及环境舒适性都得到一致好评，满意率分别是 83.6%、77.9% 和 73%。而且景区在门票方面，对周边地区居民进行免票和打折优惠，深受好评。但另一方面，西樵山基本上没有导游服务。西樵山丰富的文化韵味没有通过导游这种更可接受性的渠道进行传播，有一定的局限性。因此，政府应该完善西樵山导游服务，可寻找一些文化传播志愿者参与宣传。

参考文献

[1] 盛正挺，张颖君.5A 西樵山：那么远，这么近［N］.南方日报，2013-11-25（5）.
[2] 陈敏丹.西樵山国艺影视城明年初开业［N］.信息时报，2013-10-24（2）.
[3] 程景伟，梁秀玲.南粤名山西樵山"歌王"大赛决出前三甲.http://www.chinanews.com/sh/2013/12-02/5570105.shtml.
[4] 施国新，梁四安.南海西樵山文化初探［J］.佛山科学技术学院学报：社会科学版，2012，28（4）:66-70.
[5] 曾骐.西樵山文化的可持续性发展.岭南文史［J］.2011，3：1-4.
[6] 黄慰文.西樵山仿古［J］.化石，1978（3）:9-10.
[7] 黄德庆.开展生物学调查活动的尝试与反思——以"调查西樵山的植物种类"为例［J］.中学生物学，2012，28（1）:49-50.
[8] 谭雪青，彭林兴.西樵山环山沟具有截洪沟蓄水防洪安全分析［J］.科技信息，2011（20）:337-338.
[9] 胡瑜华，黎建勇，梁银凤.大气污染对佛山市西樵山树木的危害调查研究［J］.林业调查规划，2007（4）:101-103.
[10] 罗春科，周永章，杨小强，等.西樵山地址公园旅游景观形成、分类及其综合评价［J］.热带地理，2004，24（4）:387-290.
[11] 罗活兴.森林旅游开发管理策略——以广东西樵山国家森林公园为例［J］.中国城市林业，2007，5（3）:51-53.
[12] 黄金国.西樵山国家森林公园旅游产品的设计与开发［J］.商业研究，2006（335）:171-173.

[13] 邓其生. 岭南名山西樵山的历史文化内涵与开发模式刍议 [J]. 广东园林, 2003 (3): 3-6.

[14] Oliver R L, Wilton P C. Models of consumer satisfaction: an extension [J]. Journal of Marketing Research, 1988, 25 (5): 204-212.

[15] Mazur sky D. Past experience and future tourism decisions [J]. Annals of Tourism Research, 1989 (16): 333-344.

[16] Oliver R L, Swan J E. Consumer perceptions of interpersonal equity and satisfaction in transactions: a field survey approach [J]. Journal of Marketing, 1989, 53 (5): 21-35.

[17] Cornin J J, Taylor S A. Measuring dervice wuality: sn rxamination and rxtension [J]. Journal of Marketing, 1992, 56 (7): 55-68.

[18] 郭燕, 周梅华, 黄大志. 旅游景区游客满意度的测评指标体系研究——以连云港花果山风景区为例 [J]. 资源开发与市场, 2011 (10): 945-947.

[19] 周运域, 田金霞, 阳芳. 凤凰古城休闲旅游满意度研究 [J]. 旅游论坛, 2010, 3 (5): 525-529.

[20] 汪侠, 顾朝林, 梅虎. 旅游景区旅客的满意度指数模型 [J]. 地理学报, 2005 (5): 807-816.

Study on Tourist Satisfaction in Xiqiao Mountain Scenic Spot

Gao Qihua

Abstract: Based on literature review on scenic satisfaction, a scenic spots satisfaction evaluation system has been designed. SPSS 21.0 software is used to analyze the data, the method the author used is fuzzy comprehensive evaluation method for tourist satisfaction score. Finally the author suggests that the scenic spot construction are in urgent need, and shopping and entertainment, infrastructure construction and traffic management and service and tourism landscape construction need to be improved.

Key words: Xiqiao Mountain scenic spot; tourism scenic spot satisfaction; assessment system; the fuzzy comprehensive evaluation method

旅游目的地游客满意度及影响因子分析
——以清远牛鱼嘴风景区为例[*]

杨 霞

摘 要：笔者以清远市牛鱼嘴风景区为例，设计游客满意度影响因子调查问卷并以所获得的数据为依据，采用 SPSS 统计软件对所得数据进行因子分析。结果表明，影响游客满意度主要分为餐饮、气候、娱乐、环境、景观、服务质量、交通通讯七大主因子。通过对因子分析的结果进行解释和研究，并进行多元回归分析，笔者考察了主因子对游客总体满意度的影响程度。

关键词：游客满意度、牛鱼嘴风景区、因子分析、SPSS

1 研究背景与研究意义

1.1 研究背景

随着旅游业的不断发展和顾客消费观念的转变，旅游目的地之间的竞争日益加剧，游客满意度受到越来越多的旅游业经营者关注。旅游目的地必须满足游客日益多样化和个性化的需求，使游客的满意度提升，才能在竞争上占据领先地位。可以说，旅游目的地的竞争是基于顾客满意度的服务竞争，旅游目的地的生产经营活动源于顾客的需求，结束于顾客需求的满足。调查研究显示：每 100 位满意的顾客会带来 25 位新顾客，赢取一位新顾客的成本是保持一位老顾客成本的 5 倍[1]。从中可知，游客满意度不仅影响游客是否有重游意愿，还影响游客来源或范围能否扩大。因此，一个旅游目的地要在竞争中占据领先位置，就要从游客的角度提供旅游产品和服务，满足游客个性化和多样化的需求。

1.2 研究意义

1.2.1 扩展旅游业的研究领域

从中国知网等文献资料文库中可以发现，研究旅游业的游客满意度的文献

---

[*] 指导教师：陈建斌。此文是"我国旅游目的地竞争优势比较研究"（10BGL051）成果。

中，70%以上的文献涉及一个大的范围，如一个城市或一个区域，对某一特定种类的旅游产品或旅游目的地进行研究的文献比较少。本文选取了属于生态旅游景区的清远牛鱼嘴风景区为研究对象，扩展了游客满意度的研究领域，以特定的旅游目的地来研究属于这一种类的其他旅游目的地的游客满意度标准，从而增强旅游目的地的设施设备管理水平以及服务水平。

1.2.2 提高景区的市场价值

通过对游客满意度进行研究，景区能够及时了解游客是否满意，并且游客为什么满意或者不满意，游客的地位将会有一定的提升。景区会更加关注游客的感知，分析游客的需求，找出不足并改进，加强游客满意的方面，景区的管理及服务水平会因此而提高，从而景区的市场价值也会提高。

2 研究综述

2.1 国外相关研究

国外在游客满意度方面的研究较早，主要集中在影响因素、满意度对重游意愿影响、满意度测评、满意度内涵等方面。

Pizam 等[2]最早提出游客满意度是游客对目的地的期望和到目的地后的实际感知相比较的结果，该理论模式被旅游学界广泛接受。并提出海滩、机会、成本、好客度、餐饮设施、住宿设施、环境、商业化程度是影响海滨旅游地游客满意的八个影响因子[2]；Bramwell[3]认为，游客对旅游中的服务、产品和其他目的地所提供的资源的积极体验将可促使游客产生重游愿望，并可通过积极的口传效应推荐给潜在游客[3]；Bread 等[4]进一步强调游客满意是"积极地"感知或感觉，是建立在游客期望和实际体验相比较的正效应基础上的；Chon 等[5]研究旅游目的地形象在游客满意中的作用时提出一个解释游客满意的调和理论框架；Bowen[6]将游客满意的影响因子归纳为：期望、绩效、不一致、特性、情绪和公平六个方面；Mazursky[7]发现过去的经历对游客的满意度的影响不容忽视；Baker[8]认为感知质量和满意度的改善会保持或增加来访游客数量，更有利于旅游地的发展。在日益激烈的市场竞争条件下，没有满意的游客就没有稳定的规模化游客流，更没有经营性旅游景区的核心竞争力；Kozak 等[9]发现，游客的重游意愿受到总体满意度水平的影响。

2.2 国内相关研究

国内旅游业起步较晚，对于满意度的研究处于初步阶段，侧重于游客满意度测评研究及实证研究。

董观志等[10]认为游客满意度层次结构指标体系中包括的评价项目层有旅游景观、餐饮、住宿、娱乐、购物、景区形象、基础设施、管理与服务9个项目层;在对现有国际主流顾客满意度指数模型进行改进的基础上,汪侠等[11]构建了旅游景区顾客满意度指数模型;李瑛[12]以西安地区国内市场为例,对旅游目的地游客满意度及影响因子进行了研究;连漪等[13]构建了旅游地顾客满意度的指数模型和测评指标体系,探讨了提升和改进旅游地顾客满意度5条途径;陈巧林[14]对湖南怀化市通道侗族自治县的游客满意度进行了研究;万绪才等[15]对南京市国内游客满意进行评估,并对其区域差异性进行研究分析;邱根宝等[16]对黄山、马秋芳对西安入境游客[17]满意度进行了研究。

综观国内外研究可以发现,对游客满意度的研究已经从定性研究走向定量研究,并且涉及旅游相关的各方面,但对生态旅游景区游客满意的研究却较少。对旅游目的地游客满意度有显著影响因子的研究有助于制定目的地的管理及营销策略。笔者通过对清远市牛鱼嘴风景区的游客满意度的研究,找出影响满意度的显著因子,为该风景的持续发展提供有针对性的建议。

3 研究设计

3.1 指标选择与问卷设计

在文献综述的基础上,为了考察游客对牛鱼嘴风景区的满意度,依据评价指标和数据的科学性、代表性和系统性等原则,本问卷共设计了31个相关问题,涉及牛鱼嘴风景区的景观、环境、餐饮、交通通讯、服务水平与管理等方面,以及游客对牛鱼嘴风景区的总体印象的31个评价指标。其中,景观方面包括景观丰富程度、景观特色和门票价格三大指标;环境方面包括绿化程度、整洁卫生、空气质量和气候舒适度四大指标;餐饮方面包括餐饮特色、餐饮价格、餐饮方便程度、餐饮卫生四大指标;娱乐方面包括娱乐项目特色、娱乐项目丰富程度、娱乐项目的吸引力三大方面;交通通讯方面包括交通方便程度、对外交通及通讯方便程度三大指标;旅游服务与管理方面包括服务人员的素质、引导标志物、服务态度、社会治安、公共厕所、景区拥挤程度和旅游咨询七个方面。另外,还对游客对牛鱼嘴风景区的总体印象进行了考察。

3.2 数据采集

笔者选取清远牛鱼嘴风景区为调查地点,委托经过培训的调查员在1月18日、19日、25日、26日在该风景区内共发放调查问卷170份,回收问卷154

份，回收率为 90.6%，其中有效问卷 149 份，有效率达 96.75%。本次调查以"一对一"的方式进行，帮助游客理解问卷中的问题，保证了信息的有效性和客观性。除此之外，通过与游客进行交流，了解游客对于景区的意见及建议。

4 问卷数据基本分析

4.1 基本分析

4.1.1 人口统计特征

4.1.1.1 性别构成

受访对象中，男性游客的比例为 55.7%，女性游客的比例为 44.3%。来牛鱼嘴风景区游玩的游客中，男性略高于女性。

4.1.1.2 居住地分布

受访对象中，清远居民占 79.9%，广东省其他地方居民占 14.1%，省外游客仅占 6%。

4.1.1.3 年龄特征

受访对象以 18～30 岁和 31～40 岁的中青年游客为主，分别占总量的 34.9% 和 26.8%，其次，中老年游客的比例也不低，占 20.8%。牛鱼嘴风景区属于生态风景区，适合年轻人舒缓工作压力、亲近大自然，也能吸引中老年人在此憩息，享受悠闲自在的生活。

4.1.1.4 学历特征

受访对象中，高中、中专、技校学历的游客最多，占样本总量的 38.3%；其次是大专学历的游客，占 25.5%；本科及以上学历的游客仅占 14.1%。

4.1.1.5 职业特征

受访对象中，公司职员、学生和其他所占比重较大，分别为 29.5%、14.8% 和 18.8%。

4.2 旅游行为特征

受访对象中，与朋友、同学或同事以及家人、亲戚来牛鱼嘴风景区游玩所占的比例最大，分别为 43.6% 和 38.9%；其次是随公司、机关或学校社团和随旅游团游玩，各占 6%；独自一人和其他都占很小的比例。

受访对象中，38.9% 的游客表示第一次来牛鱼嘴风景区，到访两次以上游客占 61.1%。

4.3 基本分析总结

4.3.1 以中青年群体为主,其中学生以及拥有稳定职业的游客比例较高

通过调查研究发现,牛鱼嘴风景区的游客以中青年为主,占样本总量的61.7%。拥有稳定职业的从业人员是主体,其次是学生,这与他们拥有充足的闲暇时间、较强的休闲娱乐观念等有关。

4.3.2 游客整体学历不高

通过数据分析,发现该风景区的游客中高中、中专、技校及以下学历占样本总量的60.4%,大专及以上学历的游客所占的比例仅为39.6%。总的来说,游客的整体学历构成偏低。

4.3.3 具有明显的区域特征

通过调查研究发现,牛鱼嘴风景区以地方性客源为主,79.9%的游客来自清远市,其他地方的游客仅占20.1%。由此可见,该景区主要吸引本地游客,具有明显的区域特征。

4.3.4 重游率高

通过数据分析,可知重游率为61.1%,由此可见,该风景区的重游率较高。但是通过与受访者交谈,发现重游的一部分原因是觉得该风景区空气质量好,环境清新怡人,近几年新增了不少娱乐项目,而一部分原因是感觉清远市的旅游景点太少,朋友来访可供游玩处不多。

4.3.5 多以家庭和朋友、同事结伴为出游方式

通过研究发现,受访者中与朋友、同学或同事以及家人、亲戚来牛鱼嘴风景区游玩所占的比例最大,分别为43.6%和38.9%。由此可见,与进行其他大众休闲娱乐方式一样,多数游客倾向于借来牛鱼嘴风景游乐的机缘,加强平时被忙碌生活所忽略的亲情、友情和爱情的培养。在休闲娱乐时,游客希望与家人朋友等分享休闲快乐的心情,因此,多以家庭或好友为形式出游,一般人数较多。

5 因子分析

5.1 可行性检验

5.1.1 信度分析

表1 可靠性统计量

Cronbach's α	基于标准化项的 Cronbach's α	项　　数
0.872	0.872	25

通常认为，信度系数应在 0~1 之间，如果信度系数在 0.9 以上，表示量表的信度非常好；如果信度系数在 0.8~0.9 之间，表示量表的信度很好；如果信度系数在 0.7~0.8 之间，表示量表有些项目需要修订；如果信度系数在 0.7 以下，表示量表中有些项目需要抛弃[17]。表中得到的信度系数为 0.872（表1），说明信度很好，即该调查问卷是具有较高的可靠性及稳定性的。

5.1.2 效度分析

表2 KMO 和 Bartlett 的检验

取样足够度的 Kaiser-Meyer-Olkin 度量		0.776
Bartlett 的球形度检验	近似卡方	1595.162
	df	300
	Sig.	0.000

研究者常用 KMO（Kaiser-Meyer-Olkin）和 Bartlett 检验研究变量之间的相关性，用于判断这些变量是否适合做因子分析。KMO 检验统计量是用于比较变量间简单相关系数和偏相关系数的指标。KMO 统计量是取值在 0 和 1 之间。当所有变量间的简单相关系数平方和远远大于偏相关系数平方和时，KMO 值接近 1。KMO 值越接近于 1，意味着变量间的相关性越强，原有变量越适合做因子分析，对这些变量进行因子分析的效果越好[18]。这里 KMO 值为 0.776，说明因子分析的效果较好。而且，这里的 Bartlett 的球形度检验得出的数值较大，且其对应的相伴概率值小于指定的显著水平，即拒绝零假设，表明相关系数矩阵不是单位矩阵，原有变量之间存在相关性，适合进行主成分分析。

5.2 因子分析

5.2.1 提取公因子

表3 公因子方差

项　　目	初　　始	提　　取
景观丰富程度	1.000	0.628
景观特色	1.000	0.622
门票价格	1.000	0.448
绿化程度	1.000	0.593
整洁卫生	1.000	0.615
空气质量	1.000	0.836
气候舒适度	1.000	0.788
餐饮特色	1.000	0.606
餐饮价格	1.000	0.713
餐饮方便程度	1.000	0.680
餐饮卫生	1.000	0.613
娱乐项目特色	1.000	0.698
娱乐项目丰富程度	1.000	0.768
娱乐项目的吸引力	1.000	0.745
交通方便程度	1.000	0.820
对外交通	1.000	0.702
通讯方便程度	1.000	0.617
人员素质	1.000	0.648
引导标志物	1.000	0.536
服务态度	1.000	0.786
社会治安	1.000	0.619
公共厕所	1.000	0.756
景区拥挤程度	1.000	0.585
旅游咨询	1.000	0.511
总体印象	1.000	0.478

提取方法：主成分分析。

表3显示了因子分析从每个变量中所提取的信息量。从表中可以看到公因子提取了空气质量83.6%的信息,而提取了门票价格变量44.8%的信息,对其他原始变量所提取的信息量位于这二者之间,因此,公因子基本可以反映所有变量的信息。

表4是各因子能够解释原始变量的总方差的情况。由于公因子的特征值必须满足大于1这个条件才能被提取出来,笔者通过主因子分析提取出了7个公因子,其特征值最初分别为6.555,2.442,2.049,1.606,1.427,1.237,1.096,共同解释了原始变量总方差的65.649%。旋转以后得到它们的特征值分别为2.718,2.547,2.422,2.347,2.248,2.069,2.060,同样也解释了原始变量65.649%的总方差。由此可见,旋转前后公因子解释原始变量总方差的能力相同。综合表3和表4的结果可以得出,所提取的7个公因子解释了原始变量65.649%的信息,因此因子分析的效果一般,各变量间的区分度不是很高,各因子能够解释原始变量总方差的贡献率比较接近。

表4 解释的总方差

成分	初始特征值			提取平方和载入			旋转平方和载入		
	合计	方差的%	累积%	合计	方差的%	累积%	合计	方差的%	累积%
1	6.555	26.221	26.221	6.555	26.221	26.221	2.718	10.874	10.874
2	2.442	9.767	35.988	2.442	9.767	35.988	2.547	10.189	21.062
3	2.049	8.198	44.185	2.049	8.198	44.185	2.422	9.687	30.750
4	1.606	6.425	50.610	1.606	6.425	50.610	2.347	9.386	40.136
5	1.427	5.709	56.319	1.427	5.709	56.319	2.248	8.994	49.130
6	1.237	4.947	61.266	1.237	4.947	61.266	2.069	8.278	57.407
7	1.096	4.382	65.649	1.096	4.382	65.649	2.060	8.242	65.649
8	0.949	3.795	69.444						
9	0.909	3.636	73.080						
10	0.829	3.316	76.395						
11	0.743	2.971	79.367						
12	0.657	2.627	81.994						
13	0.627	2.510	84.503						
14	0.546	2.185	86.689						
15	0.537	2.150	88.839						
16	0.435	1.741	90.580						
17	0.406	1.624	92.203						
18	0.341	1.365	93.569						

续表4

成分	初始特征值			提取平方和载入			旋转平方和载入		
	合计	方差的%	累积%	合计	方差的%	累积%	合计	方差的%	累积%
19	0.327	1.307	94.876						
20	0.276	1.103	95.979						
21	0.246	0.983	96.963						
22	0.244	0.978	97.940						
23	0.202	0.808	98.748						
24	0.185	0.738	99.487						
25	0.128	0.513	100.000						

提取方法：主成分分析。

5.2.2 确定因子载荷矩阵

表5是未旋转的因子成分矩阵（即因子载荷矩阵）。该矩阵给出了公因子从每一个变量中提取的信息，但是有些载荷值之间的差距不明显，对因子命名的说服力不强，所以此时所得的未旋转公因子的实际意义不好解释，为了令因子分析的效果更好，有必要对公因子进行方差最大化正交旋转，得到表6。

表5 成分矩阵[a]

项目	成分						
	1	2	3	4	5	6	7
景观丰富程度	0.621	0.210	-0.061	-0.032	0.101	-0.001	-0.428
景观特色	0.670	0.195	-0.100	-0.095	0.013	0.183	-0.288
门票价格	0.148	-0.021	-0.433	0.109	0.421	0.102	0.195
绿化程度	0.447	0.583	-0.204	0.067	-0.035	0.071	0.033
整洁卫生	0.498	0.550	-0.079	0.164	0.075	0.033	-0.157
空气质量	0.443	0.519	-0.399	-0.053	-0.281	-0.179	0.312
气候舒适度	0.343	0.581	-0.411	-0.008	-0.287	-0.161	0.237
餐饮特色	0.585	-0.244	-0.110	0.045	0.118	-0.393	0.151
餐饮价格	0.543	-0.250	-0.198	0.098	0.299	-0.457	-0.094
餐饮方便程度	0.596	-0.290	0.084	0.149	0.271	-0.330	0.169
餐饮卫生	0.660	-0.184	0.081	0.013	0.060	-0.365	-0.029
娱乐项目特色	0.589	-0.359	-0.307	-0.158	-0.075	0.299	0.085
娱乐项目丰富程度	0.725	-0.241	-0.207	-0.178	0.073	0.296	-0.132

续表 5

项目	成分						
	1	2	3	4	5	6	7
娱乐项目的吸引力	0.634	-0.318	-0.297	-0.212	0.171	0.275	-0.056
交通方便程度	0.487	-0.263	0.139	0.636	-0.199	0.223	0.032
对外交通	0.500	-0.330	0.020	0.408	-0.237	0.232	0.259
通讯方便程度	0.566	-0.104	0.048	0.284	-0.414	0.099	-0.146
人员素质	0.494	-0.133	0.281	-0.393	-0.386	-0.063	-0.023
引导标志物	0.575	0.170	0.223	0.049	-0.090	-0.156	-0.303
服务态度	0.420	-0.099	0.369	-0.623	-0.245	-0.061	0.108
社会治安	0.525	0.196	0.293	-0.327	0.230	0.148	0.194
公共厕所	0.326	0.361	0.427	0.003	0.533	0.229	0.031
景区拥挤程度	0.238	0.382	0.467	0.213	0.146	0.150	0.276
旅游咨询	0.438	-0.085	0.370	-0.046	0.007	0.030	0.416
总体印象	0.216	0.126	0.521	0.254	-0.092	-0.167	-0.206

提取方法：主成分。

a. 已提取了 7 个成分。

5.2.3 因子旋转

采用因子旋转的方法后，因子载荷产生了两极分化，接近于 0 或者 1，对因子命名的主观性也因此减少，旋转后的因子的实际意义更容易解释。表 6 是我们采用方差最大正交旋转法得到的载荷矩阵。笔者取因子载荷在 0.55 以上的进行分组。由旋转结果可以看到餐饮特色、餐饮价格、餐饮方便程度、餐饮卫生这四个方面可以归为一类，笔者将这一类重命名为餐饮因子；娱乐项目特色、娱乐项目丰富程度、娱乐项目的吸引力可以归为第二类，笔者将这一类重新命名为娱乐因子；绿化程度、空气质量、气候舒适程度可以归为第三类，笔者将其重新命名为气候因子；景观丰富程度、景观特色、整洁卫生和引导标志物可以归为第四组，笔者将其重命名为景观因子；交通方便程度、对外交通和通讯方便程度可以归为第五组，笔者将这组重新命名为交通通讯因子；社会治安、公共厕所和景区拥挤程度可以归为第六组，重命名为环境因子；而人员素质和服务态度归为第七组，笔者将其重新命名为服务质量因子。

表6 旋转成分矩阵[a]

项目	成分						
	1	2	3	4	5	6	7
景观丰富程度	0.217	0.231	0.165	0.697	0.029	0.093	0.067
景观特色	0.101	0.387	0.239	0.593	0.116	0.144	0.137
门票价格	0.212	0.393	0.151	-0.101	-0.066	0.107	-0.447
绿化程度	-0.013	0.101	0.626	0.359	0.052	0.233	-0.071
整洁卫生	0.066	0.030	0.463	0.547	0.075	0.276	-0.120
空气质量	0.132	0.086	0.892	0.063	0.034	0.011	0.097
气候舒适度	0.043	0.017	0.880	0.103	0.007	-0.028	0.024
餐饮特色	0.719	0.180	0.145	0.044	0.146	0.015	0.110
餐饮价格	0.785	0.179	0.031	0.229	0.021	-0.071	-0.075
餐饮方便程度	0.752	0.134	-0.024	0.051	0.213	0.213	0.055
餐饮卫生	0.660	0.104	0.067	0.255	0.172	0.073	0.250
娱乐项目特色	0.190	0.725	0.092	0.044	0.297	-0.056	0.185
娱乐项目丰富程度	0.234	0.719	0.039	0.335	0.216	0.067	0.177
娱乐项目的吸引力	0.273	0.776	0.001	0.202	0.129	0.036	0.096
交通方便程度	0.175	0.072	-0.052	0.156	0.860	0.105	-0.080
对外交通	0.195	0.249	0.058	-0.074	0.763	0.088	0.052
通讯方便程度	0.117	0.104	0.143	0.344	0.631	-0.085	0.221
人员素质	0.143	0.141	0.058	0.166	0.146	0.021	0.745
引导标志物	0.262	-0.061	0.125	0.573	0.178	0.135	0.263
服务态度	0.128	0.177	0.022	0.034	-0.078	0.181	0.835
社会治安	0.142	0.268	0.130	0.156	-0.080	0.607	0.333
公共厕所	0.041	0.043	-0.053	0.308	-0.093	0.801	-0.070
景区拥挤程度	-0.033	-0.209	0.141	0.071	0.203	0.689	0.017
旅游咨询	0.257	0.085	0.053	-0.148	0.267	0.470	0.348
总体印象	0.124	-0.420	-0.113	0.356	0.254	0.223	0.181

提取方法：主成分。
旋转法：具有 Kaiser 标准化的正交旋转法。
a. 旋转在9次迭代后收敛。

6 游客对旅游目的地总体印象影响因子的回归分析

为了进一步研究各公因子对游客满意度的影响程度,根据所收集的数据,利用 SPSS 软件构建回归模型。由于前文将因子进行分组并且重命名,首先计算出每个核心因子在每个样本中的评价项目的平均值。公式为:

$$F_i = (X_1 + X_2 + X_3 + \cdots + X_n)/n$$

其中,F_i 为第 i 个核心因子的得分;X_1,X_2,X_3,…,X_n 表示该核心因子所包含的所有评价项目的得分。

接下来我们将各个核心因子与总体印象进行回归分析,得到如下模型:

表7 模型汇总[b]

模型	R	R^2	调整 R^2	标准估计的误差	R^2 更改	F 更改	df1	df2	Sig. F 更改
1	0.990[a]	0.981	0.980	4.40858	0.981	1032.554	7	141	0.000

a. 预测变量:常量,环境,气候,通讯,服务质量,餐饮,娱乐,景观。
b. 因变量\:总体印象

如表 7 所示,$R^2 = 0.981$,表示拟合的方程能解释因变量的 98.1% 的变化,即拟合程度很好。

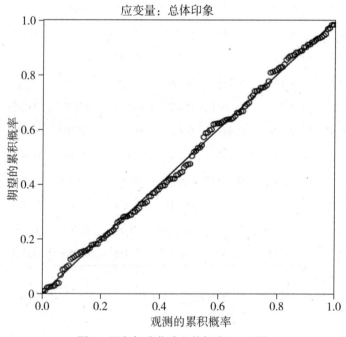

图 1 回归标准化残差的标准 P–P 图

图 1 为回归分析所做出的残差图，可以看出，回归直线对各个观测值的拟合情况是良好的。说明变量 x 与 y 之间有显著的线性相关关系。

表 8 系数[a]

模型	非标准化系数		标准系数	t	Sig.	B 的 95.0% 置信区间		相关性			共线性统计量	
	B	标准误差	试用版			下限	上限	零阶	偏	部分	容差	VIF
1 （常量）	-267.598	4.434		-60.349	0.000	-276.364	258.832					
cuisine	52.386	0.927	0.818	56.516	0.000	50.554	54.218	0.955	0.979	0.658	0.648	1.544
entertainment	5.889	0.693	0.123	8.501	0.000	4.520	7.259	0.609	0.582	0.099	0.645	1.551
landscape	2.217	0.863	0.038	2.568	0.011	0.510	3.923	0.523	0.211	0.030	0.617	1.621
Air and climate	11.192	0.780	0.182	14.340	0.000	9.649	12.735	0.374	0.770	0.167	0.844	1.185
communication	0.441	0.744	0.008	0.592	0.555	-1.030	1.912	0.453	0.050	0.007	0.761	1.315
servicequality	2.288	0.779	0.038	2.935	0.004	0.747	3.829	0.366	0.240	0.034	0.831	1.204
environment	4.402	0.911	0.062	4.834	0.000	2.601	6.202	0.316	0.377	0.056	0.817	1.224

a. 因变量：综合得分

如表 8 所示，可以得出：7 个主因子中，communication 因子没有通过显著性检验，不能将其作为进一步分析讨论及公式，其他因子的 B 系数可以讨论对总体满意度的影响。总体印象与主因子的关系式为：

$$F = 0.818F_1 + 0.123F_2 + 0.038F_3 + 0.182F_4 + 0.038F_6 + 0.062F_7$$

其中，对总体印象影响最大的是餐饮因子。由于牛鱼嘴风景区的知名度较低，大部分游客属于清远本地人，小部分是广东省其他城市的，只有少数是来自外省的。"食在广州"，由于调查样本广东人为主，因此饮食因子对于总体印象的影响最大；其次是气候因子，因为牛鱼嘴风景区属于生态景区，人们来这里只要为了亲近大自然，呼吸新鲜空气，因此，气候对于游客的总体满意度影响较大；娱乐因子的影响排在第三，可以看出游客对于该风景区的娱乐因子比较看重。

7 结论与对策

7.1 该风景区知名度不高

接受调查的游客中，79.9%的游客来自清远本地，14.1%来自广东省其他地方，6%的游客来自省外，由此可见，该风景区吸引的绝大部分是清远本地游客，这说明该风景区在其他地区知名度不高，经过对景区进行了解，得知景区的级别或者定位主要是本地居民休闲之处，这个定位和本次调查结果是一致的。

7.2 门票价格不合理

根据收集到的数据,在门票价格这个评价项目中,超过半数的游客表示不满意或非常不满意,只有 2.7% 的游客表示满意。门票价格是影响旅游决策的一个重要因素,由于本风景区游客以本地居民为主,重游率高,因此,相关部门应该协助该风景区科学合理地制订门票价格。制订吸引本地游客的优惠价格政策,有助于提高本地游客到访频率,从而有助于游客满意度。

7.3 根据因子对游客满意度影响程度大小对景区进行完善

由回归分析得出,影响游客满意度的程度由大到小依次为:餐饮因子、气候因子、娱乐因子、环境因子、景观因子和服务质量因子。对此,旅游景区应该与相关部门共同增加就餐地点,提高餐饮的质量,在注重餐饮特色的同时,也要合理设置价格水平。由于牛鱼嘴风景区属于生态景区,气候因子的影响也较大,因此必须做好绿化工作,解决卫生方面的问题,给游客一个真正能够舒缓身心的地方;娱乐因子也是一个比较重要的影响因子,在与游客的交谈中,大部分游客表示该景区娱乐项目较少,而且缺乏特色。对此,该风景区应结合其自身资源还有游客的喜好,增设一些娱乐设施。其他三个因子虽然对总体印象的影响程度不大,但是景区也应该依然做好这几方面的管理,时刻关注游客的需求,不断完善景区的设施设备,提高景区的管理水平和服务水平。

参考文献

[1] Pizam A, Neumann Y. Dimensions of tourist satisfaction with a destination area [J]. Annals of Tourism Research, 1978 (5):314 – 322.

[2] Bramwell B. User satisfaction and product development in urban tourism [J]. Tourism Management, 1998, 19 (1):35 – 47.

[3] 田金霞. 旅游景区游客满意度研究——以浏阳大围山景区为例 [J]. 商场现代化, 2008 (5):72 – 74.

[4] Bread J B, Ragheb M G. Measuring leisure satisfaction [J]. Journal of Leisure Research, 1980 (12):20 – 33.

[5] Chon K S, Olsen M D. Functional congruity and self congruity Ap2 proachesto consumer satisfaction/dissatisfaction in tourism [OB/OL]. http:PPscholar. Lib. vt. eduPejournalsPJIAHRPissue3Pindex. Html, 2004.

[6] Bowen D. Antecedents of consumer satisfaction and dissatisfaction on long-haul inclusive tours-a

[7] Mazursky D. Past experience and future tourism decisions [J]. Annals of Tourism Research, 1989 (16):333-344.

[8] 符全胜. 旅游目的地游客满意度理论研究综述 [J]. 地理与地理信息科学, 2005 (5):90-94.

[9] 汪侠, 刘泽华, 张洪. 游客满意度研究综述与展望 [J]. 北京第二外国语学院学报, 2010, 1:22-29.

[10] Baker D A, Crompton J L. Quality, satisfaction and behavioral intentions [J]. Annals of Tourism Research, 2000, 27 (3):785-804.

[11] Kozak M, Rimmington M. Tourist satisfaction with Mallorca, Spain, as an off season holiday destination [J]. Journal of Travel Research, 2000, 38 (3):260-269.

[12] 董观志, 杨凤影. 旅游景区游客满意度测评体系研究 [J]. 旅游学刊, 2005 (1):27-30.

[13] 汪侠, 顾朝林, 梅虎. 旅游景区顾客的满意度指数模型 [J]. 地理学报, 2005 (5):807-816.

[14] 李瑛. 旅游目的地游客满意度及影响因子分析——以西安地区国内市场为例 [J]. 旅游学刊, 2008 (4):43-48.

[15] 连漪, 汪侠. 旅游地顾客满意度测评指标体系的研究及应用 [J]. 旅游学刊, 2004, 19 (5):9-13.

[16] 陈巧林. 旅游目的地游客满意度研究——以湖南怀化市通道侗族自治县为例 [J]. 云南地理环境研究, 2009 (6):96-100.

[17] 万绪才, 丁敏, 等. 南京市国内游客满意度评估及其区域差异性研究 [J]. 经济师, 2004 (1):2467-2471.

[18] 邱根宝, 任黎秀. 入境游客对黄山旅游的体验效果分析 [J]. 安徽农业科学, 2005 (6):10819-10821.

[19] 石张宇. 基于因子分析的国内游客满意度实证 [J]. 长春理工大学学报, 2013 (7):73-77.

[20] 郭静静. 游乐型主题公园游客满意度测评研究——以泰山方特欢乐世界为例 [D]. 杭州:浙江工商大学, 2011.

[21] Tse Wilton. Models of consumer satisfaction: an extension [J]. Journal of Marketing Research, 1988 (25):204-211.

[22] Oliver R L. Consumer perceptions of interpersonal equity and satisfaction in transaction: a field survey approach [J]. Journal of Marketing Research, 1989 (53):21-25.

[23] Parasruam A N A, Zertham L V A, BERRYLL1 Servqual: A M multiple-item Scale for Measuring Customer Perceptions of Service Quality [J]. Journal of Retailing, 1988, 64:12-

40.

[24] Akam A J, Dam Iannah M K. Messuring tourist satisfaction with kenya's wild life safari a case study of tsavo west national park [J]. Tourist Management, 2003 (24):73-81.

Analysis of Principal Factors Influencing Tourist Destination Satisfaction—Taking Niuyuzui Scenic Spot as an Example

Ya Xia

Abstract: Taking Qingyuan Niuyuzui Scenic Spot as an example, the author developed tourist satisfaction factors questionnaire and based on the data obtained, exploratory factor analysis has been conducted through SPSS 19.0 for windows. The result shows that the principal factors influencing tourist's satisfaction include weather factor, entertainment factor, environment factor, landscape factor, service quality factor and traffic communication factor. Based on the results of factor analysis, a multiple regression analysis has been conducted and the influence of principal factors on the overall satisfaction of tourists has been discussed.

Key words: tourist satisfaction, Niuyuzui scenic spot, factor analysis, SPSS

旅游目的地形象影响要素评价
——以汕头市旅游区为例*

赵 琳

摘 要：旅游目的地形象是影响旅游行为的一个重要因素，要详尽了解旅游目的地旅游资源和游客的感知，就必须对游客旅游过程中的认知影响因素进行测量分析。本文以汕头市为例，借助 SPSS 等统计分析软件综合分析出影响汕头市旅游景区形象的主要因素，并在此基础上提出了促进旅游业发展的改进建议。

关键词：旅游目的地形象、汕头市、认知因子

1 引言

1.1 汕头市旅游目的地形象研究的意义和目的

旅游目的地形象对旅游者的目的地选择行为和满意度都具有至关重要的作用和影响，因此，旅游目的地形象一直是旅游目的地营销领域的重要研究课题。汕头市作为泛珠三角经济圈的重要节点，拥有亚太地缘门户的独特区位优势，素有"岭东门户、华南要冲"、"海滨邹鲁、美食之乡"的美称。汕头是"中国优秀旅游城市"，作为北回归线与中国海岸线唯一相交的城市，独具特色的自然、历史、人文景观和浓郁的地方文化，赋予汕头丰富的旅游资源。然而，作为一个历史悠久的旅游度假地，学者对它的旅游形象认识还缺少一个全面的评价。

有鉴于此，本文以问卷调查和文献资料为数据来源，利用 SPSS 技术从游客在旅游过程中对当地的认知情感影响因素进行分析，利用因子分析法提取出主要的影响因素，并分析其他客观因素对汕头旅游者旅游后的总体印象的相关系数，得出各要素对汕头旅游形象的重要程度和作用，并在此基础上得出结论与建议。该研究可为塑造汕头旅游地形象提供依据，具有重要的理论和实践意义。

1.2 旅游目的地形象研究的现状

与旅游业发达的国家相比，我国旅游业起步较晚，旅游目的地形象概念的引

---

* 指导教师：陈建斌。此文是"我国旅游目的地竞争优势比较研究"（1010BJY069）成果。

进在时间上相对滞后。国内关于旅游目的地形象的研究，着重借助于 CIS 理论重点讨论旅游目的地形象的策划、设计或定位。谢朝武[1]在讨论旅游目的地形象策划问题中，对传统上单纯从目的地角度出发评价目的地形象的做法进行了突破，提出了旅游目的地形象"是个双向的意念系统"。黄震方等[2]则较早地对旅游目的地形象测量做了定义，认为旅游目的地形象即"旅游者对旅游目的地了解和体验所产生的印象的总和"，而"旅游目的地形象测量是就对公众（潜在和现实旅游者）对目的地现状、特征等的主观看法和态度倾向所开展的量化研究和调查"。王鑫[3]则采用文本分析法从食住行游购娱六方面对中国国家旅游形象要素进行了评价。潘丽辉[4]选取了汕头八大景点，问卷选取道路标识、景点吸引力、旅游服务、旅游购物、城市卫生、旅游餐饮、娱乐设施、居民友好程度、旅游住宿、社会治安等各因子从知名度和美誉度两方面对其进行分析并重新定位。

上述研究成果普遍存在一些共同点：其一，对旅游目的地的形象定义相同或相近，指旅游目的地在现实的或潜在的旅游者心目中的印象；其二，都是依据对旅游者的问卷调查来对旅游目的地进行形象进行测量。但至今关于汕头市旅游形象与旅游者对其印象的影响因素这方面的研究还是缺少的。

1.3 本文研究方法

首先在汕头市各大旅游景区进行现场派发问卷，回收有效问卷 104 份，进而采用因子分析方法提取出 3 个公因子，根据影响公因子的主导因素进行分类，如下文分为：交通因素、景观因素、人文因素。并利用相关分析法，计算出各大因素对景区总体评价的相关系数，并据此向汕头市旅游景区开发提出参考建议。

2 汕头市旅游形象调查

2.1 问卷数据的基本情况

表 1 数据基本信息

人口统计变量	分组	人数	百分比（%）
性别	男	36	34.62
	女	68	65.38
年龄	15～24 岁	51	49.04
	25～44 岁	26	25.00

续表1

人口统计变量	分组	人数	百分比（%）
	45～64岁	19	18.27
	65岁以上	8	7.69
受教育程度	初中及以下	19	18.27
	高中、中专及职高	30	28.85
	大专、本科	52	50
	研究生及以上	3	2.88
职业	学生	28	26.92
	公司职员	29	27.88
	专业技术人员	7	6.73
	服务员/推销员	2	1.92
	技工/工人	7	6.73
	退休人员	10	9.62
	政府工作人员	2	1.92
	其他	19	18.27
了解途径	亲朋口碑相传	44	42.31
	电视、广播媒体	25	24.04
	网络媒体	9	8.85
	杂志书籍	4	3.85
	其他	22	21.15
初始印象	很好	17	16.35
	不错	45	43.27
	一般	39	37.5
	不好	3	2.88
旅游后总体印象	很好	11	10.58
	不错	40	38.46
	一般	47	45.19
	不好	4	3.85
	糟糕	2	1.92
二次旅游	是	85	81.73
	否	19	18.27

由表1可以看出，当地游客主要集中在15～24岁年龄层，主要以大专、本

科学生为主；通过亲朋口碑相传、电视、广播媒体渠道知道该地的人占到66%以上；近60%的人对汕头市景区的初始印象反映不错、感觉很好；旅游后再对景区进行总体印象评价，反映不错、很好的比例略有下降；但反映不好、糟糕的人数翻了一番，占了5.7%，大多数人评价较为一般。这一调查数据表明了解游客旅游过程内心感知的影响因素对改善当地旅游业尤为重要。

2.2 旅游过程认知形象评价

使用李克特量表对汕头市旅游景区的调查结果如图1所示。图中横坐标表示旅游活动、旅游环境、自然风光、人文景观等共16个评价指标，纵坐标表示该评价指标的标准差和均值。评价标准为：5分表示糟糕，4分表示不好，3分表示一般，2分表示不错，1分表示很好。

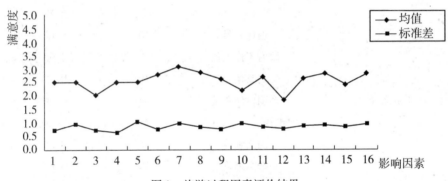

图1 旅游过程因素评价结果

1—旅游活动，2—旅游环境，3—自然风光，4—人文景观，5—语言障碍，6—购物设施，7—交通设施，8—娱乐设施，9—住宿条件，10—餐饮状况，11—旅游花费，12—气候条件，13—安全保障，14—景区服务质量，15—居民好客度，16—可达性。

从标准差来看，大多数指标的标准差都集中在0.5~1.0之间，表明游客对这些指标认知的内部一致性较高，样本具有显著代表性。从均值来看，除气候条件这个指标低于2.0，交通设施这个指标高于3.0外，其余12个指标均值介于2.0~3.0之间，即游客对这些事物的认知程度处于不错和一般之间，在中等偏上水平。

2.3 影响因素的因子分析

2.3.1 因子分析的可行性探索

为了进一步明晰是哪些因素主导了游客对汕头旅游景区的认知形象，作者对本次调查数据进行了因子分析。首先对数据进行初始信度分析，结果显示如表2

所示，16 个认知形象评价因子的内部一致性系数达到 0.905，说明测量指标的一致性很强，可靠性很高。

表2 可靠性统计量

Cronbach's α	项数
0.905	16

接着检验待分析的因子变量间是否具有较强的相关性，如果原有变量间不存在较强的相关关系，就无法从中综合出能反映某些变量共同特性的少数公共因子变量，所以，在因子分析前，这里先算出 KMO 统计量，KMO 的取值范围在 0 和 1 之间。KMO 越接近于 1，则所有变量之间的简单相关系数平方和远大于偏相关系数平方和，就越适合做因子分析。由表 3 可知，KMO = 0.874，同时，Bartlett 球度检验给出的相伴概率为 0.000，小于显著性水平 0.05，因此拒绝 Bartlett 球度检验的零假设，因此适合于因子分析。

表3 KMO 和 Bartlett 的检验

取样足够度的 Kaiser-Meyer-Olkin 度量		0.874
Bartlett 的球形度检验	近似卡方	850.407
	df	120
	Sig.	0.000

2.3.2 提取公因子

表 4 是因子分析后因子提取和因子旋转的结果。其中第 1～4 列描述了因子分析初始解对原有变量总体描述情况。第 2 列是因子变量的方差贡献（特征值），它是衡量因子重要程度的指标，由第 1 行到最后一行重要性依次减弱。第 3 列是因子变量的方差贡献率，作用同第 2 列。第 4 列是因子变量的累积方差贡献率，表示前 m 个因子描述的总方差占原有变量的总方差的比例。第 5～7 列是从初始解中按提取的因子的特征值大于 1 这个标准提取了 3 个公共因子后对原变量总体的描述情况，它们反映了原变量的大部分信息。

表4 解释的总方差

成分	初始特征值			提取平方和载入		
	合计	方差的%	累积%	合计	方差的%	累积%
1	7.063	44.142	44.142	7.063	44.142	44.142
2	1.550	9.686	53.828	1.550	9.686	53.828
3	1.168	7.298	61.127	1.168	7.298	61.127

续表4

成分	初始特征值			提取平方和载入		
	合计	方差的%	累积%	合计	方差的%	累积%
4	0.932	5.822	66.948			
5	0.793	4.956	71.905			
6	0.733	4.580	76.485			
7	0.667	4.171	80.656			
8	0.581	3.629	84.285			
9	0.482	3.014	87.299			
10	0.448	2.801	90.100			
11	0.383	2.395	92.495			
12	0.336	2.097	94.593			
13	0.271	1.691	96.284			
14	0.228	1.423	97.706			
15	0.199	1.243	98.949			
16	0.168	1.051	100.000			

提取方法：主成分分析。

经过旋转后，公因子与各影响因素的变量情况关系如表5所示。

以0.577为分割点，提取第1个公因子，包括"景区服务质量"、"交通便利度"、"交通设施"、"住宿条件"和"购物设施"，笔者将其命名为支持系统因子；第2个公因子包括"旅游环境"、"自然风光"、"人文景观"3个次级因子，笔者将其命名为"核心旅游资源因子"；第3个因子包括"餐饮状况"、"气候条件"、"旅游花费"、"语言障碍"3个次级因子，笔者将其命名为成本与环境因子。

表5 旋转成分矩阵[a]

影响因素	成分		
	1	2	3
旅游活动	0.499	0.507	0.182
旅游环境	0.523	0.642	0.092
自然风光	0.080	0.858	0.032
人文景观	0.366	0.705	0.339
语言障碍	-0.159	0.231	0.635
购物设施	0.577	0.367	0.315
交通设施	0.703	0.444	0.067
娱乐设施	0.599	0.431	0.259
住宿条件	0.701	0.150	0.274
餐饮状况	0.318	-0.067	0.689

续表 5

影响因素	成分		
	1	2	3
旅游花费	0.394	0.054	0.643
气候条件	0.086	0.092	0.683
安全保障	0.628	0.261	0.379
景区服务质量	0.824	0.172	0.165
居民好客度	0.332	0.302	0.520
交通便利度	0.810	0.090	-0.011

提取方法：主成分。
旋转法：具有 Kaiser 标准化的正交旋转法。
a. 旋转在 5 次迭代后收敛。

下面对公因子与主导因素的关系再进一步确认，表 6 表示的是利用回归法估计的因子得分系数。分别用 X_1, X_2, …, X_{16} 表示 16 个变量，则根据下表可以写出以下得分函数：

$$F_1 = 0.041X_1 + 0.028X_2 - 0.218X_3 + \cdots + 0.284X_{14} + \cdots + 0.332X_{16}$$
$$F_2 = 0.169X_1 + 0.260X_2 + 0.534X_3 + 0.321X_4 + \cdots - 0.175X_{16}$$
$$F_3 = -0.037X_1 + \cdots + 0.354X_5 + \cdots + 0.331X_{10} + 0.280X_{11} + 0.352X_{12} \cdots - 0.155X_{16}$$

从第一个因子得分函数可知，"景区服务质量"和"交通便利度"的权重较高；第 2 个因子得分函数中，"自然风光"和"人文景观"的权重较高；第 3 个因子得分函数中，"语言障碍"、"餐饮状况"、"气候条件"的权重较高。这些都和旋转后的因子载荷矩阵中得到的结果基本一致。

表 6 成分得分系数矩阵

影响因素	成分		
	1	2	3
旅游活动	0.041	0.169	-0.037
旅游环境	0.028	0.260	-0.104
自然风光	-0.218	0.534	-0.082
人文景观	-0.102	0.321	0.053
语言障碍	-0.246	0.134	0.354
购物设施	0.093	0.042	0.037
交通设施	0.169	0.080	-0.129
娱乐设施	0.094	0.083	-0.004
住宿条件	0.217	-0.132	0.015

续表6

影响因素	成分		
	1	2	3
餐饮状况	0.040	-0.205	0.331
旅游花费	0.047	-0.143	0.280
气候条件	-0.107	-0.032	0.352
安全保障	0.135	-0.049	0.074
景区服务质量	0.284	-0.142	-0.068
居民好客度	-0.031	0.050	0.199
交通便利度	0.332	-0.175	-0.155

提取方法：主成分。

旋转法：具有 Kaiser 标准化的正交旋转法。

构成得分。

因此，我们根据主导因素的共性特征，把以上3个公因子分别列为交通影响因素、景观影响因素、人文影响因素三类，同时根据表4，我们列出汕头市旅游景区认知形象评价模型为：

$$I = 72.18\%F_1 + 15.88\%F_2 + 11.95\%F_3$$

可见，三大主因子中第1个因子的权重比较大，即支持系统因子"景区服务质量"、"交通便利度和设施"、"住宿条件"和"购物设施"对总体印象的影响较大。

下面再进一步用相关性分别分析交通因素和景观因素对游客旅游后的总体印象及是否会进行二次旅游，如表7所示。

表7　交通便利度与总体印象、二次旅游的相关性

		交通便利度	总体印象	二次旅游
交通便利度	Pearson 相关性	1	0.433**	0.066
	显著性（双侧）		0.000	0.509
	N	104	104	104
总体印象	Pearson 相关性	0.433**	1	0.211*
	显著性（双侧）	0.000		0.031
	N	104	104	104
二次旅游	Pearson 相关性	0.066	0.211*	1
	显著性（双侧）	0.509	0.031	
	N	104	104	104

**. 在0.01水平（双侧）上显著相关。*. 在0.05水平（双侧）上显著相关。

从表中可看出，交通便利度与总体印象具有较强的相关性，而交通便利度和

总体印象的双侧检验的显著性概率均小于0.01，因此否定零假设，认为相关系数不为零，交通便利度和总体印象之间具有相关性。

表8　自然风光、人文景观和总体印象、二次旅游的相关性

		自然风光	人文景观	总体印象	二次旅游
自然风光	Pearson 相关性	1	0.602**	0.311**	0.073
	显著性（双侧）		0.000	0.001	0.462
	N	104	104	104	104
人文景观	Pearson 相关性	0.602**	1	0.521**	0.229*
	显著性（双侧）	0.000		0.000	0.019
	N	104	104	104	104
总体印象	Pearson 相关性	0.311**	0.521**	1	0.211*
	显著性（双侧）	0.001	0.000		0.031
	N	104	104	104	104
二次旅游	Pearson 相关性	0.073	0.229*	0.211*	1
	显著性（双侧）	0.462	0.019	0.031	
	N	104	104	104	104

**. 在0.01水平（双侧）上显著相关。*. 在0.05水平（双侧）上显著相关。

从表8可见，在0.01的显著水平下，人文景观对总体印象具有较强的相关性，自然风光的相关性较弱。

3 汕头市旅游形象要素评价

3.1 旅游形象影响要素相关系数评价

利用Excel软件中的CORREL函数，分别求16项因子和总体印象的相关系数。

表9　评价因子相关系数表

	1 旅游活动	2 旅游环境	3 自然风光	4 人文景观	5 语言障碍	6 购物设施	7 交通设施	8 娱乐设施	9 住宿条件	10 餐饮状况	11 旅游花费	12 气候条件	13 安全保障	14 景区服务质量	15 居民好客度	16 可达性
相关系数 r	0.58	0.66	0.31	0.52	0.15	0.58	0.54	0.63	0.58	0.36	0.46	0.22	0.51	0.61	0.48	0.43

从以上得到的相关系数可知，$r_2 > r_8 > r_{14} > r_1 = r_6 = r_9$，这表明 16 个因子中，主要有几个因素影响较为明显，并且呈递减关系，具体为：旅游环境、娱乐设施、景区服务质量、旅游活动、购物设施、住宿条件对总体印象的影响程度依次递减。而语言障碍、气候条件的影响程度较小。

3.2 旅游形象要素调查结果

3.2.1 旅游形象调查过程分析

本次调查主要采用景区问卷调查的方式进行，调查中我们发现景区游客具有以下五个特点：

（1）当地游客居多，104 份问卷中有 78 份是来自广东省除汕头市外的其他地区，其中 57 份是来自汕头市，占比达 54.8%，还有少部分来自四川省、江西省、河南省、湖南省。

（2）调查数据中的年龄层为 15～24 岁的人数居多，但这个主要是源于调查者的主观性选择调查对象造成的，因为大部分老龄人不愿意接受问卷调查或者不识字等原因没有做记录，基于观察法和访谈法得出汕头市各大景区 55 岁以上退休老年人人数占大多数，达 50% 以上。

（3）问卷和访谈中了解到大部分游客是通过亲朋口碑相传和电视媒体获知汕头的景区景点信息，还有一部分人是本地游客，经常游览汕头市的主要景区，但对景区的建设不是很满意。

（4）对汕头的初始印象较好的游客在最后总体印象的评价中普遍调整评价为一般。

（5）在各项要素的总体评价中，50% 的游客对汕头市的城市形象评价一般，只有自然风光、餐饮、气候、居民好客度几项的评价在不错水平之上，占 50% 以上的比例。

3.2.2 相关系数结果分析

从表 9 评价因子相关系数的大小来看，由于本地游客居多，主要讲潮汕话，大部分人并不存在语言沟通障碍，并且汕头市气候宜人，使得这两个指标在 16 个因子评价中评价较好。而交通、住宿、购物设施、景区服务质量是影响游客对总体印象的主要影响因素，究其原因主要是汕头市目前的交通网络尚不发达，给游客出行造成些许不便；其次，汕头以潮汕美食闻名，很多外地游客都是慕名而来；另外，汕头人的服务理念因为缺少规范，造成整个服务行业服务水平较低。

4 汕头旅游城市发展的对策建议

4.1 提高城市圈交通便利度，增强城市旅游形象

调查中发现交通便利度是影响游客对旅游地形象评价的一个重要因素，同时，交通作为旅游地之间的一道"网"，起到连接和舒展的重要作用。随着厦深高铁的开通，方便了粤东地区城市人口的流动，汕头目前也正在筹备建设汕头高铁站，同时"汕潮揭"半小时生活区方案出台后，目前城际轻轨也进入前期准备，这都将大大提升汕头对外的交通便利程度，也将有效促进汕头市与周边城市经济的相互联系，通过整合各地资源，提升整个城市圈的旅游地形象，也能提高汕头城市旅游资源的对外吸引力。同时，汕头也应该增强市内交通的运输承载力，通过增加班次及线路，尤其应该增设一些偏远景区的旅游专巴供市内市民出行。除此之外，要提高乘务人员和司机的服务水平，通过公共交通这个窗口加深外地游客来汕头的良好印象，同时提高本市市民出行的满意度。

4.2 规范餐饮业发展，塑造餐饮品牌形象

潮汕美食扬名海内外，很多外地游客也是慕名前来。调查中也发现游客对汕头饮食的评价比较高，但是汕头作为美食之都，尚缺少专供游客的规范化、品牌化的旅游餐饮业。针对这个问题，汕头市应该专注于特色美食的品牌化推广，同时也注意到，汕头特色美食主要以现做美食为主，这就不利于游客作为手信远程携带，那么就应该着重推介持久耐放的产品作为购买性的美食产品。同时，在问卷评价中，游客对餐饮业的服务质量评价一般，提高餐饮业的服务质量和服务品质也是增强游客满意度的一个重要方面。

4.3 增强文化遗产保护，做好历史和文化的名片

从问卷调查中获悉，文化景观和自然景观在影响游客评价中占据较高比重，汕头作为一座历史文化名城，侨胞文化、骑楼文化等吸引了爱好者前来探索，同时汕头开埠以来形成的商业贸易中心也保留了一部分古建筑，但如今遭到破坏，已成为城区的闹市，加强维护和恢复汕头老城区的建筑，做好营销宣传，是打造汕头历史和文化名片的重要一步。

4.4 完善配套设施建设，着力优化旅游环境

这里的旅游环境，不仅指以游客为中心的景区环境、自然环境，还包括与当地融合的住宿环境、购物环境。首先，应该继续加大环境卫生整治力度，可以采用增加垃圾桶数量、做好宣传以及罚款等措施；其次，要规范汕头市内的旅游住宿环境，在一些适合两日游的景区周边增设一些民宿、经济型旅馆，同时要提高当地旅馆从业人员的素质及服务水准，提高当地居民的人文素养和好客度，不在价格上欺诈外地游客，而是通过介绍和传播潮汕习俗让外地游客真正喜欢上本土文化，从人的情感层面提升游客的旅游满意度。

5 结论

对旅游目的地形象影响因素的调查分析，有利于提升旅游规划工作，有效建立对客源市场的吸引力，只有充分了解旅游者认知旅游地的影响因素，才能充分纠正自己的短板，发挥自己所长。本文对汕头市旅游地资源、游客旅游过程认知因素评价进行了理论与实证分析，并提出了汕头旅游城市发展的对策、建议，借此为相关部门对汕头市旅游形象的提升和重塑提供依据。

参考文献

[1] 白丽明. 旅游目的地形象测量的理论与方法研究 [D]. 广西大学, 2007-06-01.

[2] Chen C F, Tsai D C How destination image and evaluative factors affect behavioral intentions? [J]. Tourism Management, 2007, 28: 1115-1122.

[3] 王鑫. 中国国家旅游形象分维调查和要素评价 [D]. 陕西师范大学, 2012.

[4] 潘丽辉. 汕头城市旅游形象再设计 [J]. 广西职业技术学院学报, 2010-04-15.

[5] 陈超. 邹滢. SPSS 15.0 常用功能与应用实例精讲 [M]. 北京：电子工业出版社, 2009.

[6] 成伟光. 论城市旅游形象战略 [J]. 学术论坛, 2001.

[7] 陈玉英. 历史文化名城旅游形象浅析. 北京第二外国语学院学报, 2001, 3: 54-58, 71.

[8] 程柯. 基于游客感知满意度的景区形象营销研究——以武陵源景区为例 [D]. 湖南师范大学硕士论文, 2005, 4.

[9] 葛学峰. 旅游目的地选择意向影响因素研究 [D]. 大连理工大学, 2012-12-01.

[10] Gitelson R. The influence of friends and relatives in travel decision-making [J]. Journal of Travel & Tourism Marketing, 1995, 3 (3):59-68.

[11] 郭英之. 旅游感知形象研究综述 [J]. 经济地理, 2003, 23 (2):280-284.

[12] 黄洁. 国外旅游目的地形象研究综述——基于 Tourism Management 和 Annals of Tourism Research 近10年文献 [J]. 旅游科学, 2007-12-15.

[13] 黄震方,李想,高宇轩. 旅游目的地形象的测量与分析 [J]. 南开管理评论, 2002 (3):69-73.

[14] Hunt J D. Image as a factor in tourism development. Cited in W. C. Gartner and J. D. Analysis of State Image Change over a Twelve - Year period (1971-1983) [J]. Journal of Travel Research, 1975, 13 (3):15-19.

[15] 刘睿,邓姗姗. 基于游客感知因子的旅游目的地形象评价——以武汉城市圈为例 [J]. 河北理工大学学报:社会科学版, 2009-11-15.

[16] 李宏. 旅游目的地形象测量方法与应用研究 [M]. 天津:南开大学出版社, 2012.

[17] 李飞,黄耀丽,郑坚强,李凡. 旅游目的地形象测量方法评述 [J]. 桂林旅游高等专科学校学报, 2005. 16 (2):56-60.

[18] 黎洁. 论旅游目的地形象及其市场营销意义 [J]. 旅游论坛, 1998. (1).

[19] Pike, 5. Destination image analysis a review of 142 papers from 1973 to 2000 [J]. Tourism Management, 2002 (23):541-549.

[20] 彭华. 试论经济中心型城市旅游的商务主导模式以汕头市为例 [J]. 地理科学, 1999, 19 (3):B140-146.

[21] 彭华,钟韵. 关于旅游开发与城市建设一体化的初步探讨 [J]. 经济地理, 1999, 19 (1):B111-115.

[22] 宋章海. 从旅游者角度对旅游目的地形象的探讨 [J]. 旅游学刊, 2000 (1).

[23] 苏金明,傅荣华. 统计软件SPSS系列应用实战篇 [M]. 北京:电子工业出版社, 2002.

[24] Sameer H, Yuksel E, and Muzaffer U. Destination image and destination personality: an application of branding theories to tourism places [J]. Journal of Business Research, 2006, 59 (5):638-642.

[25] 唐娟. 关于旅游目的地定位的若干思考 [J]. 桂林旅游高等专科学校学报, 2007.

[26] 王华. 汕头市旅游市场研究 [J]. 地理学与国土研究, 2002, 18 (2):B107-110.

[27] 王力峰,齐静文. 旅游目的地形象测量与分析——以桂林为例 [J]. 浙江国际海运职业技术学院学报, 2009-09-15.

[28] 吴必虎,唐俊雅,黄安民. 中国城市居民旅游目的地选择行为研究 [J]. 地理学报, 1997, 52 (2):97-101.

[29] 吴志才,彭华. 城市旅游市场分类研究及其意义——以汕头市为例 [J]. 资源开发与市场, 2003-06-30.

[30] 熊侠仙,张松,周俭. 江南古镇旅游开发的问题和对策——对周庄、同里、卢直旅游状况的调查分析 [J]. 城市规划汇刊, 2002, 142 (6):61-63.

[31] 尹德涛,宋丽娜. 旅游问卷调查方法与实务 [M]. 天津:南开大学出版社, 2008.

[32] 余建英,何旭宏. 数据统计分析与SPSS应用 [M]. 北京:人民邮电出版社, 2003.

[33] 张宏梅,陆林,章锦河. 感知距离对旅游目的地之形象影响的分析——以五大旅游客源城市游客对苏州周庄旅游形象的感知为例 [J]. 人文地理, 2006-10-30.

[34] 张红兵,贾来喜. SPSS宝典 [M]. 北京:电子工业出版社, 2007.

Research on Factors Influencing Tourist Destination Image—Taking Shantou as an Example

Zhao Lin

Abstract: Tourism destination image is an important factor influencing traveler's behaviors. In order to understand more thoroughly about the details of the destination resources and traveler's perception, it is necessary to analyze the factors influencing tourists' awareness. Taking Shantou as an example, with spss statistical analysis software, the author found several principal factors influencing the tourist destination image of Shantou. Finally, on the basis of research findings, the author gives several suggestions for improving the tourism development of Shantou.

Key words: image of a tourist destination, Shantou city, cognitive factors

基于因子分析的越秀公园游客满意度调查研究*

何亦好

摘　要：运用 SPSS 19.0，笔者通过因子分析发现了影响越秀公园满意度的六个主要成分因子，包括基础设施、支持系统、服务质量、景区环境质量、价格、交通因子。在研究结果的基础上，笔者探讨了越秀公园现有的优势和存在的问题，并提出能够提高游客满意度的可行性策略。

关键词：越秀公园、满意度、因子分析

1　引言

越秀公园是广州城市中心公园，是新世纪羊城八景之一，2006 年被评为国家 4A 旅游景区。越秀公园历史悠久，承载着悠悠的广州历史，自然景观与人文景观非常丰富，是一个环境优美的市级综合性文化休憩公园。其主山越秀山虽历经沧桑，但弦歌不辍，自元代以来，其风景在各时期的羊城八景中占有重要的位置，尤其是在构建和谐社会的今天，越发展现出其迷人的风采[1]。

对于景区来说，"口碑传播"比什么都重要，一个不满意的游客会对景区产生不良的印象，不仅自己不再光顾，也不向别人推荐，更严重的是会带来负面宣传[2]。笔者研究越秀公园的游客满意度影响因素有着重要的现实意义：一方面，有利于完善景区设施，优化旅游环境，提高旅游服务质量，使其在旅游市场竞争中处于不败之地，对公园进一步建设和现有基础的改善都有实际指导意义；另一方面，对于政府而言，发展旅游业有利于促进产业结构的优化升级，能够促进当地经济发展，带来可观的经济效益。

本课题将研究理论与实践相结合，通过寻找和分析影响游客满意度的主要因素，从而将满意度调查评价体系运用于实证研究，有针对性地提出管理措施，以指导旅游产品和服务的改进，提高游客满意度，赢得游客的忠诚。

---

* 指导老师：陈建斌。此文是"我国旅游目的地竞争优势比较研究"（10BGL051）成果。

2 研究综述

2.1 国外相关研究

Pizam等[3]最早发现游客满意是游客对旅游地的期望和实地旅游体验相比较的结果,若实地旅游体验高于实现的期望值,则游客是满意的;反之,则是不满意的。这种将游客满意定义为游客期望和先机体验相比较是否一致的理论模式被旅游学界广为接受。

Beard等[4]进一步强调游客满意是"积极的"感知或感觉,是建立在游客期望和实际体验相比较的正效应基础上。Ttibe等[5]、Chon等[6]也提出,满意度是指在旅行过程中,旅游体验满足游客的愿望、期望和需求的程度。

Hughes[7]提出满意度具有相对性,即使旅游者的实际体验没有实现其期望,但旅游者仍然可以是满意的。他区分了满意度的3个层次:非常满意、很满意和满意。他还指出,满意度是一个由许多独立部分构成的多层概念。

Julie等[8]提出从旅游体验角度出发探讨感性因素对游客满意度的影响。他们在其研究中强调,无论是学者还是实践工笔者,要想充分理解游客满意感,仅对服务质量进行测评是不够的,他们也必须将影响游客满意感的主观情感体验因素考虑在内。

2.2 国内相关研究

我国学者对游客满意度的研究案例主要集中在旅游发展比较成熟的桂林、南京、黄山、深圳等地。主要研究成果有:李舟[9]对深圳华侨城2000年的游客满意度进行了调查研究,并且在此基础上对未来主题公园的发展发表了意见。陈昌平[10]对无锡的游客满意度进行了调查。刘俊等[11]应用期望差异模型对广州市北京路步行商业区的顾客满意度进行了探讨。万绪才[12]对南京市国内游客的满意度进行了测评,并且进行了满意度的差异性研究。连漪[12]应用自己建立的旅游地顾客满意度测评指标体系对桂林旅游地的顾客满意度进行了研究。

岳怀仁等[14]认为游客满意分物质、精神和社会3个递进的层次,并且指出游客满意可以增加景区无形资产、增大景区旅游吸引力和提高游客重游率。

李智虎[15]提出游客满意是游客需要得到满足后的愉悦感,满意水平是可感知效果和游览前期望之间的差异函数。

万绪才等[16]将旅游地游客满意度定义为游客对旅游地旅游景观、基础设施、旅游环境和社会服务等方面对其旅游需求满足程度的综合评判。

3 数据来源

3.1 指标选择与问卷设计

为了考察游客对越秀公园旅游的满意度，按照评价指标和数据的科学性、系统性和代表性的原则，在文献综述的基础上，本次问卷调查共设计 23 个相关问题，涉及吃、住、行、游、购、娱六大要素，以及游客对越秀公园的整体旅游印象等。其中，旅游资源包括景区的整体布局、旅游资源、景观特色和门票价格；周边环境包括周边的交通、停车、用餐、购物、住宿状况；娱乐包括娱乐的丰富程度和价格；基础设施包括内部交通线路、景区清洁、垃圾桶的设置、公共休息设施、安全防护设施、引导指示设施、公共厕所；景区管理包括咨询服务系统、景区容量管理、工作人员服务质量、投诉处理。按游客对景区的感知进行评价，非常不满意为 1 分，不满意为 2 分，一般为 3 分，满意为 4 分，非常满意为 5 分。另外，还涉及游客对景区的总体评价和重游意愿。

3.2 数据采集

笔者与朋友在 2014 年 1 月 11 日、12 日广州越秀公园共发放问卷 130，收回问卷 125 份，回收率 96.15%，其中有效问卷 121 份，有效率达到了 96.8%，本次调查主要由笔者直接向游客进行一对一的随机派发调查问卷，并回收，保证了信息的真实客观。同时，还利用访谈法，与游客进行深入的交流与沟通，让游客尽可能充分地提意见和建议，不仅有效地弥补了问卷汇因没有设计到而产生的不足之处，而且从中获得了许多宝贵的信息。

3.3 研究方法

本研究通过采用 SPSS 19.0 系统软件作为分析工具，对由问卷调查所获得的实际数据采用主因子分析方法，对越秀公园游客满意度进行深入的实证分析，并在统计分析的基础上对其结果进行具体解释，最后提出相应对策。

4 数据样本的基本信息描述统计

被调查的游客性别比近似于 1:1，所以原始数据的较为客观，性别差异影响不大。

表1 越秀公园游客年龄结构

年龄	频率	百分比（%）
≤18岁	16	13.2
19~30岁	81	66.9
31~40岁	22	18.2
51~60岁	2	1.7

表1反映的是越秀公园游客群体的年龄结构，游客的年龄结构可以间接反应旅游者体力、旅游兴趣、生活阅历和消费水平等方面的差异。越秀公园是以休闲和文化体验为核心，在越秀公园的游客年龄结构上以青少年为主，比例占66.9%，老年人相对较少。

表2 越秀公园客源分布

您目前的居住地	频率	百分比（%）
广州市	72	59.5
广东省其他城市	17	14.0
广东省外	32	26.4

表2反映的是越秀公园的客源分布，客源空间分布遵循距离衰减规律，客源主要集中在广州市，呈现较强的空间集中性。而非广州市居民的游客比例占40.5%，可以看出越秀公园的级别较高，对外地游客有较强的吸引力。

表3 越秀公园游客职业结构

您目前从事的职业	频率	百分比（%）
农民	4	3.3
公司员工	30	24.8
公务员	5	4.1
企业管理人员	4	3.3
个体	2	1.7
退休员工	2	1.7
学生	62	51.2
其他	12	9.9

表3反映的是游客的职业结构，学生占51.2%，公司员工占24.8%，所占比例远高于其他职业。可以看出调查样本中学生和公司员工所占比例较高。

表4　越秀公园游客文化程度

您的最高受教育程度	频率	百分比（%）
初中及以下	16	13.2
高中/中专/技校	14	11.6
大专	37	30.6
本科	49	40.5
硕士及以上	5	4.1

表4反映的是游客的文化程度，一般而言，随着文化程度的提高，人们旅游、休闲的愿望也逐步增强，出游率会大大增加。越秀公园以其深厚的文化底蕴吸引了大量的文化旅游爱好者，在游客群体中以具有较高的文化程度的游客为主。

表5　越秀公园游客收入状况

您的月收入	频率	百分比（%）
≤1 000元	53	43.8
1 001～3 000元	19	15.7
3 001～5 000元	19	15.7
5 001～10 000元	24	19.8
≥10 000元	6	5.0

表5反映的是游客的收入状况，游客中以收入以低于1 000元所占比例较高。

表6　越秀公园游客游玩方式

您本次到越秀公园的游玩方式	频率	百分比（%）
家人、亲戚	17	14.0
朋友、同学或同事	88	72.7
公司、学校社团	8	6.6
自己	8	6.6

表6反映出游客到越秀公园旅游以结伴旅游为主，主要是与朋友、同学或同事结伴出游，占72.7%。有一部分原因是本次调查的对象中学生所占比例较高。

表7　越秀公园旅游动机

您来越秀公园的旅游动机	频率	百分比（%）
身体健康动机	21	17.4
调节、放松心情动机	90	74.4
文化动机	18	14.9
交际动机	6	5.0
业务动机	4	3.3
其他动机	12	9.9

表7反映游客的旅游动机。越秀公园是一个综合性文化休憩公园，历史文化底蕴浓厚，但是到越秀公园的游客多是以调节、放松心情为主要动机，占74.4%，而其次出于文化动机的只占14.9%。

表8　越秀公园游客到访频率

您是第几次来越秀公园游玩	频率	百分比（%）
第一次	59	48.8
第二次	19	15.7
两次以上	43	35.5

表8反映的是越秀公园游客的到访频率，初次到越秀公园游玩的有48.8%，占主要群体；其次是多次重游的游客，占35.5%。由此可以看出，越秀公园级别很高，同时也是广州市民重要的休憩场所。

5　因子分析

因子分析的基本思想和目的是利用降维的思想，用较少的几个因子去描述和解释众多数据和因子之间的关系，根据变量之间相关性的大小对其进行分组，使得同组内的变量之间相关性较高，不同组的变量之间相关性较低。每组变量代表一个基本结构，这个基本结构称为主因子或公共因子。可试图用最少个数的不可测的所谓公共因子的线性函数与特殊因子之和来描述原来观测的每一个变量。

5.1　因子分析的可行性检验

表9是变量之间的相关性的KMO和Bartlett检验，用来判断这些变量是否适合做因子分析。KMO是用于比较观测相关系数值与偏相关系数值的一个指标，KMO值越接近于1，意味着变量间的相关性越强，原有变量越适合做因子分析。

Kaiser 给出了常用的 KMO 度量标准：0.9 以上表示非常适合，0.8 表示适合，0.7 表示一般，0.6 表示不太适合，0.5 以下表示极不适合。这里 KMO 值为 0.867，说明适合因子分析。另外，这里 Bartlett 值为 1882.709，相伴概率 $P <0.000$，而 Bartlett 检验的原假设是相关矩阵系数为单位矩阵，所以，应该拒绝原假设，从而也证明了相关系数矩阵不是一个单位矩阵，所以可以采用因子分析。

表9 KMO 和 Bartlett 的检验

取样足够度的 Kaiser-Meyer-Olkin 度量		0.867
Bartlett 的球形度检验	近似卡方	1882.709
	df	253
	Sig.	0.000

5.2 确定因子成分矩阵

表10 是各因子所能够解释原始变量总方差的情况。按照提取出的公因子的特征值必须大于1的原则，可以从中提取出6个公因子。

表10 解释的总方差

成分	初始特征值			提取平方和载入			旋转平方和载入		
	合计	方差的%	累积%	合计	方差的%	累积%	合计	方差的%	累积%
1	10.172	44.227	44.227	10.172	44.227	44.227	4.206	18.288	18.288
2	1.737	7.550	51.777	1.737	7.550	51.777	3.379	14.691	32.979
3	1.450	6.302	58.079	1.450	6.302	58.079	3.328	14.472	47.451
4	1.263	5.491	63.571	1.263	5.491	63.571	2.738	11.905	59.355
5	1.164	5.060	68.631	1.164	5.060	68.631	1.821	7.918	67.274
6	1.032	4.489	73.120	1.032	4.489	73.120	1.345	5.847	73.120
7	0.817	3.550	76.671						
8	0.783	3.406	80.077						
9	0.638	2.773	82.850						
10	0.585	2.543	85.393						
11	0.519	2.255	87.648						
12	0.440	1.911	89.559						
13	0.425	1.846	91.405						
14	0.370	1.609	93.015						
15	0.314	1.363	94.378						

续表 10

成分	初始特征值			提取平方和载入			旋转平方和载入		
	合计	方差的%	累积%	合计	方差的%	累积%	合计	方差的%	累积%
16	0.263	1.145	95.522						
17	0.225	0.980	96.502						
18	0.189	0.823	97.325						
19	0.173	0.753	98.078						
20	0.127	0.554	98.632						
21	0.123	0.534	99.165						
22	0.101	0.438	99.603						
23	0.091	0.397	100.000						

提取方法：主成分分析。

表 11 是未旋转的因子载荷矩阵，因子载荷矩阵给出了公因子提取每一个变量的信息，并且由因子载荷矩阵可以写出特殊因子忽略不计时的因子模型。但是，此时所得未旋转的公因子实际意义不好解释，所以对公因子进行方差最大化正交旋转得到表 12。

表 11　未旋转成分矩阵[a]

项目	成分					
	1	2	3	4	5	6
整体布局	0.797	0.103	-0.009	0.060	-0.270	0.048
住宿便利	0.761	0.120	0.088	-0.324	-0.040	-0.353
投诉处理	0.759	0.092	-0.354	-0.309	0.070	0.023
内部线路	0.752	-0.297	0.075	0.214	0.111	0.212
用餐便利	0.751	-0.023	0.168	-0.116	0.177	-0.287
服务质量	0.747	0.126	-0.502	-0.081	-0.039	0.004
容量管理	0.746	-0.043	-0.322	-0.003	-0.060	0.093
导引设施	0.742	-0.415	0.066	-0.021	-0.076	0.021
购物便利	0.737	-0.019	0.311	-0.285	0.083	-0.330
垃圾桶设置	0.715	-0.437	0.061	-0.135	-0.033	0.242
公共厕所	0.706	-0.367	0.019	-0.053	-0.066	0.285
休息设施	0.697	-0.133	0.394	0.128	0.051	-0.064
安全防护	0.681	-0.113	0.134	-0.261	-0.170	0.009
资源丰富	0.666	0.155	-0.099	0.317	-0.362	-0.155
娱乐丰富	0.657	-0.164	-0.025	0.414	0.349	-0.231
景观特色	0.648	0.222	0.053	0.383	0.128	-0.012
停车便利	0.617	0.465	0.173	-0.209	-0.060	-0.082

续表 11

项　目	成　分					
	1	2	3	4	5	6
清洁卫生	0.563	-0.054	0.283	0.246	0.091	0.327
环境氛围	0.560	0.380	0.078	0.443	-0.205	-0.151
门票价格	0.435	0.318	0.232	-0.291	0.230	0.338
周边交通	0.409	0.632	0.041	-0.018	-0.181	0.424
咨询系统	0.597	-0.136	-0.657	0.011	0.017	-0.058
娱乐价格	0.253	0.294	-0.176	0.029	0.759	0.068

提取方法：主成分。
a. 已提取了 6 个成分。
数据来源：笔者，2014。

5.3　因子命名

由表 11 可以看出，有些成分值之间的差距没有明显拉开，对因子命名的说服力不强，为了使因子分析得到更好的效果，有必要采用因子旋转的方法，使因子成分两极分化，要么接近 0，要么接近 1，来减少对因子命名的主观性，旋转后的因子往往具有更鲜明的实际意义，更容易解释。由旋转结果可以看到垃圾桶的设置、内部线路、公共厕所和引导设施可以归为一类，将其重新命名为基础设施因子；购物、住宿、用餐的便利程度可以归为第二类，命名为支持系统因子；资讯系统、服务质量、投诉处理可以归为第三类，命名为服务质量因子；环境氛围、资源丰富、景观特色归为第四类，命名为景区形象因子；门票价格和娱乐价格归为第五类，命名为价格因子；剩下的周边交通归为第六类，命名为交通因子。

表 12　旋转成分矩阵[a]

项　目	成　分					
	1	2	3	4	5	6
垃圾桶设置	0.777	0.264	0.320	-0.024	0.071	-0.048
内部线路	0.755	0.146	0.242	0.280	0.038	0.179
公共厕所	0.746	0.181	0.338	0.056	0.114	-0.048
导引设施	0.693	0.352	0.312	0.148	-0.073	-0.066
清洁卫生	0.615	0.063	-0.035	0.311	0.258	0.170
休息设施	0.576	0.454	-0.040	0.361	0.051	0.098
购物便利	0.330	0.821	0.120	0.155	0.075	0.090
住宿便利	0.173	0.790	0.339	0.206	0.144	0.016

续表 12

项目	成分					
	1	2	3	4	5	6
用餐便利	0.346	0.670	0.208	0.242	0.017	0.223
停车便利	0.041	0.556	0.171	0.309	0.492	0.061
安全防护	0.450	0.495	0.271	0.084	0.199	-0.152
咨询系统	0.206	0.072	0.843	0.156	-0.113	0.129
服务质量	0.185	0.230	0.794	0.255	0.192	0.118
投诉处理	0.239	0.399	0.703	0.053	0.265	0.164
容量管理	0.391	0.190	0.632	0.248	0.145	0.063
环境氛围	0.085	0.188	0.125	0.795	0.187	0.018
资源丰富	0.206	0.216	0.373	0.686	0.081	-0.168
景观特色	0.293	0.175	0.167	0.606	0.165	0.309
娱乐丰富	0.429	0.247	0.219	0.482	-0.271	0.456
整体布局	0.398	0.325	0.395	0.459	0.283	-0.122
门票价格	0.239	0.284	0.021	-0.051	0.617	0.272
娱乐价格	-0.021	0.067	0.173	0.009	0.836	0.173
周边交通	0.033	0.013	0.160	0.330	0.003	0.803

提取方法：主成分。

旋转法：具有 Kaiser 标准化的正交旋转法。

a. 旋转在 9 次迭代后收敛。

数据来源：笔者，2014。

6 构建综合评价模型

在假设游客的性别、年龄、职业、学历和收入以及旅游频率既定的前提下，采用实际体验模型考察越秀公园游客的满意度。根据基础设施、支持系统、服务质量、景区环境质量、价格、交通六大主因子与各指标之间的数量关系，可以用以下的公式计算各主因子的得分：

$$F_i = b_{i1}X_1 + b_{i2}X_2 + b_{i3}X_3 + \cdots + b_{i23}X_{23}, (i = 1,2,3,\cdots,23) \quad (1)$$

其中，F_i 为第 i 个主因子的得分，b_{i1}，b_{i2}，b_{i3}，$\cdots$，b_{i23} 表示 23 个指标分别在 6 个主因子上的成分。再以各主因子的方差贡献率占总方差贡献率的比重作为权重进行加权平均，得到越秀公园游客满意度的综合评价模型：

$$F = 0.250F_1 + 0.201F_2 + 0.198F_3 + 0.163F_4 + 0.108F_5 + 0.080F_6 \quad (2)$$

其中，F 表示越秀公园游客满意度的综合得分，F_1、F_2、F_3、F_4、F_5、F_6 表示由公式（1）计算得到的 6 个主因子得分。F 值越大，说明游客满意度越高。

表 13　统　计　量

		F_1	F_2	F_3	F_4	F_5	F_6
N	有效	121	121	119	121	121	121
	缺失	0	0	2	0	0	0
	均值	3.7397	3.3085	3.6387	3.9339	3.7769	3.8540
	众数	4.00	3.00	3.00	4.00	3.50	4.00

表 13 反映的是 6 个主要因子的得分情况，得分最高的是景区形象因子，其次是交通因子，得分最低的是支持系统因子。

表 14　统　计　量

	有效	119
N	缺失	2
	均值	3.6706
	众数	4.00

表 14 反映的是越秀公园游客满意度的综合得分情况，得分均值为 3.6706，众数为 4.00，游客对于越秀公园的满意度是处于一般与满意之间，且偏向于满意。

7　结论与对策

7.1　结论

（1）通过数据和分析可知，越秀公园的游客的满意度综合得分均值为 3.6706，表明游客对越秀公园的满意度处于一般和满意之间。作为广州市内的历史文化古迹和综合性文化休憩公园，其游客满意度不高。

（2）越秀公园游客的满意度主要受基础设施因子、支持系统因子、服务质量因子、景区形象因子、价格因子和交通因子的影响。游客对越秀公园的景区形象满意度因子得分均值为 3.9339，属于基本满意。表明越秀公园的旅游形象良好，游客对景区的形象满意度较高，但也有部分游客表示不满意，如湖泊水质差。其次的交通因子、价格因子和基础设施因子的得分均值处于一般与满意之间。大部分人对越秀公园的基础设施表示满意，但有待改进的方面也仍然存在，如路标等指示牌太少，不方便游客观光游览，设施没有及时更新或维护。服务质量因子和支持系统因子的得分偏低，接近于一般水平。通过访谈得知服务质量因子得分偏低的一部分原因是游客在景区内游玩或未接触到工作人员，或没有投诉经历等；也有一部分游客表示工作人员不够友善，景区晚上无人巡逻，死角存在安全隐患，应加强安全管理。而支持系统因子得分偏低的一部分原因是游客大多是来自广州市内，所以不考虑住宿和餐饮问题。

（3）价格因子对景区游客满意度的影响是相当大的，但在越秀公园的游客满意度中，价格因子的重要性并不十分明显，原因之一是越秀公园是免票入园的，除了特殊日子或园内有特别活动才需要门票，以及园内的景点镇海楼需要门票和一些娱乐项目需要付费。也有游客表示，既然免费入园，就应该免费到底，不应该设园内票。

（4）景区游客管理不足，越秀公园是免费开放的，节假日人满为患，拥挤不堪，并且对于部分游客的不文明行为视而不见，如部分游客仍然会在公园的树木、建筑设施等上面刻画，有损公园美观，严重影响游客的旅游体验和满意度。景区的餐饮条件不足，数量少且很难找到，卫生环境差，景区商品价格过高，商品种类不够丰富、缺乏特色，儿童玩具泛滥。

（5）越秀公园作为一个文化休憩公园，有深厚的文化底蕴，但到越秀公园游玩的游客基本以休闲娱乐为主，以体验文化为旅游目的的游客极少。

7.2 对策

（1）加强景区内部管理。首先是对工作人员的管理，提高工作人员的业务素质，加强安全管理，增派晚上巡逻人手，减少安全隐患。其次是对景区游客的管理，在节假日景区要控制景区容量，加派人手控制景区的秩序，制止或劝导部分游客的不正当行为。

（2）改善景区内部设施和环境质量。要及时更新和维护景区基础设施，合理设置景区引导指示牌，应游客的要求增加路标，保持园内清洁卫生，重点改善湖泊水质，园内的广播音乐应选择较为舒适悠闲的音乐，减少园内噪音。

（3）丰富旅游商品。目前我国大多数景区提供的旅游商品缺乏地方特色，雷同现象严重，较为单一。景区可以考虑设计专属该景区的吉祥物，将其开发成纪念品，开发过程中可以参考旅游专家和游客的意见，作为景区的一大吸引物，既满足游客的需求，也带动景区收入的增加。同时，在景区的游客集散处建立购物商场，以具有鲜明特色的旅游商品吸引游客，不仅面向游客，也面向景区周边的当地居民。景区的特色商品会影响游客对景区的感知。

（4）深度挖掘文化旅游产品，结合景区独特的历史文化，深度挖掘其文化资源。有关历史名人文化的旅游产品开发，不仅要强调历史上的名人，更要在景区建设中巧妙地体现出来。可以定期在园内举行历史名人的文化展，展示他们的照片和历史事迹,让游客在追忆文化、缅怀先人中体验文化,在名人留下的遗迹和故事中感受文化。

8 不足与展望

(1) 游客满意度的测评指标体系是可变的。本文所构建的越秀公园游客满意度测评指标是笔者根据参考文献和自己的总结设计的,不一定吻合越秀公园游客的满意度影响因素,且随着旅游业的发展,游客对景区服务质量的要求会更高,影响游客满意度的因素会更多。

(2) 调查对象不够全面,学生样本占51.2%,年龄结构是中青年占主要群体,样本的职业代表性不强,调查结论主要反映了中青年群体的观点,虽然在旅游的客源结构上中青年群体占据很大比重,但本次越秀公园的游客满意度调查对象应扩大调查的人群类型。

(3) 游客心理活动复杂,对于一些敏感问题会选择欺瞒或敷衍了事,要客观准确地把握游客心理,消除调查数据带有的主观因素影响,还有待进一步研究。

(4) 游客的满意度具有较强的动态性,调查时间的不同,被调查对象的不同,其数据亦会不同,结果可能会发生变化,因此可以考虑加入时间因素进一步研究。

参考文献

[1] 网络资源 2009 – 10 – 01.
[2] 网络资源《谈旅游景区游客服务满意度的提升》2012 – 03 – 13.
[3] Pizam A, Neumann Y, Reichel A. Dimensions of tourist satisfaction with a destination area [J]. Annals of Tourism Research, 1978, 5 (3):314 – 322.
[4] 曹秀玲. 主题公园游客满意度测评研究 [D]. 广州:暨南大学, 2009.
[5] 陈丽荣,苏勤. 我国游客满意度研究述评 [J]. 资源开发与市场, 2007, 23 (3):266 – 268.
[6] 董观志,杨凤影. 旅游景区游客满意度测评体系研究 [J]. 旅游学刊, 2005 (1):27 – 30.
[7] 符全胜. 旅游目的地游客满意理论研究综述 [J]. 地理与地理信息科学, 2005 (9):90 – 94.
[8] 和亚军,王红崧. SPSS 旅游统计实用教程 [M]. 北京:旅游教育出版社, 2010.
[9] 胡春. 顾客满意分析 [J]. 北京邮电大学学报, 2000 (4):13 – 17.
[10] 陈昌平. 无锡游客满意度调查 [J]. 市场周刊, 2002 (3):42.
[11] 南剑飞,赵丽丽,熊志坚,张鹏. 试论顾客满意的内涵、特征、功能及度量 [J]. 企业管理, 2003 (9):11 – 14.
[12] 束盈. 旅游景区游客满意度研究 [D]. 北京:邮电大学, 2006.

[13] 万绪才，丁敏，宋平. 南京市国内游客满意度评估及其区域差异性研究 [J]. 经济师，2004（1）:246 – 247.

[14] 连漪，汪侠. 旅游地顾客满意度测评指标体系的研究及应用 [J]. 旅游学刊，2004（5）:9 – 13.

[15] 汪侠. 旅游地的住客满意度研究：模型及实证 [M]. 南京：南京大学出版社，2012.

[16] 谢彦君，吴凯. 期望与感受：旅游体验质量的交互模型 [J]. 旅游科学，2002（2）:1 – 4.

[17] 岳怀仁. 风景旅游区经营与管理 [M]. 昆明：云南大学出版社，1998.

[18] 李智虎. 旅游景区游客满意度提升 [J]. 营销企划，2003（4）:39 – 41.

[19] 薛薇. SPSS 统计分析方法及应用 [M]. 北京：电子工业出版社，2009.

[20] Gronroos C. A Service quality model and Its marketing implications [J]. European Journal of Marketing，1984，18（4）:36 – 44.

[21] Hughes K. Tourist satisfaction：a guided "cultural" tour in North Queens – land [J]. Australian Psychologist，1991，26（3）:166 – 171.

[22] Oliver R L. A cognitive model of the antecedents and consequences of satisfaction Decisions [J]. Journal of Marketing Research，1980，17（4）.

[23] Otto J E，Brent Ritchie J R. The service experience in tourism [J]. Tourism Management. 1996，17（3）:165 – 174.

Factor-analysis-based Research on Visitor Satisfaction of Yuexiu Park

He Yihao

Abstract：Based on the findings of factor analysis using SPSS19.0，the author found 6 principal factors influencing visitor satisfaction of Yuexiu Park，namely infrastructure，supporting system，service quality，and environment quality of scenic spot，price and transportation. Based on the results of the research，the author discussed the current strengths and problems and gave feasible strategy to improve visitor's satisfaction.

Key words：Yuexiu Park，satisfaction，factor，analysis

基于因子分析法的广州城市公园满意度研究
——以广州海心沙公园为例*

黄思敏

摘要：在因子分析法的基础上，笔者结合广州海心沙城市公园特点，构建了广州城市公园游客满意度测评体系，并以广州海心沙公园为实证研究对象，设计调查问卷并利用SPSS统计软件处理数据和进行定量分析。笔者从19个评价指标中提取16个相关因素，归结为4个大因子：公园功能因子、支持系统因子、交通因子、环境因子。笔者在研究结果的基础上，提出了相应的管理建议。

关键词：游客满意度、因子分析法、城市公园、广州海心沙城市公园

1 引言

1.1 城市公园的状况

《西方城市公园发展史》中城市公园的定义是，针对城市聚集生活以及高人工化物质化所产生的一系列问题而产生的专门用于公共使用和大众娱乐活动的城市场所。

随着城市的发展，居民对城市公园的需求应运而生。政府非常重视城市公园的发展，改革开放以后，我国城市公园数量较快增长。目前，我国城市公园数量较充足，能基本满足居民的需求，但质量却有待商榷。存在公园绿化较少，公园分布不够均匀合理，公园种类不够丰富，公园环境质量，服务质量不高等问题。

关翩翩等[1]，说明2009年2月广东省推出《国民旅游休闲计划》，广州市政府在《广州市免费公园经营状况调查报告》中提出"鼓励城市休闲公园、科普教育基地、红色旅游景点等，实行免费或优惠价格向社会开放"。并于2009年7月1日，通过《广州市政公园免费开放工作方案》，探讨了免费公园作为公共设施的现状、游客满意度及存在问题，并指出免费公园可持续发展的若干建议。

---

* 指导教师：陈建斌。此文是"我国旅游目的地竞争优势比较研究"（10BGL051）成果。

1.2 城市公园的发展介绍

1.2.1 中外城市公园发展史

李倞等[2]把城市公园发展分为四个阶段：以德国动物公园为例的田园模式发展时期；以芝加哥格兰特公园为例的对称几何式盛行时期；以阿姆斯特丹 Bos 公园为例的实用主义设计时期；以杜伊斯堡工业园改造为公园为例的多层次发展时期。

《景观中国报刊》中描述，我国城市公园是由古代皇家园林，官宦、富商和士人的私家园林发展而来的。现代意义的公园是由帝国主义侵略衍生的。当时殖民者为满足游乐活动需求，在租界把欧式公园传进我国。

1868 年，上海的"公花园"（黄浦公园）是我国最早的公园。辛亥革命后，我国广州、南京、昆明、汉口、北平、长沙、厦门等大城市出现了一批公园，进入自主建设公园的快速发展时期。中华人民共和国成立后，政府建设了一批以古代园林、古建筑为基础的公园，同时也建设了一批以绿化为主，辅以建筑的城市、市郊公园。改革开发后，我国城市公园进入高速发展阶段。

1.2.2 广州城市公园现状

1918 年广州市最早的公园广州市第一公园由孙中山倡议建成。1979 年，广州城市公园开始快速发展。1998 年，因为广州城市发展需求，土地资源制约城市公园建立。至 2000 年，广州市城市公园体系已具有功能合理、种类齐全、分布均匀的特点。徐秀玉等[3]在 2010 年时统计得出，截至 2007 年底，广州市中心城区范围内共有公园 128 个，其中越秀区 15 个，海珠区 12 个，荔湾区 14 个，天河区 20 个，黄埔区 22 个，萝岗区 4 个，白云区 41 个。广州城市公园满意度调查中显示，市民对景观质量较满意，对基础设施、服务质量较不满意。

1.2.3 海心沙公园介绍

广州海心沙公园是广州珠江内江心沙洲，位于广州中轴线上，是广州旅游新名片。

2 研究现状及方法

对于城市公园满意度研究现在处于起始阶段，研究结果相对较少，但对其他满意度相关研究相对较多，笔者做研究时阅读这方面文献的较多。游客满意度研究是在消费研究中顾客满意度理论和服务质量管理推动而兴起的。20 世纪 60 年代早期，一些学者开始对顾客满意度进行研究。卡迪佐等[4]研究证明了期望差异理论及产品绩效在顾客满意度研究过程中作用，并奠定了后来满意度领域研究的基础。Pizama等[5]指出游客满意度是游客对旅游区域的主观期望与实地体验比较的结果。董观志等[6]指出游客满意度指标体系一般由3个层次的指标项目构成：第一层次为游客总体满意度指标；第二层次为项目层指标，包括食、住、行、游、购、娱、服务、设施、形象等指标；第三层次为评价因子层指标，是第二层次指标进行分解后的满意度指标。Hughes[7]认为满意度具有相对性，可分为很满意、满意、不满意三个层次。李智虎[8]进一步研究认为游客满意度是游客需求得到满足后的感觉，满意水平是可感知效果与期望值间差异函数。

由于国内城市公园刚兴起不久，城市公园处于发展时期，城市公园满意度总体不高。尹海伟等[9]、肖星等[10]对国内的公园满意度研究，调查显示游客对公园自然景观、设施设备较满意，但对公园维护管理、服务质量满意度较差。而且不同区域及基础特征的游客对公园的满意度存在较大差异；同时，不同特征的城市公园对游客满意度存在一定的反作用。笔者对广州海心沙城市公园的研究结合了该公园具有举办社会活动、展览等功能；突破城市公园硬环境研究的局限，发现城市公园软环境对现代游客满意度的重要性，增加社会对城市公园软环境建设的重视。

本研究对城市公园满意度的实证研究主要是设计问卷、发放问卷、回收问卷、统计有效问卷数据，并利用SPSS分析数据；提取四大因子，并得到评价指标得分，分析城市公园的满意度；最后针对问题提出建议。其中，提取的因子一般包括：景观质量、基础设施、游憩环境、游憩项目、服务质量、便利程度、旅游资源、旅游体验、旅游消费等因子。而且，不同的游客对城市公园的满意度评价不同，城市公园满意度与游客重游意愿、游客忠诚度存在关系。

3 数据的统计与基本处理

问卷内容分为游客人口学特征和公园满意度评价两部分：①游客人口学特征，包括游客性别、年龄、职业、收入等方面；②公园满意度评价设计了19个评价指标，采用李科特5级量表，每个指标分别按照非常满意、较满意、一般、较不满意、不满意设5个等级，其对应得分为5分、4分、3分、2分、1分。

本论文的基础数据采用电子网络问卷和纸质问卷的调查方式，其中纸质调查问卷以广州海心沙城市公园游憩者为调查对象。累计发放调查问卷130份，回收120份，回收率为92.31%。其中，有效问卷为120份，有效问卷率为100%。其中，电子问卷70份，纸质问卷60份；电子问卷与纸质问卷比例为116.67%。

从调查样本看，游客基本特征为：女性游憩者稍多于男性，占63%。年龄层以中青年为主，其中21～35岁占45%，36～50岁占20%。职业特征中，学生较多,占37%;公司职工和专业技术人员各占16%和13%。游憩者的收入总体偏低,49%的调查者还没有收入;11%的调查者收入在3000元以下;16%的调查者收入在3000~8000元。

4 基于因子分析法对公园满意度进行分析

4.1 因子分析适应性检验

KMO(Kaiser-Meyer-Olkin)检验是取样充足度的测度。KMO的测度值越接近于1,表明变量间的相关性越强,共同因子较多。原有变量越适合做因子分析。KMO的度量标准是:0.9以上表示非常适合,0.8~0.9表示适合,0.7~0.8表示一般,0.6~0.7表示不太适合,0.5以下表示极不适合。

表1 KMO 和 Bartlett's 检验

Kaiser-Meyer-Olkin Measure of Sampling Adequacy		0.776
Bartlett's Test of Sphericity	Approx. Chi-Square	546.260
	df	171
	Sig.	0.000

巴特勒球形检验(Bartlett)是检验相关矩阵是否为单位矩阵,表明变量是否适合因子分析。若为单位矩阵,则表明变量不适合做因子分析。一般来说,显著水平值越小($P<0.05$)表明原始变量间越有可能存在相关关系,则变量越适合做因子分析。

从表1可得出,KMO值为0.776,Bartlett球形检验的卡方检验值为546.260(自由度为171),伴随概率值为0.000,小于0.01,达到了显著性水平,说明拒绝零假设而接受备择假设,即相关矩阵不是单位矩阵,变量适合进行因素分析。

4.2 旋转成分矩阵

表2中各变量根据负荷量的大小进行排列。旋转后的负荷量向0和1两极分化,可以清楚地判断哪个变量归入哪个因子。

表2 旋转成分矩阵

项 目	成分			
	1	2	3	4
安全设施	0.572	0.521	0.359	0.172
休息设施	0.569	0.389	0.284	0.229
卫生设施	0.499	0.640	0.0.68	0.125
娱乐设施	0.268	0.393	0.002	0.747
停车场	0.105	0.715	-0.081	0.429
公园特色	0.792	0.219	0.038	0.371
公园绿化	0.803	0.138	0.237	0.073
公园周边环境	0.515	0.115	0.183	0.632
公园拥挤程度	0.247	0.004	0.189	0.787
活动内容的丰富性	0.645	0.434	0.315	0.180
活动吸引力	0.622	0.483	0.238	0.271
活动体验性	0.687	0.229	0.043	0.317
咨询服务	0.717	0.323	-0.003	0.154
投诉处理	0.436	0.756	0.155	-0.044
服务态度	0.428	0.591	0.355	0.172
服务效率	0.237	0.815	0.258	0.108
公园周边交通便利程度	0.187	0.201	0.856	0.046
交通距离	-0.016	0.273	0.679	0.485
交通费用	0.183	0.012	0.918	0.046

4.3 公因子的提取

分析旋转成分矩阵表中数据，得出4个公因子，并以因子载荷数0.6作为分割点，提取相关因子，得出海心沙城市公园满意度的影响因子。因子分析的结果显示4个公因子的方差贡献率累计达到73.66%。所以，把相关的因子与评价指标划分为公园特色、支持系统因子、交通因子、环境因子四类进行研究。

表3 海心沙城市公园满意度的因子分析

新提取因子	因子		因子载荷	特征值	方差贡献率	累计方差贡献率
F_1 公园功能	X_1	公园绿化	0.803			
	X_2	公园特色	0.792			
	X_3	活动的体验性	0.717	4.869	25.628	25.628
	X_4	咨询服务	0.717			
	X_5	活动内容的丰富性	0.645			
	X_6	活动吸引力	0.622			
F_2 支持系统因子	X_7	服务效率	0.815			
	X_8	投诉处理	0.756	3.855	20.291	45.919
	X_9	停车场	0.715			
	X_{10}	卫生设施	0.640			
F_3 交通因子	X_{11}	交通费用	0.918			
	X_{12}	公园周边交通便利程度	0.856	2.757	14.512	60.431
	X_{13}	交通距离	0.679			
F_4 环境因子	X_{14}	公园拥挤程度	0.787			
	X_{15}	娱乐设施	0.747	2.514	13.23	73.66
	X_{16}	公园周边环境	0.632			

从表3中可以看出,第一个公因子 F_1 主要与公园绿化、公园特色、活动体验性、咨询服务、活动内容的丰富性、活动吸引力相关,命名为公园功能;第二个公因子 F_2 主要与服务效率、投诉处理、停车场、卫生设施相关,命名为支持系统因子;第三个公因子 F_3 主要与交通费用、公园周边交通便利程度、交通距离相关,命名为交通因子;第四个因子 F_4 主要与公园拥挤程度、娱乐设施、公园周边环境相关,命名为环境因子。

4.4 因子得分

根据表4因子得分矩阵得出因子得分表达式如下:公式中 a_1、a_2、a_3、是原始数据标准化后的均值,为了便于计算,这里将结果进行百分比处理,结果为:公园功能 $F_1=47.28$,支持系统因子 $F_2=51.13$,交通因子 $F_3=62.37$,环境因子 $F_4=-40.91$。

$F_1 = 0.34 \times a_7 + 0.266 \times a_6 + 0.291 \times a_{12} + 0.243 \times a_{13} + 0.14 \times a_{10} + 0.102 \times a_{11} - 0.168 \times a_{16} - 0.007 \times a_{14} - 0.242 \times a_5 + 0.034 \times a_3 + 0.005 \times a_{19} - 0.045$

$\times a_{17} - 0.246 \times a_{18} - 0.048 \times a_9 - 0.13 \times a_4 + 0.089 \times a_8$

$F_2 = -0.193 \times a_7 - 0.150 \times a_6 - 0.107 \times a_{12} - 0.043 \times a_{13} + 0.011 \times a_{10} + 0.045 \times a_{11} + 0.369 \times a_{16} + 0.298 \times a_{14} + 0.354 \times a_5 + 0.204 \times a_3 - 0.14 \times a_{19} - 0.026 \times a_{17} + 0.055 \times a_{18} - 0.162 \times a_9 + 0.08 \times a_4 - 0.164 \times a_8$

$F_3 = 0.031 \times a_7 - 0.094 \times a_6 - 0.08 \times a_{12} - 0.103 \times a_{13} + 0.047 \times a_{10} + 0.001 \times a_{11} + 0.022 \times a_{16} - 0.03 \times a_{14} - 0.146 \times a_5 - 0.078 \times a_3 + 0.433 \times a_{19} + 0.384 \times a_{17} + 0.277 \times a_{18} + 0.019 \times a_9 - 0.109 \times a_4 - 0.007 \times a_8$

$F_4 = -0.142 \times a_7 + 0.061 \times a_6 + 0.046 \times a_{12} - 0.073 \times a_{13} - 0.73 \times a_{10} - 0.008 \times a_{11} - 0.068 \times a_{16} - 0.195 \times a_{14} + 0.2 \times a_5 - 0.81 \times a_3 - 0.07 \times a_{19} - 0.083 \times a_{17} + 0.25 \times a_{18} + 0.452 \times a_9 + 0.399 \times a_4 + 0.287 \times a_8$

表4 因子得分矩阵

项目	成分 1	成分 2	成分 3	成分 4
安全设施	0.074	0.081	0.067	-0.074
休息设施	0.107	0.006	0.040	-0.019
卫生设施	0.034	0.204	-0.078	-0.081
娱乐设施	-0.130	0.080	-0.109	0.399
停车场	-0.242	0.354	-0.146	0.200
公园特色	0.266	-0.150	-0.094	0.061
公园绿化	0.340	-0.193	0.031	-0.142
公园周边环境	0.089	-0.164	-0.007	0.287
公园拥挤程度	-0.048	-0.162	0.019	0.452
活动内容的丰富性	0.140	0.011	0.047	-0.073
活动吸引力	0.102	0.045	0.001	-0.008
活动体验性	0.219	-0.107	-0.080	0.046
咨询服务	0.243	-0.043	-0.103	-0.073
投诉处理	-0.007	0.298	-0.030	-0.195
服务态度	-0.022	0.165	0.071	-0.051
服务效率	-0.168	0.369	0.022	-0.068
公园周边交通便利程度	-0.045	-0.026	0.384	-0.083
交通距离	-0.246	0.055	0.277	0.250
交通费用	0.005	-0.140	0.433	-0.070

以各因子的方差贡献率占总方差贡献率的比重作为权重加权平均，从而得出游客的总体满意度。总体满意度计算公式：

$F = 25.628/73.66 \times F_1 + 20.291/73.66 \times F_2 + 14.512/73.66 \times F_3 + 13.23/73.66 \times F_4$

$= 0.348 \times F_1 + 0.275 \times F_2 + 0.197 \times F_3 + 0.180 \times F_4 = 35.44$

4.5 指标重要性排序

表5 评价指标在主因子上的权重

目标层	主因子	权重	评价指标	排序
游客满意度	公园功能	0.348	公园绿化	1
			公园特色	2
			活动体验性	3
			咨询服务	4
	支持系统因子	0.275	活动内容的丰富性	5
			活动的吸引力	6
			服务效率	7
			投诉处理	8
			停车场	9
			卫生设施	10
	交通因子	0.197	交通费用	11
			公园周边交通便利程度	12
			交通距离	13
	环境因子	0.180	公园拥挤程度	14
			娱乐设施	15
			公园周边环境	16

5 结论

5.1 不同游憩者对城市公园满意度影响因素的评价不同

通过统计问卷调查者的基本特征，发现广州海心沙城市公园游憩者中，不同年龄与职业的游憩者对城市公园的满意度不同。公园游憩者以中青年为主，学生居多，公园较好地满足了这个群体休闲游玩的需求，并且公园地处商业中心区，更是中青年聚集的便利场所，但这就不能很好地满足老年人安静舒适环境休息观光的需求，所以，退休者或老年海心沙游憩者较少，对公园的设施、项目等较不满意。

5.2　不同因子对公园满意度影响差距较大

公园功能是最重要、显著的积极因子，而环境因子是较显著的消极因子，是改善公园满意度的指示性指标。根据因子得分矩阵、满意度评价指标权重及排序分析，公园功能的因子载荷值较高，环境因子的载荷值偏小；在因子得分矩阵中，公园功能因子得分绝对值较大，且大部分为正值，环境因子得分绝对值较小，且大部分为负值。

5.3　因子提取结果的背景原因分析

调查问卷中共有19个因子，分析结果只是提取了16个相关因子，排除了安全设施、休息设施、服务态度3个因子。结合调查者的基本特征，主要是因为游客以中青年为主，而且公园周边有歌剧院、少年宫、图书馆、地下商场等场所，所以游客不会在公园休息，可能会选择在餐饮店休息。由于公园存在的安全隐患较少，所以游客不会太注重公园的安全设施。结合因子提取的结果，游客更在意服务的效率，对服务态度不太看重，也有可能是服务态度普遍较好或者游客对服务态度的期望普遍较低。

从提取的新因子结果来看，游客最注重公园功能，其次是支持系统因子、交通因子、环境因子。

5.4　游客更注重公园的"软环境"

由每个因子的载荷值和得分可以看出，城市公园"软环境"对游客的评价有显著影响，而设施类等"硬环境"的影响远不如"软环境"。游客比较看重公园的特色活动、服务等，说明城市公园游憩活动体验满足部分游憩者的需求，同时也反映游憩者在公园游玩时对服务需求较高，更近一步说明了公园很好地发挥了承办各种城市活动的功能。

5.5　游憩者对海心沙城市公园总体满意度评价一般

因子得分结果显示满意度总体的得分为35.44。从4个因子的得分来看，交通因子得分最高，公园功能因子、支持系统因子居中，环境因子得分最低，说明游客对公园环境的满意度过低是导致总体满意度一般的直接原因。

6 建议

6.1 改善城市公园周边环境

环境因子的得分呈负值，绝对值较大，说明环境因子对公园满意度的影响较大，稍微改善环境因子就能较大提高公园满意度。由于海心沙公园周边有部分建筑在施工，影响公园的容貌感觉、安静舒适度，而且存在安全隐患。所以，公园可以在公园周边设置安全指示，整合周边环境，进一步规划完善公园容貌，提升游客对公园的印象感觉。由于提取的环境因子包括娱乐设施，公园也可以适当增加公园娱乐设施，以转移游客对公园周边环境施工不良影响的注意力。例如，海心沙公园灯展摆放的"自行车发电"设施，结合时代，创新体验型的娱乐设施能更好地提高公园吸引力和公园满意度。还可以控制每天的游客数量，避免超过公园最大容量，减轻公园的负荷量，让公园环境舒适。

6.2 进一步完善公园规划

公园功能因子的权重较大，且游客的满意度较高，说明公园绿化休闲、活动娱乐的功能很好地满足了游客需求。公园规划是在广州中轴线上，被评为广州名片。所以，公园的规划是得到大众认可的。其中，交通因子也是大众非常关注的因素，且评价较高，说明游客对公园选址较满意。但是，对于公园卫生设施则较不满意，所以公园可适当增加垃圾桶、公共厕所等方便游客。

6.3 继续深化公园"承办特色活动"的主题

海心沙公园是为举办广州亚运会而建成的，会后公园承办多种展览活动。调查统计中发现，游客对公园活动的类型、吸引力、体验性都非常满意，这点也是海心沙公园区别于其他公园的特色。所以，公园可以继续筛选、举办各种特色活动深化主题。同时，公园一角保留了广州亚运会开幕式的建设，公园也可以在一角展览亚运会相关的展品，以进一步深化主题、突出特色。

参考文献

[1] 关翩翩，唐诗韵，黄艺. 广州市免费公园经营状况调查报告 [J]. 企业导报，2013 (1).
[2] 李凉，秦柯. 西方城市公园发展史 [J]. 山西农业科学，2008，36 (10).
[3] 徐秀玉，刘燕婷，陈忠暖. 广州市中心城区城市公园地域分布特点的分析 [J]. 云南地理环境研究，2010，22 (1).

[4] Pizama Nebumanny, Reichala. Dimensions of tourist satisfaction with a destination area [J]. Annals of Tourism Research, 1978, 5: 317-322.

[5] 尹海伟, 孔繁花. 基于问卷调查的南京居民对城市公园的满意度分析 [A]. 规划创新: 2010 中国城市规划年会论文集 [C], 2010.

[6] 肖星, 杜坤. 城市公园游憩者满意度研究——以广州为例 [J]. 人文地理, 2011, 1: 129-133.

[7] 李旭, 陈德广, 周伟伟. 基于因子分析法的开封市菊展游客满意度研究 [J]. 地域研究与开发, 2012, 31 (5).

[8] 付美云, 聂绍芳. 城市公园现状及其可持续发展的对策探讨——以湖南省衡阳市为例 [J]. 石河子大学学报, 2004 (5).

[9] 韩旭, 金利霞, 陈烈. 广州公园的特征分析及其发展对策 [J]. 热带地理, 2008, 28 (4).

[10] 李艳. 湖南省长沙市橘子洲公园满意度研究 [D]. 中南林业科技大学, 2010.

[11] 汪侠, 刘泽华, 张洪. 游客满意度研究综述与展望 [J]. 北京第二外国语学院学报, 2010 (1).

[12] 石张宇. 基于因子分析的国内游客满意度实证——来自安庆 10 个旅游景区的调查数据 [J]. 长春理工大学学报, 2013 (7).

[13] 孙梦阳, 赵晓燕, 曹芙蓉. 娱乐主题公园游客满意度研究——以北京为例 [J]. 江西财经大学学报, 2010 (1).

[14] 陈舒婷. 主题公园的顾客满意度研究——成都国色天乡案例 [J]. 商业文化, 2009 (9).

[15] 张娟. 世界地质公园游客满意度研究——以河南省云台山世界地质公园为例 [J]. 兰州教育学院学报, 2012 (1).

[16] 郭晋文. 浅谈公园游客满意度的调查研究 [J]. 华章, 2012 (29).

[17] 周灵飞, 陈金华. 世界地质公园游客满意度实证研究——以泰宁世界公园为例 [J]. 黄山学院学报, 2008 (6).

[18] 廉同辉, 余菜花, 包先建, 卢松. 基于模糊综合评价的主题公园游客满意度研究——以芜湖方特欢乐世界为例 [J]. 资源科学, 2012 (5).

[19] 陈燕丽. 基于旅游体验的影视主题公园游客满意度研究 [D]. 浙江大学, 2007.

[20] 杨河. 我国城市公园建设——开发的现状与对策 [J]. 西安联合大学学报, 1999, 2 (2).

[21] 郑丽蓉, 汤晓敏, 车生泉. 现代城市公园发展的困境及策略探讨——以上海为例 [J]. 上海交通大学学报, 2003, B12.

[22] 陈东田, 范勇, 綦晨. 以北京为例对城市公园发展趋势的探讨 [J]. 山西建筑, 2007 (3).

[23] 吕龙, 黄震方. 基于居民休闲需求的城市公园开发研究——以常州红梅公园为例 [J]. 江苏商论, 2008 (10).

[24] 邵琳, 刘滨谊. 市民生活的需求引导城市公园的发展——以江苏省无锡市为例 [C]. 第 8 届中日韩国际风景园林学术研讨会论文集, 2005.

[25] 楼嘉军,徐爱萍,岳培宇. 城市居民休闲活动满意度研究——上海、武汉和成都的比较分析 [J]. 华东经济管理, 2008 年, 22 (04).

[26] Jim C Y, Wendy Y Chen. Recreation – amenity use and contingent valuation of urban green spaces in Guangzhou, China [J]. Landscape and Urban Planning, 2006, 75 (1):81-96.

[27] Lauren C Abereiom, et al. Income and disparities in access to public parks and private recreation facilities [J]. American Journal of Preventive Medicine, 2008, 34 (1):9-15.

[28] Hui T, Wan D Ho A. Tourists' satisfaction, recommendation and revisiting Singapore [J]. Tourism Management, 2007, 28 (4).

[29] Francis P Noe, Muzaffer Uysal. Evaluation of outdoor recreation settings: a problem of measuring use satisfaction [J]. Journal of Retailing and Consumer Services, 1997, 4 (4):223-230.

[30] Oliver R L. A cognitive model of the antecedents and consequences of satisfaction decisions [J]. Journal of Marketing Research, 1980, 17 (4):450-469.

Factor-Analysis-Based Research on Urban Park Satisfaction in Guangzhou
——Taking Haixinsha Park as Example

Huang Simin

Abstract: On the basis of the results of exploratory factor analysis, according to the characteristics of Guangzhou Haixinsha Park, the author builds the visitors' satisfaction assessment system of Guangzhou city park; Putting Guangzhou Haixinsha Park as empirical research object, the author designs the questionnaire using SPSS 19.0 to process the data; 16 sub-factors have been extracted from 19 variables, and four principal factor have been found, namely park functionality factor, supporting system factor, transportation factor, and environmental factor. Based on the conclusion of the research, the author puts forward feasible suggestions for the management of Haixinsha Park.

Key words: tourist satisfaction, factor analysis method, urban park, Guangzhou Haixinsha park

可园游客满意度研究*

陈昭艳

摘　要：笔者以东莞可园为例，在问卷调查的基础上，运用 SPPSS 21.0 软件对调查结果进行非参数检验及因子分析，研究结果表明影响可园游客满意度的诸因子中可提取 3 个公因子，笔者分别命名为辅助产品、景观质量、服务质量。笔者通过游客满意度影响因子的人口学特征差异分析，发现不同性别、年龄、了解渠道对游客满意度没有影响，而不同受教育程度、职业、收入群体间的差异在一定程度上影响游客满意度。

关键词：观光景点、游客满意度、因子分析

1　研究背景与研究意义

游客是旅游系统中的主体，是旅游业中的重要组成部分。为了加强旅游的竞争力，早在 20 世纪 80 年代后期，游客作为旅游活动的主体逐渐受到关注，为旅游市场需求方面的研究做出较大的贡献。顾客满意度在 20 世纪 90 年代后期被运用到旅游业中。满意的游客是在旅游市场上制胜的法宝。随着游客满意度对旅游目的地发挥着越来越重要的作用，有关旅游目的地游客满意度的研究越来越多。

李瑛[1]认为游客满意度是指出发前游客对旅游地的期望和到达目的地后的实际感知、感想，二者形成了对比会形成或者愉悦或者失望的两种不同的心理状态。彭文英等[2]指出游客满意度是指游客对旅游环境和旅游产品的心理感受。比起彭文英等的观点，笔者更倾向于 Bitner 等[3]的观点。他们指出顾客整体满意度不仅仅来自于任何一个单方面的服务感知，而是来自于每一个服务交易和整个服务体验过程的感知。游客满意度还受到个人因素的影响，例如个人的家庭情况、喜好、收入、职业等。

游客满意度的研究主要集中在影响游客满意度的因素及其对满意度的影响方式。李智虎[4]认为旅游景区游客满意度影响因素包括旅游景观、基础设施、娱乐环境和接待服务等。而董观志等[5]认为影响旅游景区游客满意度的主要因素：一是身体素质、文化背景、职业、消费水平、以往旅游经历、感知期望等游客因素；二是产品功能、服务内容、作业流程、促销承诺等景区因素；三是游客在景区内游乐活动过程中的动态感知因素。

---

* 指导教师：陈建斌。此文是"我国旅游目的地竞争优势比较研究"（10BGL051）成果。

国内关于游客满意度影响因素的研究的最早成果应是 2004 年符全胜对保护地游客满意度的研究。随着旅游目的地游客满意度的深入研究，有关游客满意度研究的文献越来越多，但主要集中在红色旅游景区、农家乐型旅游景区、主题公园、影视基地和保护地等旅游目的地游客满意度的影响因素研究，对传统的观光景区的游客满意度影响因素的研究不够充分。

笔者以东莞可园为例，对观光景点景区的游客满意度进行研究，有助于景区分析不同类型游客的满意度和存在差异的原因，根据分析更好地设计旅游地产品，改进和制定旅游地营销策略，提高景区的科学管理水平和综合竞争力。

2 研究设计与数据收集

2.1 问卷设计

本研究采用问卷调查法收集数据，在东莞可园内对游客进行方便抽样调查。问卷由三部分组成：第一部分为游客的人口统计学特征，包括受访者来源地、性别、年龄、受教育程度、职业、收入情况、信息来源等；第二部分为游客对旅游景区各要素满意程度的评价，包括景观、建筑、餐饮、服务水平、卫生环境、交通、旅游产品和娱乐项目等；第三部分为游客对旅游目的地整体满意度评价，游客重游意愿和推荐意愿。

此次调查采用李克特 5 级量表，5 分表示非常满意，4 分表示满意，3 分表示一般，2 分表示不满意，1 分表示非常不满意，要求游客逐项打分。

2.2 数据收集

本研究调查问卷的发放与数据收集时间是 2014 年的 1 月，笔者在广东四大名园之一东莞可园进行现场问卷调查。笔者随机选取了 120 名游客作为调查对象，进行问卷的现场发放，填写完毕之后现场回收。总共发放问卷 120 份，回收了问卷 120 份，回收率达到 100%；收回有效问卷 97 份，有效率为 80.8%。问卷的发放与回收、问卷的有效率相对比较理想。

2.3 分析方法

首先本研究采用 SPSS 21.0 软件包对所收集的调查数据进行处理分析，对其进行描述性分析和问卷的信度分析。接着对游客满意度影响因素进行因子分析，找出影响游客满意度的因子。最后，根据游客满意度影响因子的人口学特征差异，对其进行非参数检验。

3 结果分析

3.1 描述性分析与问卷信度

调查数据显示:从来源地看,来自东莞市的有 35.8%,来自市外广东省内的有 25%,来自广东省外的有 39.2%。从性别构成来看,男性为 60%,女性为 40%。从年龄结构来看,主要是青中年,其中 15～24 岁的占 40.8%,25～44 岁的占 49.3%。从受教育程度来看,受教育程度还算高,主要是大专和本科,各占 30.5% 和 48.3%。从职业来看,分布比较广泛,主要有企业管理人员(21.8%)、服务行业人员(13.4%)、学生(25.2%)和其他的从业人员(26.1%)。从月平均收入来看,最多的是 3001～5000,占 31.7%;其次是 1001～3000,占 21.2%;接着是 5001～8000,占 18.3%。从了解可园的途径来看,人们主要是从亲朋好友和同事那里了解可园。

经计算,量表中的克朗巴哈(Cronbach)α 信度系数为 0.932,如表 1 所示;KMO 值为 0.876,如表 2 所示。这说明研究中量表具有非常理想的内部一致信度,而且适合进行因子分析。

表 1 可靠性统计量

Cronbach's α	基于标准化项的 Cronbach's α	项 数
0.932	0.932	16

表 2 KMO 和 Bartlett 的检验

取样足够度的 Kaiser-Meyer-Olkin 度量	Bartlett 的球形度检验	近似卡方	df	Sig.
0.876		1263.829	120	0.000

3.2 游客满意度影响因素的因子分析

影响因子的影响程度越大,对游客满意度的影响也就越大,即影响因素在因子分析中所占的比重越大。笔者在本研究中选择 0.70 作为因子分析的分割点,将大于 0.70 的影响因素分类归纳为不同的公因子。因子分析的结果如表 3 所示,我们可以看出,第一个公因子包含 5 项次级影响因素,包括特色餐饮、纪念品地方代表性、纪念品丰富度、娱乐项目参与程度和娱乐项目丰富程度,由于这 5 项次级影响因素不属于基本需求,但可以用于辅助作用,我们可以概括为"辅助产品"。第二个公因子包含 3 项次级影响因素，包括景观完整性、景观真实性和特色建筑，由于这 3 项次级影响因素与景观的质量密切相关，我们可以概括为"景观质量"。第三个公因子包含 2 项次级影响因素，包括卫生整洁度和交通便利程度，由于是为了更好地服务游客的游玩并为他们提供便利和良好的环境，我们可以概括为"服务质量"。

表3 旋转成分矩阵

影响因素	成分		
	1	2	3
景观完整性	0.218	0.820	0.236
景观真实性	0.327	0.802	0.201
特色建筑	0.159	0.831	0.337
风土民情	0.358	0.692	0.321
特色餐饮	0.758	0.472	-0.039
导游服务	0.673	0.358	0.078
指示牌	0.405	0.300	0.641
卫生整洁度	0.055	0.215	0.847
交通便利程度	0.194	0.233	0.774
社区好客度	0.551	0.204	0.579
商业化程度	0.481	0.219	0.329
自然环境优美程度	0.399	0.271	0.529
纪念品地方代表性	0.710	0.126	0.396
纪念品丰富度	0.726	0.197	0.355
娱乐项目参与程度	0.860	0.213	0.182
娱乐项目丰富程度	0.814	0.157	0.249

3.3 游客满意度影响因子的非参数检验

3.3.1 影响因子在不同性别群体间的非参数检验

对性别的非参数检验结果如表 4 所示，所有的游客满意度影响因素的渐近显著性都大于 0.05，甚至大部分远远大于 0.05，有 7 项显著性为 1。我们可以认为不同性别对各个选项的游客满意度没有任何差异，即无论是男性或者是女性，可园满意度没有显著性差异。这个调查结果与万三敏[6]以河南游客赴云南旅游为例对游客满意度影响因素进行分析的调查结果有较大区别。其结论是：男性游客与女性游客的满意度基本上存在较大差异。万三敏认为，这是因为女性往往比男性更为挑剔。而笔者也认为原因如下：一是可园属于观光景点，而云南则属于景区，旅游的范围不一样；二是女性跟男性对家的心理依赖程度不一样。

表4 检验统计量[a]

影响因素	最极端差别			Kolmogorov-Smirnov Z	渐近显著性（双侧）
	绝对值	正	负		
景观完整性	0.049	0.049	-0.021	0.261	1.000
景观真实性	0.086	0.086	-0.036	0.460	0.984
特色建筑	0.021	0.021	-0.021	0.112	1.000
风土民情	0.097	0.069	-0.097	0.522	0.948
特色餐饮	0.135	0.039	-0.135	0.688	0.732
导游服务	0.112	0.000	-0.112	0.566	0.906
指示牌	0.179	0.053	-0.179	0.959	0.316
卫生整洁度	0.231	0.043	-0.231	1.234	0.095
交通便利程度	0.121	0.014	-0.121	0.648	0.795
社区好客度	0.045	0.045	-0.039	0.232	1.000
商业化程度	0.027	0.021	-0.027	0.141	1.000
自然环境优美程度	0.031	0.015	-0.031	0.163	1.000
纪念品地方代表性	0.163	0.000	-0.163	0.852	0.462
纪念品丰富度	0.151	0.000	-0.151	0.783	0.572
娱乐项目参与程度	0.064	0.051	-0.064	0.332	1.000
娱乐项目丰富程度	0.066	0.066	-0.056	0.339	1.000

a. 分组变量：性别。

3.3.2 影响因子在不同年龄群体间的非参数检验

根据多样本假设检验，在数据处理时，如果得出的相伴概率 P 值大于或者等于研究设定的显著性水平 α（$P \geqslant 0.05$），那么就可以在相应显著水平上接受零假设，表明研究现象之间不存在显著性差异。因为问卷中年龄分5组，因此笔者采用非参数检验中的 K 个独立样本进行非参数检验，结果如表5所示。可以看出，所有的游客满意度影响因素的渐近显著性都大于0.05，甚至大部分远远大于0.05。数据表明年龄差异对游客满意度差异的影响不显著，即不同年龄层次的游客对可园感到满意的程度没有显著差异。这个调查结果与万三敏[6]以河南游客赴云南旅游为例对游客满意度影响因素进行分析的调查结果基本上无区别。

其结论是：各年龄段满意度存在着较小差异或不存在差异。

表5 检验统计量[a,b]

影 响 因 素	卡 方	df	渐近显著性
景观完整性	2.261	4	0.688
景观真实性	5.698	4	0.223
特色建筑	1.946	4	0.746
风土民情	4.193	4	0.381
特色餐饮	6.190	4	0.185
导游服务	5.613	4	0.230
指示牌	3.594	4	0.464
卫生整洁度	4.700	4	0.320
交通便利程度	2.929	4	0.570
社区好客度	4.925	4	0.295
商业化程度	8.425	4	0.077
自然环境优美程度	4.619	4	0.329
纪念品地方代表性	4.824	4	0.306
纪念品丰富度	4.044	4	0.400
娱乐项目参与程度	7.962	4	0.093
娱乐项目丰富程度	7.264	4	0.123

a. Kruskal Wallis 检验；b. 分组变量：年龄。

3.3.3 影响因子在不同受教育程度群体间的非参数检验

同样地，因为问卷中受教育程度分5种不同情况，因此笔者采用非参数检验中的 K 个独立样本进行分析，结果如表6所示，可以看出，所有的游客满意度影响因素的渐近显著性都大于0.05，甚至大部分远远大于0.05。数据表明：受教育程度差异对游客满意度差异没有显著影响，即不同受教育程度的游客对可园满意度感受没有显著性差异。这个调查结果与曾丽艳[7]以长沙市为例对城市居民游客满意度影响因素进行分析的调查结果有较大区别。其结论是"景观质量"和"辅助产品"在不同受教育程度群体间存在明显差异，受教育较高群体更注重"景观质量"对游客满意度的影响，而受教育较低群体更关注旅游中"辅助产品"的满足程度。笔者认为，两个结论的差异归因于可园缺乏辅助产品。

表6 检验统计量[a,b]

影响因素	卡方	df	渐近显著性
景观完整性	3.581	4	0.466
景观真实性	0.632	4	0.959
特色建筑	4.897	4	0.298
风土民情	1.893	4	0.755
特色餐饮	4.833	4	0.305
导游服务	0.891	4	0.926
指示牌	3.197	4	0.525
卫生整洁度	6.327	4	0.176
交通便利程度	1.264	4	0.867
社区好客度	3.516	4	0.475
商业化程度	2.982	4	0.561
自然环境优美程度	1.622	4	0.805
纪念品地方代表性	9.458	4	0.051
纪念品丰富度	4.226	4	0.376
娱乐项目参与程度	3.417	4	0.491
娱乐项目丰富程度	3.139	4	0.535

a. Kruskal Wallis 检验；b. 分组变量：受教育程度。

3.3.4 影响因子在不同职业群体间的非参数检验

问卷中职业属性有 8 种不同情况，因此，笔者也采用非参数检验中的 K 个独立样本进行分析，结果如表 7 所示，可以看出：公因子"景观质量"中的"景观完整性"和"景观真实性"的渐近显著性分别为 0.033 和 0.016；另外，"商业化程度"这项次级影响因素的渐近显著性为 0.032，都是小于 0.05，说明职业差异在景观完整性、景观真实性和商业化程度这三个方面会显著地影响游客的满意度。这个调查结果与曾丽艳[7]以长沙市为例对城市居民游客满意度影响因素进行分析的调查结果有较大区别。其结论是：在公因子"辅助产品"这个方面，学生与其他职业群体之间存在明显差异，学生对旅游中娱乐项目、新颖程度的要求相比其他群体更高。至于景观完整性、景观真实性和商业化程度这三项次级影响因素对游客满意度更为深入的影响效果和笔者的结论与曾丽艳的结论之间的差异，由于篇幅所限，本文不再深入讨论。

表7　检验统计量[a,b]

影响因素	卡方	df	渐近显著性
景观完整性	15.246	7	0.033
景观真实性	17.186	7	0.016
特色建筑	11.956	7	0.102
风土民情	11.608	7	0.114
特色餐饮	8.986	7	0.254
导游服务	7.801	6	0.253
指示牌	9.402	7	0.225
卫生整洁度	7.445	7	0.384
交通便利程度	6.429	7	0.491
社区好客度	1.699	7	0.975
商业化程度	15.333	7	0.032
自然环境优美程度	5.199	7	0.636
纪念品地方代表性	12.253	6	0.057
纪念品丰富度	8.897	6	0.179
娱乐项目参与程度	12.599	6	0.050
娱乐项目丰富程度	12.296	6	0.056

a. Kruskal Wallis 检验；b. 分组变量：职业。

3.3.4.1　影响因子在不同收入群体间的非参数检验

同样的道理，问卷中关于收入有5种不同情况，笔者也是采用非参数检验中的K个独立样本进行分析，结果如表8所示：公因子"景观质量"中的"景观真实性"的渐近显著性为0.04；同时，公因子"辅助产品"中的"纪念品地方代表性"和"纪念品丰富度"的渐近显著性分别为0.01和0.022，都小于0.05，数据表明收入差异对景观真实性、纪念品地方代表性和纪念品丰富度这三个方面游客满意度的影响有显著差异。至于这3项次级影响因素对游客满意度更为深入的影响效果，由于篇幅所限，本文不再深入讨论。

表8　检验统计量[a,b]

影响因素	卡方	df	渐近显著性
景观完整性	8.282	4	0.082
景观真实性	10.001	4	0.040
特色建筑	8.462	4	0.076
风土民情	6.764	4	0.149
特色餐饮	4.814	4	0.307
导游服务	7.093	4	0.131
指示牌	7.450	4	0.114
卫生整洁度	4.389	4	0.356

续表 8

影响因素	卡方	df	渐近显著性
交通便利程度	3.476	4	0.482
社区好客度	1.838	4	0.766
商业化程度	3.537	4	0.472
自然环境优美程度	2.204	4	0.698
纪念品地方代表性	13.284	4	0.010
纪念品丰富度	11.400	4	0.022
娱乐项目参与程度	6.645	4	0.156
娱乐项目丰富程度	4.478	4	0.345

a. Kruskal Wallis 检验；b. 分组变量：月平均收入。

3.3.4.2 影响因子在不同了解渠道群体间的非参数检验

同样，问卷中关于了解渠道有 5 种不同情况，笔者采用非参数检验中的 K 个独立样本进行分析，结果如表 9 所示，可以看出：所有影响因素的渐近显著性都是大于 0.05，并且大部分都是远远大于 0.05。数据表明，了解渠道差异对游客满意度差异没有显著性影响，即游客无论从怎样的渠道了解可园，都与游客是否对可园感觉到满意没有显著性影响。

表 9 检验统计量[a,b]

影响因素	卡方	df	渐近显著性
景观完整性	2.039	4	0.729
景观真实性	1.862	4	0.761
特色建筑	0.563	4	0.967
风土民情	0.978	4	0.913
特色餐饮	1.339	4	0.855
导游服务	0.562	4	0.967
指示牌	6.246	4	0.182
卫生整洁度	1.534	4	0.821
交通便利程度	2.021	4	0.732
社区好客度	2.677	4	0.613
商业化程度	1.226	4	0.874
自然环境优美程度	1.725	4	0.786
纪念品地方代表性	4.049	4	0.399
纪念品丰富度	6.256	4	0.181
娱乐项目参与程度	6.318	4	0.177
娱乐项目丰富程度	3.481	4	0.481

a. Kruskal Wallis 检验；b. 分组变量：了解可园途径。

4 研究结论与启示

4.1 研究结论

通过上文对游客满意度影响因素的分析，我们得出以下结论。

首先，根据调查数据的描述性统计分析，在可园的游客构成中外地游客比例很高，这说明其等级较高。接着，通过对影响游客满意度的16项次级影响因素进行因子分析，我们得出影响游客满意度的有3个公因子。第一个公因子概括为"辅助产品"，包含5项次级影响因素，包括特色餐饮、纪念品地方代表性、纪念品丰富度、娱乐项目参与程度和娱乐项目丰富程度。食、住、行、游、购、娱是旅游活动中的六大要素。根据调查，由于可园缺乏特色餐饮和可以带走的有形产品及娱乐项目，游客对可园的旅游方式还是以观光为主，购物和娱乐的消费潜力还没有得到充分挖掘。第二个公因子概括为"景观质量"，包含3项次级影响因素，包括景观完整性、景观真实性和特色建筑。从中我们可以认识到景观质量的高低对游客满意度的影响有着不可替代的作用。高质量的景点不仅是吸引游客的因素，更是获得游客满意的关键因素。第三个公因子概括为"服务质量"，包含2项次级影响因素，包括卫生整洁度和交通便利程度。可园因为有着便利的交通和舒适卫生的环境深受游客喜爱。

其次，通过对游客满意度影响因子在人口学特征差异的分析，我们得出不同性别的群体、不同年龄的群体、不同了解可园的渠道对游客满意度基本不存在影响差异。同时，我们也发现在不同受教育程度的群体、不同职业的群体、不同收入的群体在游客满意度的影响程度方面表现出明显的差异。具体表现在以下三个方面：一是纪念品地方代表性会在受教育程度方面影响游客的满意度；二是不同的职业群体间在"景观质量"中的景观完整性和景观真实性跟商业化程度这三个方面会影响游客的满意度；三是"景观质量"中的景观真实性跟"辅助产品"中的纪念品地方代表性和纪念品丰富度在不同的收入群体间会影响游客的满意度。

4.2 启示

既然在不同性别群体、不同年龄群体、不同了解渠道等方面不会产生对游客满意度的影响，那么我们在对可园进行宣传、制定营销策略等时就可以对不同性别群体、不同年龄群体、不同了解渠道实行无差异市场营销策略。例如，作为广东四大名园的可园具有较高的知名度，所以我们不必浪费成本通过网络、电视、广告等对可园进行宣传。

另外，游客满意度在不同受教育程度群体、不同职业群体、不同收入群体间这三方面会受到影响，那么有必要对以受教育程度、职业、收入为细分因素的市场实现差异化市场营销策略。那么根据对这三个方面影响程度的具体分析，在产品的设计、改进和制定旅游地营销策略时，我们要具体情况具体分析，提供相应的措施。例如，不同受教育程度的群体在纪念品地方代表性方面影响他们的满意度，那么我们要根据这个方面群体间的差异对纪念品地方代表性进行设计、改进和制定营销策略。同样的道理，根据不同职业群体间的差异对景观完整性、景观真实性、商业化程度和根据不同收入群体间的差异对景观真实性、纪念品代表性、纪念品丰富度做出相应的完善措施。

4.3 研究局限与展望

由于篇幅所限，本文的研究结论是根据可园游客满意度问卷调查的数据并对其进行非参数检验得来的，存在一定的不足，如样本量偏少等。这些会使研究结论产生一定的偏差，存在一定的局限性。另外，各项次级影响因素对整体游客满意度的具体影响效果也由于篇幅所限没有在这里进行讨论。而对于这些研究结论是否适用其他城市的观光景点，还有待于进一步的实证研究。

参考文献

[1] 李瑛. 旅游目的地游客满意度及影响因子分析——以西安地区国内市场为例 [J]. 旅游学刊, 2008 (4):43-48.

[2] 彭文英, 李俊. 北京旅游景区游客满意度及其影响因素分析 [J]. 资源开发与市场, 2008, 24 (6):564-567.

[3] 李智虎. 谈旅游景区游客服务满意度的提升 [J]. 营销企划, 2003 (4):39-41.

[4] 董观志, 杨凤影. 旅游景区游客满意度测评体系研究 [J]. 旅游学刊, 2005, 20 (1): 27-30.

[5] 万三敏. 游客满意度影响因素分析——以河南游客赴云南旅游为例 [J]. 沿海企业与科技, 2011 (5):43-47.

[6] 曾丽艳. 城市居民旅游满意度影响因素分析——以长沙市为例 [J]. 湖南工业大学学报：社会科学版, 2009, 14 (2):36-39.

[7] 陈丽荣, 苏勤. 我国游客满意度研究述评 [J]. 资源开发与市场, 2007, 23 (3):266-268.

[8] 陈志钢, 张树夫. 游客体验与中山陵景区品牌塑造研究 [J]. 江苏商论, 2004 (7): 128-130.

[9] 符全胜. 保护地游客满意理论和满意度测度 [J]. 绿色中国, 2004 (18):51-53.

[10] 李世玲, 任黎秀, 廖南, 顾江卉, 郭金海. 基于模糊评价法的景区游客满意度实证研究——以南京中山陵园风景区为例 [J]. 河南科学, 2008：1427-1430.

[11] 连漪, 汪侠. 旅游地顾客满意度测评指标体系的研究应用 [J]. 旅游学刊, 2004, 19 (5):9-13.

[12] 马秋芳,杨新军,康俊香.传统旅游城市入境游客满意度评价及其期望-感知特征差异分析——以西安欧美游客为例[J].旅游学刊,2006(2):30-35.

[13] 南剑飞,李蔚.基于灰色系统理论的旅游景区游客满意度评价研究[J].商业研究,2008(380):46-48.

[14] 史春云,刘泽华.基于单纯感知模型的游客满意度研究[J].旅游学刊,2009(4):51-55.

[15] 石张宇,王宜.基于因子分析的国内游客满意度实证研究——来自安庆10旅游景区的调查数据[J].长春理工大学学报:社会科学版,2013,26(7):72-77.

[16] 谭谊,欧阳资生.旅游景点游客满意度指数模型构建与实证[J].求索,2011(7):89-90.

[17] 田坤跃.基于Fuzzy-IPA的景区游客满意度影响因素的实证研究[J].旅游学刊,2010,25(5):61-65.

[18] 万绪才,丁敏,宋平.南京市国内游客满意度评估及其区域差异性研究[J].经济师,2004(1):246-247.

[19] 王群,丁祖荣,章锦河,等.旅游环境游客满意度的指数测评模型——以黄山风景区为例[J].地理研究,2006,25(1):171-181.

[20] 汪侠,顾朝林,梅虎.旅游景区顾客的满意度指数模型[J].地理学报,2005,60(5):807-816.

[21] 汪侠,梅虎.旅游地游客满意度:模型及实证研究[J].北京第二外国语学院学报:旅游版,2006(7).

[22] 温江,熊黑钢,王超.新疆国内游客综合满意度影响因子及发展对策分析[J].生态经济,2011(2):184-188.

[23] 伍慧玲.红色旅游景区游客满意度影响因素及其改善——基于湖南韶山的调研[J].韶关学院学报·社会科学,2010(11):101-106.

[24] 肖婷婷,黄燕玲,程瑾鹤.基于因子分析的旅游公共服务游客满意度研究——以桂林国家旅游综合改革试验区为例[J].北京第二外国语学院学报,2011(1):76-82.

[25] 肖朝霞.生态旅游景区的游客满意度动态检测[J].资源开发与市场,2005(1):70-72.

[26] 郑赤建,李亚钦.红色旅游游客满意度影响因素实证研究——以韶山、井冈山、西柏坡、延安等红色旅游景区为例[J].湖南财经高等专科学校学报,2010(8):27-29.

[27] 郑春晖,周统钎.基于SEM的文化遗产地游客满意度影响因子分析[J].山东艺术学院学报,2013(1):12-16.

[28] Beard J B, Ragheb M G. Measuring leisure satisfaction [J]. Journal of Leisure Research, 1980 (12):20-33.

[29] Bowen D. Antecedents of consumer satisfaction and dissatisfaction on long-haul inclusive tours-a reality check on theoretical considerations [J]. Tourism Management, 2001 (22):49-61.

[30] Pizam A, Neumann Y. Dimensions of tourist satisfaction with a destination area [J]. Annals of Tourism Research, 1978 (5):314-322.

Research on Visitor Satisfaction in Keyuan Park

Chen Zhaoyan

Abstract: Taking Keyuan Park as example and based on the survey of questionnaire, the author conducted non – parameter analysis and exploratory factor analysis using SPSS 21.0. The research found that 3 principal factors from satisfaction variables, namely subsidiary products, landscape quality and service quality. And the author found that it makes no differences on tourist satisfaction for different gender, age and the ways they obtain information of Keyuan Park and that it makes differences on tourist satisfaction for different levels of education, occupation and income to some extent.

Key words: sightseeing spots, tourist satisfaction, factor analysis

广州地区女大学生出游影响因素研究*

陆绮玲

摘　要：笔者通过问卷调查的方式对广州地区的女大学生出游行为进行了调查，基于该群体的旅游消费水平、出游动机、方式、时间、目的地、信息渠道和忧虑因素方面的分析，得出广州地区的女大学生的旅游行为特点，并针对其特点提出开发的建议。

关键词：女大学生、旅游市场、开发建议

1　前言

随着女性地位的提高与女性消费能力的日渐增强，女性市场开始在各种消费市场中占据重要位置，在旅游市场上更是如此。而大学生作为一个既有闲暇时间又有一定经济能力的群体，对旅游的需求也相当旺盛。同时，现在大学生中女生的数量也在日渐增长，在不少院校学生中，女生的人数甚至大大超过男生。女大学生作为一个庞大的旅游消费群体，她们的心理特征、消费特点和行为特征都与其他消费群体有所不同，因而，针对女大学生这一特定群体，对影响其出游的因素进行研究，将会有利于对该群体的旅游市场开拓和营销。

2　调查对象、方法及内容

此次调查主要以调查问卷的方式进行，以广东财经大学、广州大学、华南师范大学这3所位于广州地区的大学1～4年级120名女大学生为调查对象，进行匿名随机抽样调查。调查共设计了13道题目，内容涉及旅游消费、出游动机、出游方式、出游时间、出游目的地选择、获取信息渠道和出游忧虑因素等内容。本次共发放问卷120份，回收问卷109份，有效问卷103份，问卷有效率为94.5%。其中大一学生占23.3%，大二学生占24.3%，大三学生占24.3%，大四学生占28.2%。

---

*　指导教师：陈建斌。此文是"我国旅游目的地竞争优势比较研究"（10BGL051）成果。

3 调查结果分析

3.1 旅游消费水平分析

旅游消费水平是指旅游者在旅游活动中消费旅游产品和服务的数量，以及对旅游需要的满足程度和水平。本次研究主要通过年均旅游消费和年级出游的次数这两个指标来反映和衡量广州地区女大学生的旅游消费水平。

由表1可以看出，广州地区女大学生的年均旅游消费主要集中在1000元以下和1000～2000元，分别占44.7%和30.1%。从表2可以看出，家庭年收入在5万元以下的被调查者的旅游年均消费主要在1000元以下，而家庭年均收入在5万～10万元的被调查者，其旅游年均消费主要在1000～2000元；家庭年收入在10元~15万元的被调查者的旅游年均消费在2000～3000元；家庭年均收入在15万元以上的，其旅游年均消费集中在3000元以上。

表1 旅游平均消费

	旅游消费	Frequency	Percent	Valid Percent	Cumulative Percent
Valid	1000元以下	46	44.7	44.7	44.7
	1000～2000元	31	30.1	30.1	74.8
	2000～3000元	16	15.5	15.5	90.3
	3000元以上	10	9.7	9.7	100.0
	合计	103	100.0	100.0	

表2 "旅游平均消费×家庭收入"交叉制表

			家庭收入（万元）				合计
			1万元以下	1～5	5～10	10～15	15万元以上	
旅游平均消费	1000元以下	Count	6	26	11	2	1	46
		% within 旅游平均消费	13.0%	56.5%	23.9%	4.3%	2.2%	100.0%
		% within 家庭收入	75.0%	72.2%	33.3%	16.7%	7.1%	44.7%
	1000～2000元	Count	2	9	14	4	2	31
		% within 旅游平均消费	6.5%	29.0%	45.2%	12.9%	6.5%	100.0%
		% within 家庭收入	25.0%	25.0%	42.4%	33.3%	14.3%	30.1%
	2000～3000元	Count	0	0	5	6	5	16
		% within 旅游平均消费	0.0%	0.0%	31.3%	37.5%	31.3%	100.0%
		% within 家庭收入	0.0%	0.0%	15.2%	50.0%	35.7%	15.5%
	3000元以上	Count	0	1	3	0	6	10
		% within 旅游平均消费	0.0%	10.0%	30.0%	0.0%	60.0%	100.0%
		% within 家庭收入	0.0%	2.8%	9.1%	0.0%	42.9%	9.7%

续表2

		家庭收入（万元）					合计
		1万元以下	1~5	5~10	10~15	15万元以上	
合计	Count	8	36	33	12	14	103
	% within 旅游平均消费	7.8%	35.0%	32.0%	11.7%	13.6%	100.0%
	% within 家庭收入	100.0%	100.0%	100.0%	100.0%	100.0%	100.0%

在出游频率方面，79.6%的女大学生每年出游1~2次，11.7%出游3~4次，2.9%出游5次以上，只有5.8%的女大学生没有出游。从表3的数据可以看出，大一学生的出游率为95.83%，大二学生的出游率为92%，大三学生的出游率为96%，大四学生的出游率为93.1%。从各个年级的出游率来看，各年级之间差别不大，由此看出广州地区女大学生出游率与其所在的年级之间关系并不大，而且通过相关分析，二者并没有通过显著性检验，因而它们之间并不相关。在旅游主要支出项目方面，主要的三个项目分别为交通（29.1%）、住宿（22.3%）和娱乐购物（19.4%）。这主要是因为现今不少大学生出游时间主要选择在寒暑假，而在这段时间火车票、飞机票等交通工具的价格会较非假期时高。而且，多数女大学生选择的旅游目的地为民族风情区（33%），在这些旅游区的住宿多以民宿或青年旅舍为主，这些酒店较一般的星级酒店的收费低。此外，娱乐购物的支出费用超过饮食的费用，是因为女大学生作为女性消费者具有对购物的需求偏好。

表3 "年级×出游次数"交叉制表

			出游次数				合计
			没有	1~2次	3~4次	5次以上	
年级	大一	Count	1	18	5	0	24
		% within 年级	4.2%	75.0%	20.8%	0.0%	100.0%
		% within 出游次数	16.7%	22.0%	41.7%	0.0%	23.3%
	大二	Count	2	18	3	2	25
		% within 年级	8.0%	72.0%	12.0%	8.0%	100.0%
		% within 出游次数	33.3%	22.0%	25.0%	66.7%	24.3%
	大三	Count	1	21	3	0	25
		% within 年级	4.0%	84.0%	12.0%	0.0%	100.0%
		% within 出游次数	16.7%	25.6%	25.0%	0.0%	24.3%
	大四	Count	2	25	1	1	29
		% within 年级	6.9%	86.2%	3.4%	3.4%	100.0%
		% within 出游次数	33.3%	30.5%	8.3%	33.3%	28.2%
	合计	Count	6	82	12	3	103
		% within 年级	5.8%	79.6%	11.7%	2.9%	100.0%
		% within 出游次数	100.0%	100.0%	100.0%	100.0%	100.0%

3.2 出游方式分析

广州地区的女大学生在出游方式的选择方面,67%的学生选择与朋友、同学一起出游,21.4%的学生选择了与家人一起出游,6.8%的学生选择独自出游,只有4.9%的学生选择参加旅行社出游。同时,通过分析发现,被调查者所在的年级对其选择的出游方式并无影响,大一与大四学生选择的出游方式的概率大致相似,而且,通过 SPSS 的双变量相关性分析,出游方式与年级这两个变量之间的相关系数为 -0.099,其双侧显著性 P 值为 0.323,并没有通过显著性检验,说明二者之间并无相关关系,因此可知,年龄对她们选择何种出游方式无太大影响。总的来说,由于女大学生注重和追求个性,并不满足于参加旅行社的既定线路,更偏向于自助出游,但同时她们又有群体归属感,因而其出游方式是以和家人、同学朋友同行为主,在结伴对象的选择上,她们更倾向于与同学、好友结伴出行。但是,仍有6.8%的学生选择独自出游,这说明现代女大学生的独立性也开始呈现。

3.3 出游时间分析

空余时间是决定旅游者是否能够出游的重要因素之一,旅游经营者了解了目标旅游市场的出游时间规律,便可以根据其规律调整自己的旅游产品和服务。

根据调查问卷的分析显示,女大学生出游时间存在淡旺季。51.5%的女大学生选择在寒暑假出游,31.1%的女大学生不考虑出游时间,14.6%的女大学生选择周末,只有4.9%的女大学生选择在法定假期出游。大学生这一群体相较其他旅游者群体时间选择更为自由,她们拥有较多的假期,同时由于课程的安排,每周会有空闲的日子,因而较少选择在法定假期和周末这些一般旅游者的出游时间。从表4可以看出,在不考虑出游时间这一选项上,大一的学生最少,大四的学生最多,这与大一时公共课程较多,课余时间较少,而大四时多以自由实习为主有关。

3.4 出游动机分析

从出游动机的选择来看,61.2%的女大学生选择游览观光,20.4%的女大学生选择度假,13.6%的女大学生选择娱乐购物,4.9%的女大学生选择探亲访友。另外,没有人选择探险体育这一选项。由此可见,女大学生的旅游动机还是停留在较低层次的旅游观光为主,同时,由于女性与男性不同,对于探险刺激型的旅游活动相对没有兴趣。

3.5 目的地选择分析

在目的地的选择上，多数女大学生选择民族风情区（35.9%）和风景名胜区（24.3%），其次选择历史古迹区（11.7%）、城市旅游区（20.4%）、国外旅游区（7.8%）。由于广州女大学生所处的是汉族地区，她们对与自己民族存在显著差异的生活习俗、文化、饮食等都有强烈的好奇心，因而对她们的吸引力较大。由于大学生对于历史遗迹类的景区鉴赏能力还不足，因而对历史古迹区的兴趣不大。至于国外旅游区，主要是因为到国外旅游区的花费较大，对于经济能力有限的大学生来说，选择的人数不多。

3.6 获取信息渠道

据调查问卷分析显示，在获取旅游信息的来源方面是以互联网为主，占了58.3%，其次是亲友介绍（17.5%）、报纸杂志（14.6%）、旅行社宣传（4.9%）、广播电视（2.9%）和其他渠道（1.9%）。由于互联网信息的全面性和获取的方便性，以及现在许多大学生都拥有自己的电脑，上网查询资料方便，因此大多数选择从该渠道获取旅游信息。同时，女性更偏向于通过人际交流的方式取得旅游信息，而且她们认为从亲身身上获取的第一手经验信息更可信，因而通过亲友介绍而得到相关的旅游信息也占了他们信息来源的一定比重。从各个获取信息渠道的比重可以看出，其所占的比重与女大学生获得它们的方便性有关，像互联网、亲友和杂志等获得信息方便的渠道所占比重较高，而像旅行社宣传和广播电视等在学校较难接触到的信息渠道，大学生选择通过其来获取旅游信息的比例则较低。

3.7 忧虑因素

因为需要到陌生的环境中，因而旅游者对旅游的忧虑因素会影响旅游者的旅游决策。根据问卷的数据分析得出，女大学生最忧虑的因素是生命财产安全，占了样本比例的75.7%。由于女性在体质和心理上与男性的差异，对不安全环境的应对能力较男性弱，因而对安全方面的因素更为敏感。其次女性忧虑的因素是经济问题，占了70.9%，这是由于女大学生还是学生群体，经济来源不多，收入也不多。女大学生虽然有一定的生活能力，但是毕竟还不足，因此也有30.1%的大学生担心出游时生活方面的问题。女大学生最不担心的因素是民族差异，这是因为她们选择旅游目的地方面更多地选择民族风情区，所以她们对于民族差异方面问题并不担忧。

4 各因素之间的相关性分析

相关分析是研究一个变量与另一个变量间的相互关系,研究变量间相互关系的性质和紧密程度。相关系数(correlation coefficient)又叫积差相关系数(product moment coefficient of correlation),用符号"r"表示,一般按"r"的绝对值大小,规定统计学中低于 0.40 以下的相关系数为低相关;0.40~0.70 为较显著相关;0.70~0.90 为显著相关;0.90~1N 为最高相关。本文选择的是二元变量相关分析,即通过研究两个观察量之间的单相关关系,了解两个变量之间的联系。

4.1 出游动机与各要素间的相关关系分析

通 SPSS 软件对调查问卷中涉及的因素进行相关分析后发现,出游动机与其他要素间的相关性不算强,它们间的相关系数多数低于 0.4,且没有通过显著性检验;只要目的地与旅游主要消费项目这两项变量的显著性 P 值小于 0.05,则为通过显著性检验。(表 4)

表 4 出游动机与目的地、主要支出项目之间的相关性

		出游动机	目的地	主要支出项目
出游动机	Pearson Correlation	1	-0.362**	-0.320**
	Sig. (2-tailed)		0.000	0.001
	N	103	103	102
目的地	Pearson Correlation	-0.362**	1	0.138
	Sig. (2-tailed)	0.000		0.167
	N	103	103	102
主要支出项目	Pearson Correlation	-0.320**	0.138	1
	Sig. (2-tailed)	0.001	0.167	
	N	102	102	102

出游动机与目的地两者之间的相关系数为 -0.362,属于低相关。由表 5 可以看出,在为出游动机的大学生多选择民族风情区,这是因为民族风情旅游区如丽江古城、凤凰古城多以感受、体验当地的民族风情、民族生活为主,较适合休闲度假。而以游览观光为出游动机的大学生多选择风景名胜区,这与这类型的景区主要以欣赏为主有关,符合观光的旅游动机。选择城市旅游区的大学生的出游动机多为娱乐购物,这与城市旅游区拥有丰富的商业娱乐资源有关。

表5 "出游动机×目的地"交叉制表

			目的地					合计
			风景名胜区	历史古迹区	民族风情区	城市旅游区	国外旅游区	
出游动机	探亲访友	Count	0	0	3	2	0	5
		% within 出游动机	0.0%	0.0%	60.0%	40.0%	0.0%	100.0%
		% within 目的地	0.0%	0.0%	8.1%	9.5%	0.0%	4.9%
	度假	Count	1	2	12	4	2	21
		% within 出游动机	4.8%	9.5%	57.1%	19.0%	9.5%	100.0%
		% within 目的地	4.0%	16.7%	32.4%	19.0%	25.0%	20.4%
	娱乐购物	Count	0	1	2	8	3	14
		% within 出游动机	0.0%	7.1%	14.3%	57.1%	21.4%	100.0%
		% within 目的地	0.0%	8.3%	5.4%	38.1%	37.5%	13.6%
	游览观光	Count	24	9	20	7	3	63
		% within 出游动机	38.1%	14.3%	31.7%	11.1%	4.8%	100.0%
		% within 目的地	96.0%	75.0%	54.1%	33.3%	37.5%	61.2%
合计		Count	25	12	37	21	8	103
		% within 出游动机	24.3%	11.7%	35.9%	20.4%	7.8%	100.0%
		% within 目的地	100.0%	100.0%	100.0%	100.0%	100.0%	100.0%

出游动机与主要支出项目之间相关系数为 -0.32,也属于低相关。从表6可以看出以度假和娱乐购物为出游目的的大学生其主要旅游支出在旅游购物这种非基本旅游需要上,而以探亲访友和游览观光为出游动机的大学生的主要支出是在交通这种基础性消费上。

表6 "出游动机×主要支出项目"交叉制表

			主要支出项目						合计
			住宿	饮食	交通	景点	娱乐购物	其他	
出游动机	探亲访友	Count	1	0	3	0	1	0	5
		% within 出游动机	20.0%	0.0%	60.0%	0.0%	20.0%	0.0%	100.0%
		% within 主要支出项目	4.5%	0.0%	9.7%	0.0%	5.0%	0.0%	4.9%
	度假	Count	3	2	3	5	8	0	21
		% within 出游动机	14.3%	9.5%	14.3%	23.8%	38.1%	0.0%	100.0%
		% within 主要支出项目	13.6%	12.5%	9.7%	41.7%	40.0%	0.0%	20.6%

续表6

		主要支出项目						合计
		住宿	饮食	交通	景点	娱乐购物	其他	
娱乐购物	Count	0	3	1	0	9	0	13
	% within 出游动机	0.0%	23.1%	7.7%	0.0%	69.2%	0.0%	100.0%
	% within 主要支出项目	0.0%	18.8%	3.2%	0.0%	45.0%	0.0%	12.7%
游览观光	Count	18	11	24	7	2	1	63
	% within 出游动机	28.6%	17.5%	38.1%	11.1%	3.2%	1.6%	100.0%
	% within 主要支出项目	81.8%	68.8%	77.4%	58.3%	10.0%	100.0%	61.8%
合计	Count	22	16	31	12	20	1	102
	% within 出游动机	21.6%	15.7%	30.4%	11.8%	19.6%	1.0%	100.0%
	% within 主要支出项目	100.0%	100.0%	100.0%	100.0%	100.0%	100.0%	100.0%

4.2 家庭收入与各因素的相关关系

通过SPSS分析发现，家庭收入与其他各因素之间均没有通过显著性检验，相关性不强。只有出游次数、旅游平均消费、主要支出项目和个性等变量与家庭收入之间存在相关关系，并且均通过了显著性检验。

表7 家庭收入与出游次数、旅游平均消费、主要支出项目、个性间的相关性

		家庭收入	出游次数	旅游平均消费	主要支出项目	个性
家庭收入	Pearson Correlation	1	0.377**	0.607**	0.293**	0.232*
	Sig. (2-tailed)		0.000	0.000	0.003	0.018
	N	103	103	103	102	103
出游次数	Pearson Correlation	0.377**	1	0.282**	0.087	0.075
	Sig. (2-tailed)	0.000		0.004	0.386	0.450
	N	103	103	103	102	103
旅游平均消费	Pearson Correlation	0.607**	0.282**	1	0.164	0.270**
	Sig. (2-tailed)	0.000	0.004		0.099	0.006
	N	103	103	103	102	103

续表 7

		家庭收入	出游次数	旅游平均消费	主要支出项目	个性
主要支出项目	Pearson Correlation	0.293**	0.087	0.164	1	0.289**
	Sig. (2-tailed)	0.003	0.386	0.099		0.003
	N	102	102	102	102	102
个性	Pearson Correlation	0.232*	0.075	0.270**	0.289**	1
	Sig. (2-tailed)	0.018	0.450	0.006	0.003	
	N	103	103	103	102	103

**. Correlation is significant at the 0.01 level (2-tailed).

*. Correlation is significant at the 0.05 level (2-tailed).

由表 7 可以看出，家庭收入与出游次数的相关系数为 0.377，属于低相关。由此说明家庭收入越高，其出游次数越多。

家庭收入与主要支出项目的相关系数为 0.293，为低相关。从表 8 可以看出，随着家庭收入的增加，选择购物娱乐为其主要支出项目的女大学生旅游者的比率在不断上升。

此外，家庭收入与旅游消费水平的相关性达到了 0.607，二者间是较显著相关。说明家庭收入越高，其年均旅游消费则越高。这是因为经济因素是制约大学生出游的一个重要因素，而作为没有什么经济来源的大学生，外出旅游的经费主要来自家庭，因而家庭收入越高的学生，其受经济制约的影响就越小，因而出游的次数就越多，其出游过程中像娱乐购物这种享受性的旅游支出也越多，其年均旅游消费也较高。

表 8 "家庭收入×主要支出项目" 交叉制表

			主要支出项目						合计
			住宿	饮食	交通	景点	娱乐购物	其他	
家庭收入	1万元以下	Count	3	0	4	1	0	0	8
		% within 家庭收入	37.5%	0.0%	50.0%	12.5%	0.0%	0.0%	100.0%
		% within 主要支出项目	13.6%	0.0%	12.9%	8.3%	0.0%	0.0%	7.8%
	1～5万元	Count	9	7	10	6	4	0	36
		% within 家庭收入	25.0%	19.4%	27.8%	16.7%	11.1%	0.0%	100.0%
		% within 主要支出项目	40.9%	43.8%	32.3%	50.0%	20.0%	0.0%	35.3%
	5万～10万元	Count	6	8	10	3	6	0	36
		% within 家庭收入	18.2%	24.2%	30.3%	9.1%	18.2%	0.0%	100.0%
		% within 主要支出项目	27.3%	50.0%	32.3%	25.0%	30.0%	0.0%	32.4%

续表8

			主要支出项目						合计
			住宿	饮食	交通	景点	娱乐购物	其他	
	10万~15万元	Count	1	1	5	1	3	0	11
		% within 家庭收入	9.1%	9.1%	45.5%	9.1%	27.3%	0.0%	100.0%
		% within 主要支出项目	4.5%	6.3%	16.1%	8.3%	15.0%	0.0%	10.8%
	15万元以上	Count	3	0	2	1	7	1	14
		% within 家庭收入	21.4%	0.0%	14.3%	7.1%	50.0%	7.1%	100.0%
		% within 主要支出项目	13.6%	0.0%	6.5%	8.3%	35.0%	100.0%	13.7%
合计		Count	22	16	31	12	20	1	102
		% within 家庭收入	21.6%	15.7%	30.4%	11.8%	19.6%	1.0%	100.0%
		% within 主要支出项目	100.0%	100.0%	100.0%	100.0%	100.0%	100.0%	100.0%

5 分析总结

与北京相比，广州地区的女大学生的旅游消费水平不高，年均出游次数还有待提高。74.8%的女大学生年均旅游消费在2000元以下，主要次数集中在每年1~2次，北京年均旅游消费低于2000元的占43%，出游次数低于2次的占19.5%。同时，广州地区女大学生的旅游支出项目与大学生的旅游消费特征相符，主要集中在住宿和交通这种基础性消费，但娱乐购物的消费占比也不低。由此看来，广州地区的女大学生市场还有相当的潜力。

出游时间仍以寒暑假为主，出游倾向于与同龄人结伴自助游，出游动机仍以游览观光为主，更向往与平常生活环境不同的民族风景区。与多数地区的大学生一样，广州地区的女大学生出游时间仍多选寒暑假，但是选择不考虑时间因素的学生也有不少，因而可以看出大学生在出游时间的选择上较其他群体更自由。女大学生已经具有一定的独立能力，同时追求个性的她们对于旅行社既定的线路不感兴趣，而且与自己年龄、兴趣爱好相当的同龄人出游会更加自由。另外，如今不少以游览观光为主的旅游区的可进入性都很强，同时，自助游能更自由地选择住宿、饮食和游览景点，对于民族风景区而言，自主游能更好地体验当地民族风情。此外，女大学生的出游动机对其目的地的选择有影响。

互联网是主要的信息渠道，相较于经济问题，女大学生更担心安全问题。互联网以其便利性的特点成为女大学生获取信息的主要来源。同时，由于女性认为亲友提供的信息更可靠，所以亲友成了女大学生得到信息的第二大来源。虽然经济问题对于经济能力不强的女大学生来说是出游需担心的问题，但是由于女性对于陌生环境中的安全感知更加敏感，而且女大学生涉世未深，处理紧急问题的能力较弱，所以在出游时，女大学生更担心生命财产安全问题。

6 针对广州地区女大学生旅游市场的开发建议

6.1 价格策略

针对广州女大学生消费水平不高，经济因素是其第二大忧虑因素这一特点，企业在对女大学生进行营销时需要注重价格因素，抓住女性旅游者对产品价格敏感的消费心理，推出针对女大学生旅游产品的优惠促销。同时，由于女大学生的出游时间较为自由，有相当一部分女大学生不会考虑出游时间，因而在旅游淡季可以推出针对女大学生的旅游产品，既能够在淡季时增加销量，又能够满足女大学生对低价的消费偏好。

6.2 产品设计

由于女大学生更倾向于团体出行的自助游，因而，旅游企业可多推出自助游产品，提供交通加景点或交通加住宿的组合产品，或者是让大学生自由组合，若是旅行社线路，可在行程上加大自由活动的时间和范围，如在3天的行程中有一天可以自由活动等，以满足她们追求个性、自助出游的需求。

针对女大学生的特点，开发专项旅游线路或旅游产品。如结合女大学生对民族风景区和旅游购物的兴趣，开发兼具民族特色和满足购物需求的产品，安排女大学生入住特色民宿，住宿地点可靠近购物商业资源丰富的地点，同时满足女大学生购物和体验民族风情的需要。在女大学生出游动机方面，虽然观光游览占了很大一部分，但是以度假为出游动机的女大学生也不在少数，因而可以开发为女大学生市场量身定做的休闲旅游。

同时，针对女性对安全的感知度高，对安全因素敏感的特点，开发全女性旅游产品，如女性酒店等，让她们处在同性的群体中，消除其在出游时产生的不安感，而且还要完善目的地的餐饮和住宿的卫生条件，提高工作人员的素质，以此来提高她们的安全感。

6.3 宣传推广方面

从调查结果可以看出，女大学生更依赖于使用网络来获取信息资源，因而旅游企业必须做好网络营销方面的工作。在女性经济发达的日本就有专门针对女性的旅游网站，国内的企业可以参考日本，建立女大学生专门的旅游网站，定期更新旅游咨询，推广创新的旅游产品。除网站外，旅游企业还可以抓住如今社交网络在年轻人中应用广泛的趋势，在热门社交网站上进行宣传。此外，旅游企业的广告投放可以选择美容、购物网站等女大学生常浏览的网站，以便更准确地接触到目标人群。

除了网络，女大学生获取信息的另一重要途径就是亲友这种周边的人际关系，对此，旅游企业首先要做好自己的旅游产品，以在消费者中树立良好的口碑，其次，推出以旧带新的促销活动，分享旅游经历获取积分等活动，调动旧游客向周边好友宣传旅游产品的积极性。

7 总结

从此次调查可以看出，广州地区女大学生的消费水平和出游次数还有待提高，出游动机多元化，偏好民族风景区类的目的地，出游时间自由，喜欢自助行旅游，多选择网络获取信息，最担心自身安全问题。旅游企业需针对上述广州地区女大学生的出游特点，开发和设计出符合这一市场特点和需求的旅游产品，才能更好地对这一市场进行开发。

参考文献

[1] 杨英，阎顺山. 女大学生旅游行为特征分析及市场开发对策——以重庆高校为例 [J]. 农村经济与科技，2007 (12):67-68.

[2] 徐秀平. 高校女大学生旅游消费行为调查与营销对策分析 [J]. 中南财经政法大学研究生学报，2008 (5):104-110.

[3] 刘妍. 女大学生旅游市场开发——以济南高校为列 [J]. 黑龙江生态工程职业学院学报，2011 (3):53-55.

[4] 陈金花. 女大学生的旅游消费偏好研究——对北京女大学生潜在旅游市场调查 [D]. 北京：北京第二外国语学院，2008.

[5] 徐星星，范超群. 武汉地区女大学生旅游行为特征 [J]. 农业与技术，2009 (1):129-131.

[6] 黄倩，杨晓霞，敬洪飞. 中国女大学生旅游行为实证研究——以重庆市女大学生为例 [J]. 云南地理环境研究，2008，20 (5):94-98.

[7] 陈建波，董晓英. 针对女大学生的旅游市场开发策略刍议 [J]. 重庆科技学院院报，2012 (15):75-77.

[8] 谢晖，保继刚. 旅游行为中的性别差异研究 [J]. 旅游学刊，2006 (1):44-49.

[9] 吴必虎，王晓等. 中国大学生对旅游安全的感知评价研究 [J]. 桂林旅游高等专科学校学报，2001 (3):62-68.

[10] 八城熏，小口孝司，等. 个人性初始风景与心理差异对旅游地选择偏好的影响 [J]. 人文地理，2005，20 (05):81-85.

[11] 倪红雨，昊国富. 浅谈女性旅游市场营销策略 [J]. 理论广角，2013 (3):296.

[12] 顾雅青. 女性旅游者休闲旅游行为研究——基于青岛女性旅游者调查与分析 [D]. 济南: 山东师范大学, 2010.

[13] 郑蕊章. 女性群体旅游行为模式研究——以西安市为例 [D]. 西安: 长安大学, 2008.

[14] 王龙华. 大学生旅游行为影响因素研究 [D]. 沈阳: 辽宁大学, 2012.

[15] 徐正林, 程甜. 我国女性旅游者购买行为影响因素探讨 [J]. 经济地理, 2009, 29 (12): 2113-2117.

[16] 郭利娟. 咸阳市青年女性旅游消费行为影响因素探析 [J]. 现代企业教育, 2012 (12): 138-139.

[17] 李丽梅, 保继刚. 大学生旅游行为研究——以中山大学为例 [J]. 桂林旅游高等专科学校学报, 2000, 11 (4): 45-49.

[18] 云来艳. 女性旅游者的心理因素分析及营销建议 [J]. 学园, 2013 (17): 184-185.

[19] 范向丽, 郑向敏. 女性旅游者研究综述 [J]. 旅游学刊, 2007, 22 (3): 76-83.

[20] 范向丽, 郑向敏. 论"女性经济"时代的女性旅游市场开发 [J]. 2007 (3): 65-71.

[21] 李佳容, 许义忠. 女性自助旅行者动机、体验与旅游后之改变 [J]. 旅游管理研究, 2008, 8 (1): 21-40.

[22] 方启沣. 抢滩3000亿——中国高校市场大掘金 [M]. 北京: 人民邮电出版社, 2011.

[23] 冯倩, 胡巍. 旅游"黄金周"改革对大学生出游行为影响的实证研究 [J]. 安徽农业科学, 2009, 37 (13): 6218-6221.

[24] 霍力, 杜文广. 大学生旅游消费心理分析 [J]. 商业研究, 1997 (3): 47-48.

[25] 赵敏. 中国女性旅游市场现状及开发策略 [J]. 黑龙江科技信息, 2008 (8): 95-95.

[26] 刘荟芳. 对女性旅游市场开发的几点思考 [J]. 出国与就业: 就业版, 2011 (10): 178-179.

[27] 原伟. 女性旅游市场的营销策略 [J]. 才智, 2010 (5): 22-23.

Analysis on Factors Influencing Travel for Female College Students in Guangzhou City

Lu Qiling

Abstract: The author conducted a survey on the tour behavior of female college students in Guangzhou City through questionnaire. Based on the analysis of travel expense, motivation, pattern, time choice, destination choice, information access anxiety variables, the author found the tour behavior characteristics giving corresponding suggestion for the development of this market segment.

Key words: female college students, tourism market, development recommendations

后　　记*

广东财经大学（原广东商学院）旅游管理专业办学的历史最早可追溯到 1986 年开始招生的烹饪工程专业。1994 年，广东财经大学旅游管理专业开始本科招生。2007 年，广东财经大学旅游管理专业获得旅游管理专业硕士学位授予权。同年，获得广东省重点扶持学科建设项目资助。2010 年，广东省教育厅立项资助广东财经大学开始建设旅游管理省级特色专业的建设，专业负责人先后为张河清博士/教授、方东教授、陈建斌博士/副教授。

广东财经大学旅游管理专业的建设取得今天的成绩，既有全体同仁的努力，也有各界的关爱。国家级旅游管理特色专业负责人马勇教授担任本专业客座教授（2007—）。马勇教授、张捷教授、陆林教授，曾先后来我校讲学，有力地促进了我校专业建设。

2013 年 6 月，广东财经大学旅游管理专业的行政归属由原来的旅游学院划归到 2013 年新成立的地理与旅游学院。新学院成立以来，新的领导班子非常支持旅游管理专业的发展。2014 年 11 月，地理与旅游学院专门成立了"广东省旅游管理特色专业成果选组织工作委员会"，由唐晓春、阎伍玖、陈建斌、张玲、胡林、陈玲、袁亚忠、李星等组成，二级教授唐晓春任组长。由组委会建议并通过由陈建斌、皮平凡、张玲组成编委会。

唐晓春教授对本书的框架及体例等提出了大量建设性的意见和建议。全书的英文摘要及关键词由陈建斌审校，学科秘书傅海英为本书的编辑做了一些组织工作。

中山大学出版社吕肖剑编辑对本书的出版很热心，提供了专业帮助，也提了一些中肯的建议，有利于本书的完善。

---

* 本书主编陈建斌联系方式：电子邮箱：2523395667@99.com，办公电话：020-84095118。

旅游管理人才培养与学术研究蓬勃发展，日新月异，新方法、新成果不断涌现，本书作为广东省特色专业建设的成果选，不足之处在所难免，尚祈同行批评指正。

本书编委会

2014 年 11 月 18 日